高等学校教师教育系列精品教材

RONGHE JIAOYU DAOLUN
融合教育导论

主　编　闫　祯

参　编　徐祖胜
　　　　孟祥庚
　　　　夏之晨

图书在版编目(CIP)数据

融合教育导论 / 闫祯主编. —— 南京：南京大学出版社，2023.7
ISBN 978-7-305-27097-0

Ⅰ.①融… Ⅱ.①闫… Ⅲ.①特殊教育－高等学校－教材 Ⅳ.①G769.2

中国国家版本馆 CIP 数据核字(2023)第 113681 号

出版发行	南京大学出版社
社　　址	南京市汉口路 22 号　　邮　编　210093
出 版 人	金鑫荣
书　　名	融合教育导论
主　　编	闫祯
责任编辑	丁　群　　　　　编辑热线　025-83597482
照　　排	南京南琳图文制作有限公司
印　　刷	江苏凤凰通达印刷有限公司
开　　本	787×1092 1/16　印张 14　字数 330 千
版　　次	2023 年 7 月第 1 版　2023 年 7 月第 1 次印刷
ISBN	978-7-305-27097-0
定　　价	46.00 元

网址：http://www.njupco.com
官方微博：http://weibo.com/njupco
官方微信号：njupress
销售咨询热线：(025) 83594756

* 版权所有，侵权必究

* 凡购买南大版图书，如有印装质量问题，请与所购图书销售部门联系调换

前　言

习近平总书记在党的二十大报告中指出,坚持以人民为中心发展教育,加快建设高质量教育体系,促进教育公平。在教育高质量发展的今天,为了推进教育公平,加快融合教育的发展成为当下教育发展的主要内容。

融合教育是由联合国教科文组织于1994年在西班牙召开的世界特殊教育需要大会上通过的《萨拉曼卡宣言》中提出来的。融合教育主张将身心障碍儿童和普通儿童放在同一间教室一起学习的教育教学方式,它强调给身心障碍儿童提供一个正常化的教育环境,在普通班中提供所有的特殊教育和相关服务措施,使特殊教育与普通教育合并为一个系统,从而实现让普通儿童能够学会接纳特殊儿童,让特殊儿童能够更好地融入社会的教育目的。

融合教育从其价值理念上看,是一种追求公平和包容的教育,主张给特殊需要儿童和正常儿童一种无歧视的教育,体现教育在不同人群之间的公平和包容。融合教育又是一种追求多元和个性的教育,需要照顾到特殊需要儿童与正常儿童的差别,主张教育需要针对不同群体的需要进行个性化的设计。同时,融合教育是一种尊重权利和人性的教育,特殊需要儿童的发展权利在融合教育中得到了充分的保障,对于特殊需要儿童教育权的尊重体现了教育中最宝贵的人性光辉。融合教育理念主张的公平、包容、多元、个性、权利和人性等价值主张,是现代教育发展中最宝贵的精神品质,是引导现代教育发展的基本方向。

本书以融合教育为主题进行研究,为融合教育学科的"导论",是融合教育知识体系中较为基础的、具有引导性质的内容,在编写体例和内容安排上体现了基础性、全面性等特点。基础性是指本书是为学习和研究融合教育学科提供基础知识,为后续的学习奠定基础。本书在内容编排方面关注到融合教育的价值理性、历史发展、理论渊源等基础理论话题,为读者更好地理解融合教育奠定基础。全面性是指本书在知识体系上力求全面,既有对融合教育基础理论的介绍,也有对融合教育实践发展的介绍,力求在内容上做到理论与实践相结合。

本书在编写体例上力图实用和创新。每章知识都是以学海导航、知识导图、小节内容、教学短论、案例学习、资源拓展等形式予以呈现。每一节内容都由学习目标、知识链接、正文内容、思考探究等部分构成。本书的整体编写体例从方便读者阅读和使用的角度出发,体现了实用性特点。本书作为教材,有利于为教师开展教学活动提供参考,也有利于学生进行自主学习。从目前融合教育的相关书籍的编写体例来看,本书的编写体例具有一定的创新意义。

本书是对新时期融合教育理论与实践发展进行研究的一次尝试,一是试图对新时期我国融合教育发展中的最新成果进行系统的梳理和总结,为读者提供一份具有基础性和全面性特点的文本内容,希望能够帮助大家更好地认识融合教育的理论与实践问题;二是希望能够唤起更多的人关注和研究融合教育。为此,本书不仅是知识的呈现,也是问题的提出,希望能够帮助融合教育的学习者、研究者、管理者、实践者等不同群体共同探讨和研究融合教育问题,推进我国融合教育的高质量发展。

全书由闫祯教授任主编,负责拟定内容提纲,组建研究团队,明确写作要求,设计编写体例,并承担了全书的统稿及出版联络工作。全书的写作凝聚了团队的智慧,具体写作分工如下:闫祯承担了第一章、第二章内容的写作;孟祥庚承担第三章、第八章内容的写作;夏之晨承担第四章、第五章内容的写作;徐祖胜承担第六章、第七章内容的写作,并协助主编对书稿做了多次全面系统的统稿工作,付出了辛苦的劳动。

本书是2021年江苏省高等教育教改研究课题"融合教育背景下'新师范'人才培养模式的创新与实践"(2021JSJG212)研究成果之一,也是"普通师范专业'融合教育'课程与教学体系研究"(2021JSJG652)研究成果之一。本书亦是教育部首批新文科研究与改革实践项目"融合教育视域下普通师范专业人才培养模式改革与创新实践"项目研究成果之一,是校级重点学科"教育学"学科研究成果之一。同时,也是中国高等教育学会2022高等教育科学研究规划课题"新时代高等特殊教育发展与改革研究"(22TS0201)重点项目系列成果之一。本书的出版得到上述项目的资助,在此表示感谢!

本书在编写过程中参考和引用了许多学者们的研究成果,他们是融合教育的先行研究者,无论是参考还是引用,都使本书的写作大受裨益,在此深表感谢。同时,感谢南京大学出版社和编辑对本书的出版所给予的大力支持和帮助。

由于我们的水平有限,编写的过程中还有诸多的问题,诚恳欢迎各位专家、学者批评指正!

编者

2023年3月6日

目 录

第一章 绪 论 ··· 1
 第一节 融合教育概述 ·· 2
 第二节 融合教育研究的原则和发展指向 ······································ 7

第二章 融合教育的价值理性 ··· 19
 第一节 融合教育的基本理念 ·· 20
 第二节 融合教育价值取向 ··· 26

第三章 融合教育的发展历史 ··· 39
 第一节 国外融合教育发展历程 ··· 40
 第二节 我国融合教育发展历程 ··· 55

第四章 融合教育的理论渊源 ··· 75
 第一节 融合教育的哲学基础 ·· 76
 第二节 融合教育的心理学基础 ··· 81
 第三节 融合教育的教育学基础 ··· 87

第五章　融合教育的基本要素 ⋯⋯⋯⋯⋯⋯⋯⋯⋯⋯⋯⋯⋯⋯⋯ 99

第一节　融合教育的教师 ⋯⋯⋯⋯⋯⋯⋯⋯⋯⋯⋯⋯⋯ 100

第二节　融合教育的学生 ⋯⋯⋯⋯⋯⋯⋯⋯⋯⋯⋯⋯⋯ 109

第三节　融合教育的教育影响 ⋯⋯⋯⋯⋯⋯⋯⋯⋯⋯⋯ 115

第六章　融合教育的主题选择 ⋯⋯⋯⋯⋯⋯⋯⋯⋯⋯⋯⋯⋯ 127

第一节　孤独症儿童教育 ⋯⋯⋯⋯⋯⋯⋯⋯⋯⋯⋯⋯⋯ 128

第二节　智力障碍儿童教育 ⋯⋯⋯⋯⋯⋯⋯⋯⋯⋯⋯⋯ 136

第三节　身体残疾儿童教育 ⋯⋯⋯⋯⋯⋯⋯⋯⋯⋯⋯⋯ 144

第七章　融合教育的模式建构 ⋯⋯⋯⋯⋯⋯⋯⋯⋯⋯⋯⋯⋯ 155

第一节　融合教育模式的内涵 ⋯⋯⋯⋯⋯⋯⋯⋯⋯⋯⋯ 156

第二节　资源教室模式 ⋯⋯⋯⋯⋯⋯⋯⋯⋯⋯⋯⋯⋯⋯ 163

第三节　资源中心模式 ⋯⋯⋯⋯⋯⋯⋯⋯⋯⋯⋯⋯⋯⋯ 173

第八章　融合教育的发展方略 ⋯⋯⋯⋯⋯⋯⋯⋯⋯⋯⋯⋯⋯ 187

第一节　完善国家立法与政策支持 ⋯⋯⋯⋯⋯⋯⋯⋯⋯ 188

第二节　形成联动的学校培养模式 ⋯⋯⋯⋯⋯⋯⋯⋯⋯ 195

第三节　发挥家庭教育的重要作用 ⋯⋯⋯⋯⋯⋯⋯⋯⋯ 207

主要参考文献 ⋯⋯⋯⋯⋯⋯⋯⋯⋯⋯⋯⋯⋯⋯⋯⋯⋯⋯⋯⋯⋯ 215

第一章
绪 论

学海导航

融合教育在国外推行已有多年,成为世界教育发展潮流,目前在融合教育领域较有影响的国家有加拿大、美国、澳大利亚等。那么,什么是融合教育,它与"全纳教育"又有何内在的联系?融合教育的研究范畴包括哪些方面?它有哪些主要特征?融合教育研究有哪些原则?融合教育研究的方法论基础是什么?有哪些研究方法?这些都是本章要探讨的问题。

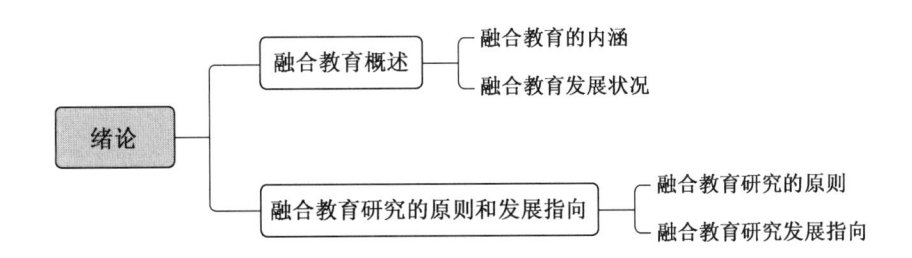

知识导图

绪论
- 融合教育概述
  - 融合教育的内涵
  - 融合教育发展状况
- 融合教育研究的原则和发展指向
  - 融合教育研究的原则
  - 融合教育研究发展指向

第一节 融合教育概述

学习目标

1. 了解融合教育的内涵。
2. 明确融合教育的现状与发展举措。

知识导入

2017年1月11日,国务院常务会议审议通过了《残疾人教育条例(修订草案)》,提出"推广融合教育,保障残疾人进入普通幼儿园、学校接受教育"。2017年2月23日,国务院原总理李克强签署第674号国务院令,公布修订后的《残疾人教育条例》(以下简称《条例》),自2017年5月1日起施行。新修订的《条例》调整了残疾人教育事业发展目标和理念,规定发展残疾人教育事业应当保障义务教育,着重发展职业教育,积极开展学前教育,逐步发展高级中等以上教育;尤其强调"积极推进融合教育"。这是继1994年《中华人民共和国残疾人教育条例》颁布以来的一次重大修订调整。

《残疾人教育条例(修订草案)》通过后,1月13日,《人民日报》刊文《融合教育怎么"融"》,文章援引多位教育界政府官员、专家学者的观点,对融合教育进行多方面阐述。

随后,国务院法制办、教育部负责人就《条例》有关问题回答记者提问时表示,"随着经济社会发展和教育改革的深入,教育现代化逐步推进,残疾人教育与其他教育相比还比较薄弱","残疾人教育理念相对滞后,需要进一步推进融合教育",点明了推进融合教育的现实背景。

一、融合教育的内涵

融合教育(Inclusion Education),原是一个用来描述障碍学生融入正常学生的班级、学校、社区环境,参加学习和社会活动的专业术语,其原本含义是不要把障碍儿童孤立于隔离的、封闭的教室、学校、交通设施和居住环境之外。融合教育主张那些有特殊需要的儿童能真正地和其他正常发展的同伴一起参加学前教育、基础教育和高等教育,最大限度地发挥有特殊需要儿童的潜能。最初,融合教育只是指对特殊儿童进行教育安置的方式,从这个意义上来讲,它和一体化教育、全纳教育的意思是一样的。但是,近十几年来,融合教育不再是单纯地指某种特殊教育安置形式和策略,而是指一种普通教育与特殊教育的水乳交融、相互促进。

(一) 融合教育的概念及其阐释

融合教育是由联合国教科文组织于 1994 年 6 月 7 日至 10 日在西班牙萨拉曼卡召开的世界特殊教育需要大会上通过的《萨拉曼卡宣言》和《特殊需要教育行动纲领》中提出来的。2017 年 5 月,我国新出台的《残疾人教育条例》也提出了"优先发展融合教育"的方针政策。迄今为止,学界对融合教育的定义尚不统一。

英国融合教育研究中心(Center for Studies on Inclusive Education)认为:融合教育指的是在适当的帮助下,残疾和非残疾儿童与青少年在各级普通学校的共同学习。融合意味着充分发挥学生的能力,使所有学生都能参与到学校的学习和生活中去。尽管学生的能力和学习成绩会有差异,但学生毕业后都要进入社会发挥其作用。

美国国家融合教育重建中心(National Center on Inclusive Education and Restructuring)认为:一方面,融合教育是给所有学生(包括严重残疾的学生)提供均等地接受有效教育的时机;另一方面,为了培养学生作为社会的正式成员来面对未来的生活的能力,就近学校中的相适年龄班级要给予他们充分的帮助和支持。

1994 年的《萨拉曼卡宣言》中强调:有特殊教育需要者必须有时机进入普通学校,这些学校应该将他们吸收在能满足其需要的、以儿童为中心的教育活动中。

综合以上代表性定义,我们认为,狭义的融合教育是接受残障儿童进入普通学校学习,而不是把他们安置在隔离的环境中学习。广义的融合教育是不论一个人的能力、年龄、宗教、性别、民族、种族或残障与否,都必须接受平等的教育。每个孩子的特点都不一样,没有适应每个孩子的"整齐划一"的教授方式和学习方式,教学需要接纳和包容每个学生的独特特点,而残障只是某些孩子的特点之一,从这个角度看,这种教育理念与中国古代的"因材施教"也有异曲同工之处。

可见,融合教育是继"回归主流"教育理念后的全新的特殊教育理论,它是指将身心障碍儿童和普通儿童放在同一间教室一起学习的教育教学方式,它强调给身心障碍儿童提供一个正常化的教育环境,在普通班级中提供所有的特殊教育和相关服务措施,使特殊教育和普通教育合并为一个系统。

在实践中,融合教育是以经过特别设计的环境和教学方法来适应不同特质儿童的学习,让大多数残障儿童进入普通班,并增进在普通班学习能力的一种教育方式。因此,融合班的教室和学校一般教室的摆设不一样,学生不是排排坐对着黑板、看着老师,而是分小组上课,教师很少写板书,却会使用许多辅助教具。融合教育针对不同孩子的特质,设定每个孩子不同的学习目标,以合作学习等形式来达到完全包含的策略和目的,其最终目的是将特殊儿童包含在教育、物理环境及社会生活的主流内。所以不管是普通儿童还是特殊儿童,都应根据其不同特质设定不同的学习目标,分数不是唯一的指针,让他们适才适能地快乐学习才是第一要义。

目前,特殊教育中的融合教育理念包括两层含义:一是学理的观念,二是理想的观念。从学理的观念来看,融合教育绝不仅仅是一种特殊儿童的安置方式和教学策略,而是一种与普通教育和特殊教育都密切相关的新的教育思想;从理想的观念来看,融合教育代表了现代特殊教育和普通教育发展的一种方向,一种崇高的境界,即实现教育过程中真、善、美的统一。

(二) 全纳教育与随班就读

在 1968 年美国智力落后协会召开的研讨会上，瑞典学者格特·尼尔耶（Bengt Nirje）介绍了"正常化"的思潮。随后，在正常化思潮的影响下，欧洲和北美国家开始反思传统的隔离式特殊教育，并力图将正常化思想融入特殊教育的改革中，由此产生了特殊教育史上具有里程碑意义的"融合教育运动"。

"正常化思潮的融合运动"，在以美国为代表的北美洲国家叫"回归主流"（Mainstreaming），在以英国为代表的欧洲国家叫"一体化"运动（Integration）。但是，特殊教育的融合运动以及一些安置方式无法解决特殊儿童的教育质量低、普通学校缺乏变革等问题，所以在 20 世纪 90 年代出现了"全纳教育"，又翻译为融合教育（不同于前面的融合教育运动），或随班就读，融合教育又分为部分融合（partial inclusion）和完全融合（full inclusion）。

全纳教育是 1994 年 6 月 10 日在西班牙萨拉曼卡召开的《世界特殊需要教育大会》上通过的一项宣言中提出的一种新的教育理念和教育过程。它容纳所有学生，反对歧视排斥，促进积极参与，注重集体合作，满足不同需求，是一种没有排斥、没有歧视、没有分类的教育理念。全纳教育不是一个如何让部分学生融入主流的小问题，它是考察如何改革教育系统和其他学习环境以适应学习者多样性的一种方法，是使教师和学生都能将适应学习者多样性视之为学习机会，视之为学习环境的丰富，而不是问题。

随班就读是指特殊儿童在普通教育机构中和普通儿童一起接受能满足他们特殊需要的教育形式，是中国大陆吸纳现代"融合教育"理念而开展的一种特殊教育办学形式，可以说是中国大陆特殊教育界特有的一个术语。它是由我国的陈云英教授提出来的，它的实质是回归主流下的融合教育，不管是教学质量还是融合程度，还达不到所谓的全纳教育。

随班就读能够在教育经费较少的情况下极大地提高残疾儿童的入学率，可以满足残疾儿童就学的需要，符合我国的国情，也符合国际上"正常化"教育原则、回归主流、一体化教育、全纳教育的发展趋势。自 1989 年原国家教委试行在全国开展随班就读工作以来，我国随班就读工作得到大力的发展。

随班就读是在普通教育机构中对特殊学生实施教育的一种形式。教师们根据随班就读学生的特殊教育需要给予特别的教学和辅导，使他们学有所得，与大多数同龄同学一起成长，随班就读是我国特殊教育的重要办学形式。

二、融合教育发展状况

近年来，在推进教育公平、提升教育质量为目标的整体教育改革趋势下，融合教育已经成为我国教育政策领域理论研究与实践探索中的一个热点问题。

(一) 我国特殊教育发展现状

改革开放四十多年来，我国已经初步形成了特殊教育、全纳教育、融合教育以及职业教育、远程教育全覆盖的多种体系。越来越多的大学创办了特殊教育学院,让残疾人接受高等教育,成为对社会有用之人,越来越多的残障学子在平等教育、融合教育中脱颖而出成为佼佼者。

根据教育部数据显示,我国特殊教育学校数量呈现逐年增加态势。2019年全国共有特殊教育学校2 192所,比上年增加40所,增长1.86%。城市和乡村之间发展不均衡,位于城区的特殊教育学校占绝大部分。2019年我国城区特殊教育学校数量为1 085所,镇区为952所,乡村为155所。到2020年底全国共有特殊教育研究生培养学校827所,到2021年底全国共有特殊教育学校2 288所。

特殊教育学校的障碍类型包括盲人、聋人、智力残疾和其他残疾(言语残疾、肢体残疾、精神残疾和多重残疾等)。2019年我国盲人学校、聋人学校、培智学校及其他特殊教育学校数量分别为27所、396所、539所及1 230所。

目前我国特殊教育学校覆盖了全国31个省份,2019年我国特殊教育学校数量超过百所的省份有河北、山东、河南、广东、四川以及江苏,分别有163所、150所、150所、141所、129所、104所。另外,西藏特殊教育较内地起步晚,发展缓慢,特殊学校数量少,2019年仅有6所。从地区看,2019年中国特殊教育学校多分布在华东、华北、华中地区,其中华东地区612所,占比27.92%;华北地区335所,占比15.28%;华中地区321所,占比14.64%。

我国特殊教育学校招生规模逐渐扩大。2019年全国招收各种形式的特殊教育学生14.42万人,比上年增加2.07万人,同比增长16.76%。2019年我国特殊教育学校在校生79.46万人,比上年增加12.87万人,同比增长19.32%。特殊教育学校毕业生数总体呈现增长态势。2019年全国特殊教育学校毕业生数量达到9.76万人,同比增长20.45%。按性别来看,特殊教育学校男生与女生数量均呈现上升态势。2019年我国特殊教育男生在校学生为50.3万人,女生为29.1万人。

特殊教育教职工主要分为专职教师、代课教师和兼任教师,其中专职教职工包括专任教师、行政人员、教辅人员和工勤人员。2019年我国特殊教育学校教职工数量达到7.21万人,其中专任教师为6.24万人,同比增长6.31%,代课教师和兼任教师数量保持稳定。从学历上看,特殊教育专任教师中,学历为研究生和本科生的数量逐年增加。我国特殊教育学校本科毕业教师由2017年3.7万人增加到2019年4.4万人,同比增长9.57%,数量远超其他学历的教师。从专业技术职务上看,2019年全国特殊教育专任教师中,中级职称为27 358人,占全部专任教师数量的43.87%,其次为助理级16 294人,占比为26.13%,副高级9 392人,占比为15.06%。

(二) 我国融合教育发展举措

在全面实现小康社会的征程中,教育是立国之本,发展无障碍融合教育是"不让一个残疾人掉队"的根本举措。同时,应该清醒地认识到我国融合教育起步较晚,发展尚不平衡,水平有待提高,许多理念、认识方法、实践策略尚待逐步完善。

加强残疾人职业教育建设,是大力发展残疾人事业的一项重要工作。以习近平同志为核心的党中央对残疾人事业格外关心、关注,对无障碍环境建设也作出了重要的战略部署。国务院残疾人工作委员会高度重视融合教育、特殊教育、无障碍环境建设,副总理孙春兰和国务委员王勇作出重要批示并部署,教育部大力支持,与中国残联出台了一系列的顶层制度设计、政策法规,并采取有效的措施使之落地见效。具体包括落实"一人一案",全面普及残疾儿童少年义务教育,逐步实现残疾儿童青少年15年免费教育;加快发展残疾人职业教育,让完成九年义务教育的各类残疾青少年尽可能接受合适的职业教育;加强高中阶段特殊教育,落实残疾人参加普通高考便利措施,推动普通高校为残疾学生提供更加便利的无障碍学习环境;大力推进融合教育,普及融合理念,完善支持保障体系,让更多的残疾孩子到普通学校读书;加快残疾青壮年文盲扫盲进程,推广国家通用手语、通用盲文,使残疾人更好地融入社会。

一个社会有了人文的无障碍环境,使特殊需求者能够平等求学、就业、康复,独立生活,融合共享,才能实现美好愿景。这要求社会各界人士携手,搭建我国无障碍融合教育发展的新平台,加强相关部委、高等院校、科研机构、行业组织的深度合作,完善融合教育战略发展体系,促进人人平等、共享融合教育发展的新局面,为发展中国特色无障碍的融合教育,为实现无障碍的愿景而共同奋斗。

为贯彻落实党的十九大关于"办好特殊教育"的决策部署,进一步巩固前期工作成果,经国务院批准,从2017年至2020年实施第二期特殊教育提升计划。财政部多措并举支持和引导地方办好特殊教育。一是保基本。对义务教育阶段特殊教育学校和随班就读残疾学生按每生每年6 000元标准补助公用经费,所需资金由中央财政与地方财政共同承担。2017—2020年中央财政累计安排相关资金101.8亿元。二是补短板。2017—2020年中央财政累计安排特殊教育补助资金16.4亿元。中央财政通过特殊教育补助资金支持和引导地方改善特殊教育学校和招收较多残疾学生随班就读的义务教育阶段学校的办学条件,为特殊教育资源中心(教室)配置必要的设施设备,向重度残疾学生接受义务教育提供送教上门服务,以及探索医教结合等。三是促公平。指导地方在落实义务教育"两免一补"政策基础上,针对残疾学生特殊需要,统筹资源倾斜支持残疾学生,提高补助水平;对家庭经济困难的残疾学生实行高中阶段免费教育;学前教育和高等教育阶段优先资助残疾学生。同时,财政部将继续认真落实党中央、国务院决策部署,巩固完善政策措施,加大投入力度,优化支出结构,支持和引导地方办好特殊教育,保障残疾学生受教育权利。

可见,从党的十七大提出关心特殊教育,到党的十八大提出支持特殊教育,党的十九大指出要办好特殊教育,党的二十大报告提出"完善残疾人社会保障制度和关爱服务体系,促进残疾人事业全面发展",特殊教育再次成为报告中的一个重要内容。这充分展示了党和政府对特殊教育的关心和支持。因此,从"关心""支持"到"办好",再到"强化",我们感受到了党和国家办好特殊教育的决心。以人道主义精神、人文关爱的理念、无障碍的情怀奠定融合教育的基础,以无障碍的意识传承播撒融合教育的火种,耕耘融合教育事业的春天,让更多的人在平等教育融合共享的关爱下,收获人生价值,定位人生方向,成就人生美好。

思考探究

在当代融合教育研究与实践中,融合教育管理实践经常以一种碎片化的管理方式存在。厘清这些理论层面上的问题是区域有效实施融合教育管理、推进融合教育实践的必要前提。那么,什么是融合教育管理?融合教育管理有哪些特征和内容?请同学们思考并试做系统说明。

教学短论

融合教育是特殊教育的一种教育理念,指通过不同程度的教育设计与调整,使特殊儿童顺利进入普通班进行无差异学习。2017年5月我国出台的《残疾人教育条例》也提出了"优先发展融合教育"的方针政策。

融合教育通过让特殊儿童在自然的环境中适应教学常规、提升认知技能、增强社会互动等,帮助特殊儿童更好地融入主流社会,促进他们的社会化发展。对于普通儿童,融合教育可以帮助他们理解平等、尊重、接纳、包容的思想,同时培养他们善良、友爱、有同理心、乐于助人等优秀品质,也为他们成年后对多元化世界的理解包容打下良好的心理基础,是让特殊儿童和普通儿童相互成就的"双赢"教育模式。

目前对融合教育的认识还存在一些误区。很多人以为,只要让特殊儿童和普通儿童在一起就叫融合。典型的表现有,把特殊儿童带去人多的地方玩或者是把特殊儿童放到普通幼儿园或学校。这些思路从大方向来看是没有问题的,但是我们要关注的是孩子是否做到了"真正的融合"。"真正的融合"是让特殊儿童无限接近同龄人从而最终回归主流,并不只是形式上和同龄人在一起上学或生活,而是从本质上(认知理解、语言表达、社会交往等)无限接近于同龄儿童,从而达到融合。

第二节 融合教育研究的原则和发展指向

学习目标

1. 了解融合教育研究的原则,能在实践中理解与应用相关原则。
2. 明确融合教育研究发展指向,构建融合教育发展的良好生态。

知识导入

国务院发布的《中国儿童发展纲要(2021—2030年)》中提到,完善特殊教育保障机制,推进适龄残疾儿童教育全覆盖,提高特殊教育质量;坚持以普通学校随班就读为主体,以特殊教育学校为骨干,以送教上门和远程教育为补充,全面推进融合教育;大力发展残疾儿童学前教育等。相关研究证实,"学前融合教育对特殊幼儿和普通幼儿均有效,它不仅有利于特殊幼儿的智力发展、行为矫正、缺陷补偿、人格健全,而且有益于普通幼儿的自我意识、理解他人的能力及亲社会行为的发展。"

《萨拉曼卡宣言》正式提出了融合教育(全纳)的理念,论述了融合教育理论,并明确了实施原则。《萨拉曼卡宣言》也指出了自闭症融合教育的基本原则:(1)每个儿童都有受教育的基本权利,必须获得可达到的并保持可接受的学习水平之机会;(2)每个儿童都有其独特的特性、兴趣、能力和学习需要;(3)教育制度的设计和教育计划的实施应该考虑到这些特性和需要的广泛差异;(4)有特殊教育需要的儿童必须有机会进入普通学校,而这些学校应以一种能满足其特殊需要的儿童中心教育学思想接纳他们;(5)以全纳性为导向的普通学校是反对歧视态度,创造受人欢迎的社区,建立全纳性社会以及实现全民教育的最有效途径;此外,普通学校应向绝大多数儿童提供一种有效的教育,提高整个教育系统的效率并最终提高其成本效益。

一、融合教育研究的原则

随着教育事业的发展,融合教育理念渐渐渗透进普通教育的各阶段,融合教育已成为当前教育关注的热点。从各国在此领域的研究经验来看,使教师倍感困难的是对融合教育教育教学原则的把握,即如何在教育教学中既关注到特殊学生的个别需求,又满足正常学生的发展需要,使所有的学生都能得到最适合他们需要的教育,能在原有基础上获得最大可能的发展。

(一)正向行为支持原则

正向行为支持原则要求教师通过对学生行为的全面功能性评估,在教学过程中为其提供有针对性的行为干预,从而促使学生养成良好的社会适应行为。其中,全面的功能性评估和有针对性的行为干预是这一原则的两项重要内容。所谓功能性评估,指的是通过观察学生问题行为与课堂环境或教学系统之间的关系,来了解个体此行为的社会学功能,为此后的行为干预提供全面信息。教师要依据功能性评估所得信息,寻找学生问题行为的诱发因素和影响事件,通过调整课堂环境中的相关因素,来减少学生问题行为的发生,并培养其可达到相同功能目的的适应性行为,这一过程称为行为干预。

从定义不难发现,正向行为支持原则以行为主义理论为基础,主张通过设计,提供一个安全的、积极的环境来避免学生问题行为的发生,促进其适应行为的产生,实现全面发展的目的。不同于传统的行为管理原则,在对问题行为进行评估时,此原则要求教师关注个体所处的课堂教学环境,而非产生行为的个体;在对行为进行干预时,又要求采用调整课堂环境因素来适应个体恰当行为的培养,而非惩罚、压制等消极手段。也就是说,教师应该关注的并不是如何排除特殊学生存在的障碍使之适应课堂教学,而是要从课堂环境着手,寻找并创设在现有能力下能够诱发学生适应行为发生的条件。此外,有专家指出,此原则的目的并不是要求教师在教学过程中将目光停留于学生问题行为的消除上,而是应该充分利用课堂教学环境向学生教授适应行为。Risley 曾说过,教师面对学生的问题行为时首先应该考虑的是"怎样的适应性行为应该、可能或者可以用来替代学生的问题行为"。

有研究表明,正向行为支持原则可广泛适用于各类特殊学生的融合课堂教学,教师通过有效的评估及教学环境的改善,能使三分之二的被试成功降低 80% 的问题行为发生率。

(二) 以活动为基础的干预原则

以活动为基础的干预原则又称活动本位原则,是一种提倡由学生主导的互动式教学原则,最早由 Diane Bricker、Juliann J. 和 Woods Crip 在他们的著作 *An Activity-Based Approach to Early Invention* 中提出。它要求以学生为教学活动的主体,在各类活动中融入个体发展的个别化目标,合理安排先行因素及预测行为后果,以培养学生的功能性和生成性技能。

首先,该原则强调的是要以学生为互动教学的主体。即教师应当赋予学生更多根据自己的兴趣实践不同行为的机会,并在他们主动引发某种行为后,立即予以积极的回应,从而使学生明白他们能够通过自己的主导行为来引起他人的反应。对于在融合课堂中的各类特殊学生,这一点尤为重要,因为与其他正常学生相比,他们往往更缺乏行为或活动的自主性。其次,该原则还要求教师以各种自然环境中发生的事件为教学内容,即将学生的常规性、计划性和自我主导性活动作为课堂教学的重点,包括日常洗漱、上学放学、春游或自主游戏等。在设置这些教学内容的时候,教师必须明确,教学关注的不是各项活动,而是学生在参与活动时培养的适应不同环境需要的各种社会技能。有研究表明,以学生为主体,以日常生活活动为教学内容,更有利于特殊学生特定教学目标的达成。第三,该原则要求提供恰当的先行因素和行为后果。前者包括教学材料、教学方法、教师或其他学生的行为、玩具或各类教学用品、教学环境布置或学生自身的个体状况(如疲倦等);后者则是指学生行为发生后随之产生的事件,包括学生对某一物件的把玩、哭闹、对他人主动或被动的关注,或是某种明确的回应。通过对学生某一行为的系统观察,教师可以确定其行为的先行因素和行为后果,并在教学过程中有目的地组织或控制这两方面事件的呈现,从而对特殊学生的特定行为进行控制与培养。第四,该原则还强调了对学生功能性技能和生成性技能的培养,即学生独立适应某种社会生活的技能和可以灵活迁移、适应多种社会环境的技能。前者是后者的基础形式,生成性技能的掌握可以进一步促进学生独立地适应社会生活。对于年幼的特殊学生而言,教育干预着眼的不应仅是他们对于当前的学校家庭生活的适应,更应致力于培养他们适应将来社会生活的能力。

(三) 发展适应性原则

发展适应性原则要求教师在融合教育课堂里,能综合分析学生的年龄发展适宜性和个体发展适宜性。在实施教学活动时,教师不仅要根据学生不同时期的发展需求设置教学内容和课堂环境,更要顾及特殊学生所存在的个别差异,为其个别能力的培养与发展提供相应的经验支持,使课堂教学切实满足每位学生的发展需要。此原则旨在为学生提供更适宜于发展的课程内容与教学方式,进而减少特殊学生的学习困扰,提高其学习成效。美国幼儿教育协会(NAEYC)将其视为成功学前融合教育的必要原则。

发展适应性原则提出,在融合课堂教学中必须从两个维度——年龄发展适应维度和个体发展适应维度综合考虑学术的发展适应。前者指的是一般学生的能力发展常模,即学生的普遍发展规律,这一维度的信息为教师整体构建融合课堂教学环境与设计教学计划提供了基本框架。后者则是指某一学生能力发展的具体表现,既包括了学生在普遍发展进程中的适应状况,也包括了学生对所处特定社会文化环境的适应状况。在融合课堂教学过程中,教师只有全面把握特殊幼儿个体发展的适应信息,才能在教学安排中为其提供适应当前能力的经验条件,满足个体进一步发展的需要。

思考探究

> 普通教师与特殊教育教师常会在心中出现两个问题:一是怎样做才能使孩子的学习达到最好的效果?二是特殊化的教学希望达到什么程度?请同学们思考。

二、融合教育的发展指向

教育公平一直是党和国家坚持的社会发展方向,习近平总书记在党的二十大报告中作出"加快义务教育优质均衡发展和城乡一体化,优化区域教育资源配置,强化学前教育、特殊教育普惠发展"的重要部署。让因身体或精神疾患而具有特殊需要的儿童与普通儿童一样接受高质量的适宜教育,是教育公平的重要体现,为他们提供更好的融合教育、随班就读体验,将是特殊教育未来的重要目标。

(一) 政策导向:指引融合教育破解发展难题

进入学校接受教育是特殊儿童的固有权利,当前我国政府已正式确立实施特殊教育与普通教育相结合、优先采取普通教育的政策导向。近年来,特殊儿童在普通学校接受融合教育的人数及比率逐年上升,融合教育已成为特殊儿童接受教育的重要形式。进入新时代,融合教育要进一步强化向普惠发展,不仅需扩大数量还应提高质量。为此,面向未来,融合教育的发展可以从以下几方面加快进程:

首先,优化教师配置。特殊儿童个体差异大,因材施教需求高,而普通学校较难配置专职特殊教育老师。虽然融合教育试点学校的教师多已接受过特殊儿童发展与教育的相关培训,但在专业技能上尚显欠缺,有时面对特殊儿童出现的行为问题会无从下手。只有加强融合教育师资配置和强化普通教育师资继续教育培训双管齐下,才能满足融合教育的师资需要。

其次,加强条件建设。目前大多数学校已建设资源教室和打造无障碍校园环境,但部分学校的资源教室缺乏专业化指导,区域特教中心对资源教室有效监管的力度有待加强,校园无障碍环境建设也需进一步优化。此外,亟须构建学校、家庭、社区协调推进机制,特别是有些特殊儿童家庭因家庭结构残缺或者家长能力缺乏,无法为特殊儿童提供充足的家庭教育,要为这些家庭赋能,从而达到促进特殊儿童发展的目的。

最后,营造支持性社会氛围。对特殊儿童和融合教育的接纳程度与社会文明程度有关。随着社会发展,当前社会大众多能意识到特殊儿童有权利接受普通教育,在理性上对融合教育有积极认知。但当融合教育发生在自己身边,尤其是自己的子女将与特殊儿童在同班接受教育时,容易出现情感与认知的分离,接受度降低且缺乏信心,甚至认为与特殊儿童一起生活学习会影响自己孩子的正常发展。对此,应适度增加普通儿童及其家庭与特殊儿童群体互动的机会,从认知上建立关联,帮助普通儿童和家长全面客观了解特殊儿童群体。

(二)价值扭转:融合教育有助于各类儿童优势共生

通常人们对特殊儿童关注重点多是病理原因和身心缺陷,忽视了儿童自身拥有的发展资源。当前,较多研究者认为不公和隔离才是特殊儿童面临困境的真正原因,其中优势理论强调可在非隔离环境中利用特殊儿童自身力量和资源来实现其自我成长目标。这些理论表明,融合教育环境更有利于特殊儿童尽可能参与社会并享有充实生活,最终促进其社会适应和心理成长。

不仅特殊儿童可在融合教育中获益,普通儿童也会在融合交往中实现人格成熟。基于共生理论不难发现,特殊儿童和普通儿童是融合教育环境的两个重要单元,人际互动是他们之间共生关系的本质特征之一。普通儿童可以因深切感受到特殊儿童的生存现状而学会包容关爱他人,与特殊儿童相处的经历会提高普通儿童的社会能力和社会化水平。在相处过程中被激发的善意不仅利于社会和谐发展,更对个体身心健康有所助益。此外,儿童在融合教育中有机会感受并理解人类社会的多样性和复杂性,体验未来真实生活的样貌,家长和儿童对此要有充分的心理准备。如果使孩子处于被过度净化的单一环境中,其实是放弃了通过教育为未来多样性社会生活做准备的机会。

特殊儿童和普通儿童的共生共进还将影响融合教育的教师、教育教学内容、教育教学手段等因素。融合教育不是无视差异,而是更强调在整合统一的框架下妥善处理个体差异。在融合教育场域下的教育教学中,教师会给予学生更大的弹性空间,提供个别化的教学资源,利用差异化的个体表现,找准学生的优势领域,分类分层设计,最终实现特殊儿童和普通儿童共同积极发展,这种融合教育工作实践有利于促使教师走向职业成熟。

思考探究

> 普通教育与特殊教育由疏离走向融合,教师、家长在心中常会有不同的担忧,请同学们思考:普通教育应该从哪几方面改革,才能促进学生共同学习以达到最好的效果?

(三)实践保障:全面构建融合教育支持体系

发展融合教育不仅是教育部门的任务,更是全社会的共同责任。融合教育能否成功实施取决于很多因素,如社会氛围、社会接纳态度、教师教学方法、教学组织形式、无障碍环境以及特殊儿童自身主观能动性等。只有多措并举,全面构建支持体系,才能保障融合教育顺利开展,促进顶层教育目标最终实现。

首先,要加大宣传力度。宣传报道中要呈现对特殊儿童的正面描述,以积极视角挖掘特殊儿童成长资源,逐步纠正社会大众的片面认识。加大融合教育成功案例的宣传报道,增强社会对融合教育的信心。创造普通学生接触和了解特殊儿童的机会,提高社会对特殊儿童和融合教育的接纳程度。

其次,要完善政策保障。各部门须制定配套政策加大对融合教育的支持。如,教育主管部门要适度增加特殊教育和特殊儿童发展等领域专业人员在普通学校的配比,加强对普通学校教师的特殊教育专业知识技能培训和继续教育;对于实施融合教育的学校,在教师职称评审等政策制度上予以重点倾斜,认可参与融合教育的教师所付出的更多工作时间和精力。学校要牵头医院、康复机构等单位为有康复需求的特殊儿童制定完善的医教结合行动方案。民政部门要为参与融合教育的经济困难特殊儿童提供基本生活救助,等等。

最后,要细化残疾儿童诊断、安置和个别化教育的实施方案。融合教育工作开端应是针对特殊儿童接受融合教育适宜性所进行的专业评估,需要由专业人员根据残障类型和现有环境支持程度等进行综合判断,再进一步决定安置方式。经过评估,条件适合的特殊儿童接受融合教育时,学校需根据其具体情况,科学地调整课程内容、教学形式和测评方式等。教学实施中,需一人一案,可以在随班就读的基础上结合资源教室的帮助,由专业人员制定并实施个别化教育计划,从而保证每个孩子都得到最适合、最充足的教育。

(四)高校助力:助推融合教育学生升学成才

《"十四五"特殊教育发展提升行动计划》(以下简称《计划》)中明确提出完善残疾学生就读普通高校措施,支持普通高校面向残疾人开展继续教育,畅通和完善残疾人终身学习通道。发展残疾人高等融合教育,点燃残疾学生的"希望之灯",需要进一步探索残健融合新模式,大力推动我国残疾人高等教育的专业化、特色化、本土化。高校需要开放融合教育通识课程资源,培养学生开展融合教育的能力,探索融合教育师资培养新机制,这是融合教育时代对高校人才培养的新要求。高校要教育引导教师,学习了解和尊重残疾学生身心发展特点和个体差异,增设适合他们就读的相关专业,让他们在融合环境中与普通学生相互理解尊重,共同成长进步,努力将他们培养成为国家有用之才,让他们中的每一个人都有人生出彩的机会。

高校要增强科研赋能的活力,助推融合教育高质量发展。高校是国家创新体系的重要组成部分,是国家基础研究的战略性力量,也是推进融合教育全面提质增效的重要支撑。在学科体系上,高校要以融合教育学科建设为牵引,整合资源、汇聚人才,搭建学科发展创新平台,推动教育学、心理学、人工智能等跨学科的综合协同,为融合教育的专业化、规范化、深度化发展奠定坚实的学科基础。在理论创新上,高校可以围绕融合教育的基本理论、政策与法规、课程与教学、管理与评价、财政与保障等关键问题开展系统深入研究,为残疾人基于生涯发展的终身融合教育提供学理支撑和实践指导。在实践应用上,高校应积极打造融合教育高端智库平台,构建富有时代性的融合教育资源中心,推进"政产学研用"协同创新,建设"大学-中小学融合教育实践发展"共同体,聚焦本土实践、突破发展瓶颈。以高水平研究成果反哺中国融合教育的生动实践,探索普通教育和特殊教育融合,职业教育和特殊教育融合,医疗、康复、信息技术与特殊教育融合的多元模式与中国道路,以创新研究驱动融合教育高质量发展。

发展融合教育,关键在教师队伍建设。融合教育高质量发展需要提升精准服务的效力。习近平总书记强调"教师是立教之本,兴教之源"。《计划》提出加强融合教育教师队伍建设的系列举措,为高等院校服务国家融合教育发展战略提供了绝佳机遇。早在 1989 年,华中师范大学就在师范院校中较早成立特殊教育专业,2020 年率先成立全国第一个融合教育学院,2021 年创办全国第一个融合教育本科专业。融合教育学院秉持"平等、共享、多元、创新"的理念,各方联动、协同攻关、系统推进,努力把融合教育学院建设成为扎根湖北、面向全国、走向世界,有重要影响力的融合教育人才培养基地、融合教育研究与创新实验基地、残疾人评估与干预中心、融合教育高端智库平台、融合教育社会支持与资源中心,大力培养适应新时代融合教育事业发展需求的高素质、专业化、创新型的卓越教师队伍。

教学短论

融合教育已成为当前教育领域关注的热点,开展融合教育教师应该清晰的把握融合教育研究的原则,从而更好地开展融合教育工作,使全体学生都能得到最适合他们需要的教育而获得更好的发展。一般认为,开展融合教育研究首先需要遵循正向行为支持原则,全面的功能性评估和有针对性的行为干预是这一原则的两项重要内容。其次要遵循以活动为基础的干预原则,即要求以学生为教学活动的主体,在活动中融入个体发展目标,以培养学生的功能性和生成性技能。最后要遵循发展适应性原则,即在融合课堂教学中教师必须从两个维度——年龄发展适应维度和个体发展适应维度综合考虑学生的发展适应性。

教育公平一直是党和国家坚持的社会发展方向,融合教育理念就是让因身体或精神疾患而具有特殊需要的儿童与普通儿童一样接受高质量的适宜教育。进入新时代,融合教育要进一步强化向普惠发展,国家在推进融合教育过程中将更大的发挥政策导向作用,以指引融合教育破解发展难题。当前理论研究表明,可在非隔离环境中利用特殊儿童自身力量和资源来实现儿童自我成长目标,能够极大程度上促进特殊儿童和普通儿童共生共进健康成长。为此,全社会要努力构建更加全面、更加包容的支持体系,以保障融合教育顶层教育目标最终实现。同时,应该发展和完善残疾学生就读普通高校的相关措施,进一步探索残健融合新模式,高校要以融合教育学科建设为牵引,积极开展高等融合教育研究,培养融合教育师资,助推融合教育学生成人成才。

案例学习

进入桐乡三中,收获最大之一就是了解了"融合教育"的真谛。在一般的概念中融合教育首先体现的是一种对特殊学生的充分尊重,不把他们特殊化,正如联合国教科文组织《融合教育共享手册》的原话:"满足所有儿童的教育,无论其身体、智力、社会、情绪、语言或其他情况如何,也无论其民族、性别、年龄、种族国家、是否有障碍、语言或社会经济地位如何。"但是在我看来,"融合教育"是学校和家长的融合。按照融合教育的观点,教师和学生都是教学和学校生活中的主体,都应积极参与和投入教学过程和学校生活中,其实我觉得家长也应该是教学过程和学习生活的一部分,并且是密切相关的。

开学报到的第一天,我们班原本有40个学生,但是来报到的只有39个,我等到了下午也没有来,也没有电话。于是我与家长电话联系,家长说是由于孩子在老家,没有买到返程的火车票,所以耽搁了报到时间,说好明后天回校报到。但是2天过后孩子还是没有出现在学校。电话联系家长后发现有些难言之隐,于是约了家长来学校。一到学校母亲就含着眼泪跟我说:"实在是没有办法了,怎么说也不听。你自己跟老师说吧这几天为什么没有来学校。"孩子蛮诚实的,说自己不会读书,也不想读了。虽然我是第一次见到这个学生,但是这几天已经从别的老师那里了解到,其实这个女孩子有点让老师喜忧参半,她是个体育特长生,是学校篮球队的,体育老师非常喜欢她。但是由于小学在老家家长疏于管教,学习成绩一直都很差,学习习惯不好,对学习提不起兴趣,到了初中最后阶段甚至是厌倦了。

对策:

(一)先跟学生沟通

为了方便谈话我请家长先到别的老师那里了解孩子的情况。我问孩子:"你为什么不想学习了,你真的讨厌学校和老师吗?""我没有讨厌学校和老师,但是老师我真的是不会学,也学不懂,坐在教室里也很无聊。"她回答说。我又问她:"那你不读书了,想去干什么呢?"她说她要去学习羊毛衫制版。于是我跟她分析,羊毛衫制版其实是一个比较难的工作,它要求绘图能力、电脑技术等操作能力,最关键的是还要有耐心和恒心。她现在最缺乏的是耐心和恒心,坐在教室里学习都不能坚持,又是否可以坚持学习羊毛衫制版呢。还跟她说了体育老师一直在夸她篮球打得好,很记着她。同学们也一直在问她什么时候能买到火车票(间接地告诉她同学以为是买不到火车票)。虽然我语重心长,给了她表扬,也给了她信心,她表面上同意,但是内心并没有完全接受。为了发动她班里"小姐妹"的力量,我先让班长跟同学们打个招呼。

（二）再跟家长沟通

孩子的母亲跟我道出了事情的原委。原来孩子在网上报了名,要去北京参加平面模特的培训。最近这段时间就是在家里闹这个,才不愿来上学的。家长和亲戚朋友都来劝她,但她就是不听,家长也没有办法了。

（三）发挥"小姐妹"力量

知道了事情真相后,我在网上找到了该学校的资料,这个北京的模特学校明显是有问题的。于是找了她和"小姐妹"一起探讨了这个学校,分析学校的情况,告诉她们这个年龄段的女孩子要有自我保护意识,还给她们举了之前媒体报道的高中生被孕妇诱拐杀害的故事。"小姐妹"都说这么远太危险,不能去。慢慢地,从她的眼神和表情中发现,她开始动摇了。我乘势马上提出班里的同学都跟我提过要让她来担任我们班的体育委员,给她足够的集体荣誉感,她妈妈也在边上鼓励她。终于在家长、老师和同学们的共同努力下她同意明天来报到了。

同时我也给了她妈妈一些建议,首先我们要一起努力提高她的学习兴趣,让她喜欢学校、喜欢老师。我们可以从她喜欢的篮球入手,鼓励她好好打篮球,培养她的耐心和恒心。其次希望家长给孩子定一个放学回家后的规定,要求孩子在规定时间内做完作业,在规定时间内看电视、玩电脑。一定时间内孩子坚持做到了要给予表扬或奖励(让她看动画片、玩电脑、打篮球,带她外出游玩等),培养她的学习习惯。

效果:经过一段时间的努力,该生每天都能按时到校,遵守课堂纪律,带动班里的同学积极参加体训,完成各门功课的作业,虽然质量不是非常好,但是她努力的心每个老师都能看到。

反思:现在的孩子很喜欢表现,他们都愿意听到赞扬声,特别是在学校里,在班集体,他们更愿意看到同学的羡慕和老师的赞赏。但在家中,他们是父母的中心,是长辈的太阳,于是他们就毫无顾忌地任意而为了。这确实需要家长和老师及时沟通、联系,建立强大的家校联合教育体系,保持家校教育的一致性。另外善用他们的表现欲和荣誉感,巧加奖罚,使其明理。面对这样的问题,我们不能着急,不能指望一朝一夕能有所获,和孩子打交道要做好充分准备,打持久战、打战术配合。要善于利用孩子心理,动之情、晓之理,必要时还要罚之巧。另外家校联系很重要,家访、通电话我们更要好好利用!

思考:

1. 上述案例表达的主要观点是什么?
2. 案例中,该老师采用了什么策略成功解决了问题?
3. 学习案例后,你们有哪些收获?

资源拓展

办融合幼儿园 办好融合教育[①]

（一）什么是融合教育？

简单地说，让有特殊需要的儿童不要被隔离在传统特殊学校，而是回归到正常的主流学习环境，进入普通学校或普通班，提倡无差别的正常教育。避免由于过于特殊而造成对他们的伤害。这就是融合教育。

这里有一点要说明，融合教育不是混合教育。不是特殊需要的儿童和普通儿童在一起就叫融合了。需要创造一个适合特殊需要儿童成长的教育环境，有更深层次的专业知识支撑、科学的融合安排。在教育体系里不能缺少医学和特教的知识，只有具备专业知识才能给孩子提供更好的融合策略。

（二）什么是融合幼儿园？

在我国，一般幼儿园接收3~6岁身心健全的儿童入园接受学前教育。生活中有不同程度的智障、身残和精神疾患儿童入不了普通幼儿园。北京市教委曾发文件，要求幼儿园接收有特殊需要的儿童入园接受学前教育。十九大报告也提出，"让每个儿童都享有公平而有质量的教育"，并把特殊教育写进历年的政府报告中。说明国家对特殊教育越来越重视。实施具有辅助的随班就读，把有特殊需要儿童康复教育融入正常儿童的教育环境和教育过程。融合幼儿园应以普通儿童为主，有特殊需要的儿童为辅，这就是融合幼儿园。

（三）融合幼儿园适合接收哪些有特殊需要的儿童？

要从儿童长久发展考虑，给予适宜他们特点的教育。对于盲、聋、哑、智障这部分儿童教育，轻症可以进入融合幼儿园，还有一些症状较重的应进入当前较为成熟的盲、聋、哑、智障学校，接受较为成熟的教育。

为什么当前的幼儿园多成为接收孤独症儿童的融合幼儿园？对于孤独症儿童而言，普通学校没有孤独症儿童学习的位置。较为成熟的盲、聋、哑、智障特殊学校，也难以找到适合孤独症儿童的教育。家长担心他们不能融入社会，无法照顾自己而形成社会问题。面对孤独症儿童社会性缺陷的教育，幼儿园是最适合的地方。那里有与孤独症儿童年龄相仿的小朋友，又有随时随地可以交往的环境。所以，患有孤独症的儿童相继进入了普通幼儿园。融合幼儿园成为潮流，相继应运而生。

（四）孤独症儿童的特点有哪些？

对进入幼儿园的孤独症儿童怎样开展教育，就要先了解这些儿童的特点。

孤独症是儿童从诞生到幼儿期发生的广泛性的发育障碍。他们主要表现在社会关

[①] 节选自潘燕生《如何创建一所融合幼儿园》一文，有删改。

系和人际关系上的障碍。他们没有与生俱来的社交能力;虽然可以说话但无法与人正常交流;不会用表情和肢体语言表达情绪和感受;不理解字面意思以外的意义。他们中间也会有些孩子具有惊人的记忆力,有音乐、美术和数学的天赋。但他们不能真正理解其中的含义。活在自我封闭的世界里,被称为星星的孩子。

孤独症原因至今是个谜。尽管没有有效的治疗手段,终生无法治愈。但通过及时和正确的行为康复训练,他们能够具备参与社会生活的能力。

(五)普、特儿童比与师生比

鉴于这部分孩子的特点,我们如何合理的安排入班融合的人数呢?

普特儿童比:根据多年的经验,我们按照10:1的比例安排孤独症儿童参加班级融合教育。一般从小班第二学期开始安排,每班最多2~3名;大中班每班最多3~4名。

师生比:在普通幼儿园班级教师为3名(两教一保)。考虑到孤独症儿童学习的特殊性,兼顾普、特儿童的保教工作顺利开展和保证教育质量,幼儿园每班安排4名教师(增加一名特教专业的教师陪伴和支持,也称之为影子教师)。

第二章
融合教育的价值理性

学海导航

在普通师范专业开设融合教育通识课程或提供特殊教育辅修专业,都是提升普通教师融合教育素养的重要途径,也是当前师范类专业建设和完善的必然趋势。因此,学习融合教育基本理念,能够帮助普通师范生形成关于特殊儿童及其受教育问题的正确认识,这是师范教育师资培养的首要目标,也是基础教育的根本性目标。本章基于融合教育的价值理性,主要探讨融合教育的基本理念和融合教育价值取向,这些都是师范生应该掌握的基本问题。

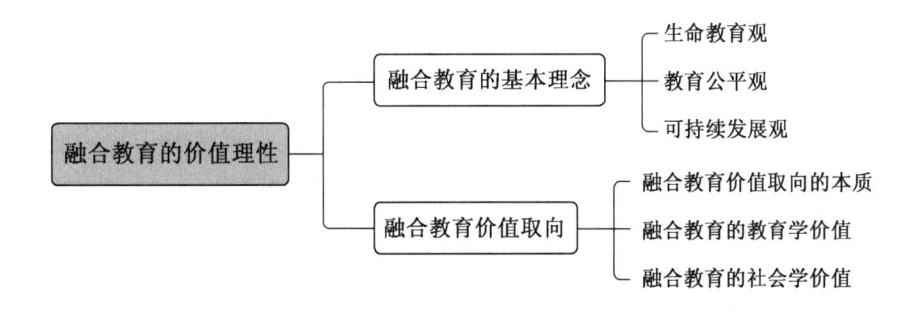

知识导图

融合教育的价值理性
- 融合教育的基本理念
  - 生命教育观
  - 教育公平观
  - 可持续发展观
- 融合教育价值取向
  - 融合教育价值取向的本质
  - 融合教育的教育学价值
  - 融合教育的社会学价值

第一节　融合教育的基本理念

学习目标

1. 理解融合教育理念中生命教育观的内涵；
2. 明确融合教育视域下教育公平观的内涵与基本问题；
3. 掌握融合教育背景下学生可持续发展的本质。

知识导入

融合教育为包括有障碍和没有障碍学生的发展创建了良好、多元的学习环境。一方面有利于特殊教育需要学生观察、模仿普通学生的语言、行为，为他们融入社会做好准备；另一方面有利于促进普通学生对残障儿童的接纳，培养普通学生的仁爱之心和社会责任感。融合教育不仅是人类教育思想迈向文明历程中重要的一步，也反映出了人类社会正不断向着公平、公正、和谐、安康的目标发展。融合教育是人权意识、人本思想、人文精神在教育上的具体体现，为消除社会歧视，建立民主、公平、正义的社会提供了可能。

尽管融合教育在我国的实施还面临各种各样的挑战，诸如教育制度、教育实践、教育观念等。但是我们有理由相信通过我们全社会的共同努力，我们未来的每一个学生都能受惠于融合教育。

融合教育就是对有特殊需要学生的生命活动进行关怀，这种关怀是社会价值、个人价值和教育自身发展价值在"生命活动"实践中的统一，在此教育实践中教师的价值得到实现，学生的生命质量得以提升。融合教育渗透着生命教育与人文主义精神的契合，是一种使正常儿童和有特殊需要儿童相互学习、共同发展的教育思想。这种教育思想的形成与生命教育观、学生主体观、可持续发展观等理念是一脉相承的。

一、生命教育观

生命教育既是一切教育的前提，是指向人的终极关怀的重要教育理念，同时还是教育的最高追求。它是在充分考察人的生命本质基础上提出来的，符合人性要求，它是一种全面关照生命多层次的人本教育。1968年美国的一位学者出版了《生命教育》一书，探讨必须关注人的生长发育与生命健康的教育真谛。随后日本、英国、中国台湾地区、中国香港地区等国家和地区竭力倡导生命教育，各种学术团体纷纷建立。《生命教育》一书指出,生命教育即直面生命和人的生死问题的教育,其目标在于使人们学会尊重生命、理解生命的意义以及生命与天人物我之间的关系,学会积极地生存、健康地生活与独立地发展,并通过彼此间对生命的呵护、记录、感恩和分享,由此获得身心灵的和谐,事业成功,生活幸福,从而实现自我生命的最大价值。因此,生命教育不仅只是教会青少年珍爱生命,更要启发青少年完整理解生命的意义,积极创造生命的价值;生命教育不仅只是告诉青少年关注自身生命,更要帮助青少年关注、尊重、热爱他人的生命;生命教育不仅只是惠泽人类的教育,还应该让青少年明白让其他生命的物种和谐地同在一片蓝天下;生命教育不仅只是关心今日生命之享用,还应该关怀明日生命之发展。

(一) 融合教育首先体现的是一种对生命的充分尊重,不把他们特殊化

融合教育主张人人都有平等的受教育权,即不仅要有平等的入学机会,而且要能做到平等地对待每一个学生,满足他们的不同需求。不要关注一部分学生,而排斥或歧视另一部分学生。联合国教科文组织《融合教育共享手册》中写道:"满足所有儿童的教育,无论其身体、智力、社会、情绪、语言或其他情况如何,也无论其民族、性别、年龄、种族、国家、是否有障碍、语言或社会经济地位如何,包括障碍儿童、天才儿童、流浪儿童、童工、落后地区儿童、少数民族儿童以及处境不利或边缘群体儿童。"这体现了一种人权观,融合教育以人权观批判了现行的普通学校与特殊学校相隔离的状况,提出了人的受教育的基本权利问题。融合教育的思想要求普通学校要给有特殊教育需求的学生提供学习机会,容纳所有的学生,融合教育倡导"零拒绝",学校不能以"不可教育"为由拒绝任何一个孩子接受教育。学校和社会应该创造出一种全纳教育的氛围,在这种教育氛围中,每个学生受教育的权利都能得到充分的保障。

(二) 融合教育旗帜鲜明地反对歧视和排斥,强调一种平等观

由于我们的教育基本上仍然还是以考试成绩作为评价学生的唯一标准,在我们的教育实践中确实还存在着歧视和排斥等不平等的现象。正如这世界上没有两片完全相同的树叶一样,我们每个人都是不同的,有自己独特的个性、兴趣、能力和学习需求。这些差异性不能成为歧视和排斥学习或行为有问题的学生的理由。融合教育主张的是关注每一个学生,而并不是仅仅某部分人,努力创造出适合每一个学生生活学习的环境。

按照融合教育的观点,教师和学生都是教学和学校生活中的主体,都应积极参与和投入教学过程和学校生活中,这体现了融合教育的民主观念。融合教育提倡"积极参与"的思想,反对任何学生被排斥在教学过程以及学校生活之外,主张学校要努力促进所有学生的积极参与。"积极参与"的思想充分反映了融合教育的民主观。在学校教育中,融合教育注重的是每一个人的积极参与,每一个人都是学校生活的主人。在学校中经受的这种民主体验,对学生以后走上社会以及改造社会具有极大的意义。

(三) 融合教育倡导集体合作观

融合教育的目的是要使人们走向一种全纳的社会,在这种全纳的社会集体中,人人参与、共同合作,每一个人都是集体的一员,人人都受欢迎。与我们通常的观念不同,融合教育的立足点是集体,解决的方法是合作。融合教育培养未来人的一个价值目标就是注重集体和合作,因为未来社会的工作更注重集体合作。未来优秀人才的一个必要条件之一即合作,这意味着要能与有不同兴趣、不同能力、不同技能、不同个性、不同文化背景的人共同合作,也意味着对自己和对他人的工作具有一种责任感。融合教育主张普通学校接纳所有的学生,但由于学生的各种需求不同,因此更需要强大集体的合作,依靠集体的力量来解决问题。在学校教育过程中,融合教育主张在教师与教师之间、学生与学生之间、教师与学生之间、教师与家长之间、家长与学生之间以及教师与社区之间都应该建立一种合作的关系,共同创建一种全纳的氛围。

(四) 融合教育让特殊学生进入和正常学生一样的学习环境中

把特殊学生当作正常人看待,让他们认识到他们的价值所在,以主人翁的姿态参与社会的管理,而不是社会的累赘,这是对他们人格的尊重。我们古人就说过:"授人以鱼,不如授人以渔",其实许多身体有缺陷的人对社会做出的贡献远远大于正常人,比如霍金,他虽然被束缚在了轮椅上,但他的思维却飞出地球,飞出银河系,飞向遥远的黑洞,成为继爱因斯坦之后最伟大的科学家。融合教育理念体现了对特殊学生价值的充分肯定,对特殊学生树立生活的信心,让他们更好地融入社会,这具有重要的意义。

二、教育公平观

融合教育主张创建一种全纳的教育氛围,让每一个儿童在融合教育中都受到欢迎,用班集体的力量来改变儿童个人的问题,让教师、学生、家长、社区合作,共同促进所有儿童积极参与教育活动。在融合教育看来,儿童有差异是普遍存在的,学校不应让儿童去适应课程,而应让课程适应和满足所有儿童的教育需要。必须根据儿童的不同特性,开展多样化的教学,才能满足儿童的不同需求。因此,差异与多样性不是普通学校排斥儿童的原因,而是学校可以充分利用与发展的资源。

(一) 学校接纳所有儿童一起就读

融合教育观主张学校应该接纳所有的儿童,而不考虑其身体的、智力的、社会的、情感的、语言的或其他任何条件。所有的儿童就应包括残疾儿童和天才儿童、街头流浪儿童和童工、边远地区或游牧人口的儿童、语言或种族或文化方面属少数的儿童,以及来自其他不利处境或边际区域或群体的儿童。融合教育学校的基本原则是,在一切可能的情况下,所有儿童都应该在一起学习,不管他们之间有什么差异,或者他们可能经历着什么困难,这给普通学校教育观念、教育制度、教育实践等方面带来了巨大的挑战。

融合教育要求学校必须充分认识到儿童的多样化需求并对此做出反应,通过适当的课程、组织方式、教学策略、资源运用,以及与社区的合作来适应学生的不同学习风格、不同学习步调,确保所有儿童都能接受高质量的教育,通过一系列的支持和服务来满足每所学校中不同儿童的特殊教育需求。因此,学校的教育原则应该是向所有学生提供相同的教育,接受普通课程而不是不同的课程;如果学生有特殊的需求,就应该提供额外的帮助和支持。融合教育反对为学生设置特殊课程,认为他们都能学好普通课程。最重要的是学校的教育要在学生遇到困难、有问题时给予及时的帮助和支持;要在学生取得成绩和进步时给予赞赏和鼓励。

思考探究

> 有人认为,把特殊儿童集中在特殊学校进行教育,无论从师资队伍建设、学校管理,还是教学活动组织来看,都更便利。你是否认同?请谈谈你的看法。

(二)充分彰显学生的主体性

教学过程是教师的主导性和学生的主体性相互影响的活动过程。传统教育思想忽视学生的主体地位和主体意识,必然不利于学生个性的发展,也必然影响社会的进步。促进儿童的主体性发展已成为当前教育改革的核心,可以说,关注学生的主体性发展已作为跨世纪的课题提上日程。学生的主体性在很大程度上要靠教育来培养,教育作为一种培养人的社会实践活动,也是一种培养受教育者的主体性的社会实践活动。

融合教育在本质上就是"对个体主体性的培育过程,是一种主体性教育"。首先,学生不是空着脑袋进入课堂,是以以往的生活、学习和交流经验来确定对各种现象的理解和看法,他们具有利用现有知识经验进行推理的智力潜能。学习是主体建构的过程。其次,这种建构过程是双向性的。一方面,学生通过使用先前知识建构当前事物的意义;另一方面,被利用的先前知识并非从记忆中原封不动的提取,而是要根据具体情况进行改造和重组。由于要进行这种双向建构,学生必须积极参与学习,时刻保持"认知灵活性"。再次,学生以自己独特的经验和方式建构对事物的理解,同时因事物存在复杂多样性,学生对事物的理解也呈现出多元化。由此可见融合教育观充分肯定学生在认知过程中的主体地位,强调"以学生为主体"。

学生是认知的主体、知识的积极建构者。学生的主体性发展是一个由低级向高级、由量变到质变的连续不断的发展过程。青少年学生还只是"一个不成熟、不完全的主体,或曰'潜在主体'。但教育过程中的学生的最大特征就是蕴含着丰富的潜能,在各种内、外因素的相互作用下而逐渐变为现实,从'潜在'不断地、永远地向现实转变,这就是学生主体性发展的实质"。融合教育中学生的学习过程要以主体性为条件,没有主体性,知识教学就只能是简单的灌输,同时又要促进学生的主体性得以发展。学生的主体性发展不仅取决于知识数量的累积,而且取决于知识生成的建构过程。"发展学生的主体性不是一个附加的目的,更是有效教学的内在根据。"融合教育"只有调动学生整个精神世界的驱动力,学生的学习才能摆脱外在力量的诱迫而成为内在的追求"。因此,发展学生的主体性是融合教育全纳观教学的主要目标,也是教学的动力源泉。

(三)确保人人都有平等的受教育权

融合教育旗帜鲜明地反对歧视和排斥,主张人人都有平等的受教育权,即不仅要有平等的入学机会,而且要能做到平等地对待每一个学生,满足他们的不同需求。融合教育强调的平等观,并不是要追求一种绝对平等,而是强调我们的教育要关注每一个学生的发展,不要只关注一部分学生,而歧视或排斥另一部分学生。融合教育提出的一个重要思想就是要平等地对待每一个学生。我们应该关注每一个学生,并提供适合他们的学习条件。

融合教育提倡的是"积极参与",反映了融合教育的民主观。"学会生存"与"积极参与"这两种不同的提法,反映了两种不同的哲学观。"学会生存"的基点是个体怎样适应主流社会,立足点在适应,是个体被动地去融入这个社会,去适应这个社会。"积极参与"是个体作为社会一分子,以社会主人的身份参与自己的事情,目的是要改造这个社会。在学校教育中,融合教育注重的是每一个人的积极参与,每一个人都是学校生活的主人。在学校中经历的这种民主体验,对学生以后走上社会以及改造社会具有极大的意义。他们不再会为了生存刻意改变自己去适应社会,而是以社会中的一分子、人民中的一员积极参与社会的重建过程中,是以主人公的身份参与社会发展的决策和实践。未来的社会就是人人参与的民主社会。

融合教育主导的价值观之一是倡导集体合作观。在学校班级里,学生的学习或活动有困难或有问题,这不仅仅是他个人的问题,也是班级集体的问题。如果大家能合作起来,想方设法去寻求战胜交流和理解的困难,那么大家都会体验到一种有难度而又有教育意义的经历。通过这种富有意义的亲身感受,学生也学会了移情,学会了用集体的力量来改变个人的问题。因此,融合教育的立足点是集体,解决的方法是合作。融合教育培养未来人的一个价值目标就是注重集体和合作,因为未来社会的工作更注重集体合作。

三、可持续发展观

融合教育作为一种渗透人文精神的教育理念和办学形式,会引起教育范式上一次改革,引发人们对普通教育、教师教育的指导思想、培养目标、管理方式、教育内容、教育方法和教学手段等问题进行新的思考。

(一)可持续发展观是促进人类全面发展和持续发展的时代命题

可持续发展观作为人类全面发展和持续发展的高度概括,不仅要考虑自然层面的问题,甚至要在更大程度上考虑人文层面的问题。不仅要研究可持续的自然资源、自然环境与自然生态问题,还要研究可持续的人文资源、人文环境与人文生态问题。从单纯地关注自然—社会—经济系统局部的自然属性,到同时或更加关注社会经济属性,以把握人与自然的复杂关系,寻找全球持续发展的途径,这是现代生态学研究的一个重要特征,也是环境社会学与社会生态学兴起的根源。而在融合教育理念中的可持续发展观,是指既促进普通学生的发展又能够促进特殊学生发展的教育观念。换句话说,就是促进普通学生与特殊学生协调发展,它们在学校中是一个密不可分的系统,核心是促进全体学生共同发展。

（二）融合教育承担着促进特殊学生发展的使命

教育从人类成为万物之灵的时候开始，就自然地承担了促进人类发展的这一艰巨而又光荣的使命。近半个世纪以来，世界各国都不同程度地致力于教育改革，希望教育能与经济、政治和多元文化之间形成良性的互动，推行教育本身的科学化、民主化和多元化。因此，能否维护每一个儿童，尤其是各类有特殊需要儿童的受教育权利，最大限度地为个人提供实现潜能的机会，已成为衡量一个国家或地区物质文明和精神文明程度的重要标志。

（三）融合教育对普通教育和教师教育提出了新的挑战

融合教育的提出，从教育理念到教育方法，都对普通教育和教师教育提出了新的挑战。从特殊教育发展的角度来看，提倡融合教育是特殊教育发展史上的一次飞跃，它表明当代特殊教育已经从福利型向权益型、大众型的方向转变。在有些经济比较发达的国家和地区，特殊教育已经不是个别仁人志士的乐善好施，也不是太平盛世的繁花点缀，而是远古的人文精神与近代科学的有机结合，是实现教育民主和提高民族素质的必由之路。特殊儿童也不再是在他人的怜悯和呵护下，饱含眼泪和艰辛，在那种相对封闭的环境下成长，而是满怀信心而又坚韧不拔地在理想和现实的驱动下最大限度地发挥自己的潜能，成为推动人类文明进步的力量。从隔离教育到融合教育的转变是一种教育思想的转变，是人类在科技迅猛发展、生产力水平大幅度提高的条件下，对教育发展的内外价值进行深刻反省后的选择。从普通教育发展的角度来看，提倡融合教育也是对整个教育的目标、功能的又一次深刻反思，是对教育价值取向和教育定位的调整。随着科技的发展和知识的迅速增长，人类的教育事业获得空前的发展。教育机构和教育投资不断增加，教育对象不断扩大，教育内容和接受教育的年限不断增加，教育的形式更是多种多样。半个多世纪以来，人们在对教育的目的、任务、课程和教师教育等问题进行了无数次的讨论和多次的改革中，在希望和批评中不断促进教育的可持续发展。

教学短论

加快推动特殊教育立法，保障特殊学生的受教育权利。从社会角度来说，给予特殊学生更多政策支持和社会支持，需要人们的认识、理解和包容。保障特殊学生的受教育权有两个思路：一是设立专门的特殊教育学校对特殊学生进行教育，二是采取随班就读的方式，即由普通学校接收特殊儿童入学就读，这是发达国家保障特殊儿童平等受教育权，促进特殊儿童更好融入社会的主要方式。

把特殊儿童集中在特殊学校进行教育，无论从师资队伍建设、学校管理与教学活动组织看，都更便利。一地只需要建一两所特殊教育学校即可。但是，这种教育方式对特殊儿童融入社会并不利。随班就读方式，不但可消除对特殊儿童贴标签的做法，还有利于培养所有学生形成平等的意识。推进特殊儿童随班就读，更为重要的是学校要配套进行特殊教育的师资建设，同时转变育人理念。第一，全社会要形成新的教育公平观，教育要面向人人,给学生人人出彩的机会;第二,要以新的教育观,构建新的教育生态,保障特殊儿童的平等受教育权,这是我国扩大教育公平要努力追求的目标。

第二节 融合教育价值取向

学习目标

1. 了解融合教育价值取向的本质;
2. 明确融合教育的教育学价值、社会学价值。

知识导入

融合教育的价值取向是指向教育公平的,强调公民权利的保障和"一个都不能落下";是"以人为导向"的教育,强调在一体化教育体系中根据每个儿童的个性差异和身心特点,按需施教,因材施教;是一种包容性教育,强调接纳、参与、合作、共生与共享,反对任何歧视和排斥;是一种支持性教育,强调教育实施的支持保障。融合教育不仅重点关注残疾孩子,而且关注全体学生,关注每一个学生;主张并试图通过建立一种融合教育体系、全纳性学校和个性化教育,满足学生多样化需求,促进每一个学生充分自由地发展。融合教育的理想实质应是让每一个学生都能得到最大发展,更加充分平等地融入社会。

一、融合教育价值取向的本质

教育价值观是教育思想的核心问题。人朝什么方向发展,教育发挥什么功效,无不受教育价值观决定。① 作为一种国际教育思潮,融合教育秉持哪些基本的价值观,它以怎样的价值观念和原则引领全球融合教育改革呢? 随着融合教育理念的广泛传播与实践的持续推进,人们从多学科、多维度对融合教育价值观予以诠释和理解,追求平等、强调参与、呼吁支持以及要求合作构成了当代融合教育发展的价值观念。这些价值观念既是基于融合教育实践与理念所形成的概括总结,也是引领融合教育政策建构与实践推进的核心准则。

---

① 孙喜亭.教育价值观问题再论[J].教育研究与实验,1988(1):2-6.

(一) 价值取向的蕴意

人们生活在社会之中,家庭、朋友、老师、群体乃至组织等都会影响每个人的价值取向。人的价值取向是在生活和工作环境中学习和经历的产物,因此不同的人会有十分不同的价值取向。

1. 价值取向的含义

价值取向(Value Orientation)是价值哲学的重要范畴,它指的是一定主体基于自己的价值观在面对或处理各种矛盾、冲突、关系时所持的基本价值立场、价值态度以及所表现出来的基本价值取向。价值取向具有实践品格,它的突出作用是决定、支配主体的价值选择,因而对主体自身、主体间关系、其他主体均有重大的影响。价值取向的合理化是人类进步的信念。

2. 价值取向的特点

教育的目的之一是引导人们追求人生价值与社会价值取向相一致。个体不能一味考虑自己的条件、爱好、兴趣,个体的价值定位过程并不是一次完成的,而是一个运动的过程。价值定位的起点不同,具体目标不同,实践结果的层次、程度、境界也有区别。因此,价值取向有以下特点:(1)社会性。人的本质属性是社会性,人的任何价值都是社会性的价值。社会性是人生价值取向的最核心的维度。(2)科学性。价值取向要正确反映社会历史发展的客观规律性。个人在设定自己的人生价值目标时,必须使自己的思想、计划、行动目标符合社会规律或自然规律。(3)可行性。价值取向要依据个体自身素质、性格特点、潜力和社会政治制度、经济条件等做出选择,具有一定的可操作性。(4)超越性。价值取向要充分发挥个人的主观能动性,体现主体的积极、开拓、进取和拼搏的精神。

(二) 融合教育的理性价值

融合教育契合了"多元、自由、平等、个性"等价值观,认为残疾人的教育不仅是特殊教育领域的事业,也不是少部分精英群体和二元制的隔离教育体制下的事业,它应该走向多元化的教育方式、平等的教育理念、大多数人的教育参与,以及权利意识下的教育融合。[①]

1. 融合教育是历史发展进程中从物质文明向精神文明转变的必然结果

融合教育强调适当的教育精神。在"大同思想"的启蒙中,我国就已经重视对残疾人的教育关怀。随着社会的发展,尤其是在《世界人权公约》的推动下,这种关怀成为整个社会共同关注的话题。一方面,强调适当的融合教育,是社会理性文明的反映。这种理性,不仅关注残疾人的教育问题,也关注残疾人的教育与整个社会之间发展的关系问题;它在对弱势群体进行价值倾斜的同时,也强调弱势群体与社会共谋发展的协调问题。另一方面,强调适当的融合教育,是社会法治文明的反映。一直以来,我们对残疾

---

① Michael M. Gerber. Postmodernism in Special Education[J]. The Journal of Special Education, 1994, 28 (3): 368-378.

人的态度以"同情"和"怜悯"为主要特点,认为对残疾人的支持是一种帮助和施舍。在近现代以来,随着人权理念的渗透和法治建设的逐步完善,我们对残疾人的支持是作为社会中的一分子应尽的义务,残疾人获取教育资源是一种权利的实现。①

2. 融合教育是一种态度、价值和信仰系统

融合教育核心要义就是接纳、归属感和社区感,强调适当的教育安置模式对残疾人的价值认同感。对于残疾人而言,获得何种教育以及如何获得教育并不重要,重要的是在获得适当的教育过程中实现被他人接纳的认同感,让他们不再感觉到被排斥。首先,强调残疾人在学习和生活中获得他人接纳的态度,这种认同的态度让残疾人获得自信,并愿意成为集体中的一员。在此,融合教育的实现,是从他人的认可角度进行的价值投射。其次,强调残疾人参与学习和生活中的价值成就感,它从残疾人自身的角度出发,在学校和社区的活动参与过程中获得了自我价值的体现,以寻求自我是"受欢迎的人",从而实现自我的融合和接纳。最后,强调残疾人的融合教育是一个具有广泛的延伸领域,从理念到实践、从学校到社区、从学习到生活的信仰体系。它如同天赋人权一样,应该理所当然地获得社会的认同并予以实践。

3. 融合教育是一种教育权利

融合教育强调每个残疾人都有在普通教育体系中获得受教育的权利,以及获得公平和适当的受教育的机会。在权利的框架体系下,融合教育是一种特殊的教育权利。首先,残疾人应该获得适当的融合教育权及融合教育优先权。在同等的教育资源和教育条件下,残疾人应该在普校中接受融合教育,只有在普校中无法满足其特殊教育需要时,才能够转入特殊学校、机构或家中接受教育。其次,融合教育权应该具有相应的救济制度。对于没有提供融合教育资源的普通学校和社区,残疾人及家属具有相应的行政诉讼和民事诉讼的权利,以保障融合教育权的顺利实现。最后,在残疾人接受适当的融合教育过程中,对于教育安置模式的选择、个别代教育计划的制订等方面,家长具有参与的权利。

4. 融合教育是理念与实践共存的体现

由于残疾人的残疾类型和残疾程度的差异性,在普通教育体系中获得优质的教育成为一种美好的理想诉求。融合教育不仅关注融合的质量和效果,更关注融合的教育过程。② 虽然狂热的人权运动把融合教育当作评判一切与之不符的教育形式的伦理道德武器,从而成为乌托邦的教育理念,但在社会理性的回归之下,融合教育已经还原其本质特征,从法律的制定到资源教室的设置等,它从各方面进行了一系列的实践探索,从而获得了理念与实践共存的体现。一方面,它是推动残疾人获得充分的受教育的理念。残疾人的教育活动,要依靠整个社会的共同推动,而只有理念的推广才能迅速获得社会的广泛认同以及各种资源来共同实现融合教育。另一方面,它是残疾人实现融合

---

① Katherine Covell, R. Brian Howe, Justin K. Mcneil. Implementing Children's Human Rights Education in Schools[J]. Improving Schools, 2010, 13(2).

② Lincoln Williams, Vishanthie Sewpaul. Modernism, Postmodernism and Global Standards Setting[J]. Social Work Education, 2004, 23(5).

教育的具体过程。对于教育管理者而言，需要提供适合残疾人融合教育的教育政策，并对实现融合教育的财政、无障碍环境和师资等方面进行支持；对于普通教师而言，要乐观认识并接受残疾人，并在课程设置、教学评估等方面有所区别；对于资源教师而言，要能够有针对性地开发适合不同残疾类型和程度的课程，以补充普通教育的不足；对于家长而言，需要转变观念，积极地支持残疾人获得融合教育。[①]

(三) 融合教育的实践价值

融合教育作为国际教育发展的方向，已成为各国教育努力的目标，在当今社会教育发展的潮流中成为一项必不可少的教育手段。

1. 助力学生成长成才

融合教育促进了特殊儿童的社会性发展和社会功能的改进，而相对于一般儿童，融合教育可以促进他们理解平等、尊重、接收、接纳的思想，在与特殊儿童共同学习共处的过程中塑造了他们善良、友好、同理旁人、助人为乐等许多出色的品质和个人素养，也为成年后对多样化世界的理解接纳奠定了较好的心理基础，也是对特殊儿童和普通儿童彼此成就的"双赢"教育模式。首先，与同龄普通儿童一起上学，为特殊儿童带来可以共同学习普通学校课程的机会，能够改进他们的学业。其次，融合教育能够增多特殊儿童的社会交际机会，锻炼他们的交际技能。在普通学校上学的特殊儿童，他们的社会沟通交流技能及运用，要比在隔离环境中就读的学生发展得好。在与同龄人的相处过程中，特殊儿童需要时常跟小朋友们互动交流，如此的社会性环境是家庭中不能模拟的，而这些社会适应能力也是特殊儿童在平时局限、死板的日常中很难塑造的。因此，融合教育可以促进孩子的适应性发展，提升自身掌控的安全感。再次，融合教育对所有儿童的个性化发展造成积极的影响。在与旁人共处的环境中，接收外界传达的信息，可以让特殊儿童逐渐转化成自己所能表达的内容，一方面促进了特殊儿童的个性化发展，另一方面也培养了普通儿童乐观向上、接纳理解的心态。在融合教育中，特殊儿童可以学会与同学、教师友好相处，与他们进行有效的合作，如此未来就更容易与未来社会中的不同人员共处与合作。

2. 创生学校和教师的人文情怀

普遍性实施融合教育不仅使家庭、机构、教师、学校对特殊儿童进行帮助，而且可以使全社会的方方面面共同参与，携手共进，正确认识这个特殊的群体，给予这个群体更多的关爱，打破雨人的自我空间，让全社会来牵引这颗封闭的心灵，让他们将来更易于在社会中生存，让每个特殊儿童撑起自己翱翔的翅膀，在属于我们的共同空间里快乐地成长。同时，在普通学校的教学中有效地实施融合教育，可以培养特殊儿童同龄伙伴接纳意识，让每个小公民更早更多地认识他们，让同龄小伙伴们与特殊儿童的情感空间更加丰富，营造一个更加和谐的社会气氛，为以后特殊儿童健康的成长，社会公民对特殊儿童的认识和接纳提供直接可行的路径，真正达到同在蓝天下，我们共成长的目的。

---

① 吕耀中. 全纳教育视野下的差异教学[J]. 中国特殊教育，2006(1).

普通学校教师积极践行融合教育,不仅可以提升教师对融合教育的认识和一日活动融合参与的组织能力,提高教师从事融合教育实践的具体操作技术能力,促进教师科研素质与综合素质的发展,还可以在实践中积累融合教育经验,为以后更大范围地开展融合教育研究提供借鉴,也可以为现有的语言发展迟缓幼儿、自闭症幼儿享受正常化的学习和生活,促进其社会化成长提供条件。

二、融合教育的教育学价值

融合教育主张不要把特殊儿童与普通儿童隔开,避免把有特殊教育需要的儿童安置在一个相对独立,教学设施和资源条件可能都比较好的特殊学校和特殊班级接受教育。主张特殊儿童应在强有力的支持下回到普通的学习和生活环境之中,与普通儿童融为一体。这是令一些长期习惯于在单一的特殊学校或普通学校工作的教师、管理者感到困惑不解的问题。我们可以从教育学学科的理性层面来论述融合教育本身的现实意义与新时代教育发展的关系。

(一) 探讨教育的理想和现实,是培养健全人格的有效途径

教育是传递社会经验和培养人的社会活动,在不同的时期有不同的内涵和表述。2018年9月10日,习近平总书记在全国教育大会上的讲话指出,新时代贯彻党的教育方针,要坚持马克思主义指导地位,贯彻新时代中国特色社会主义思想,坚持社会主义办学方向,落实立德树人的根本任务,坚持教育为人民服务、为中国共产党治国理政服务、为巩固和发展中国特色社会主义制度服务、为改革开放和社会主义现代化建设服务,扎根中国大地办教育,同生产劳动和社会实践相结合,加快推进教育现代化,建设教育强国,办好人民满意的教育,努力培养担当民族复兴大任的时代新人,培养德智体美劳全面发展的社会主义建设者和接班人。可以说,培养德才兼备、全面发展的人才是我们的教育目标和理想。但是,要实现这一目标,仅仅局限于普通教育内部的改革和课程设置的调整是很难做到的。

按照维果斯基的社会建构理论,儿童总是通过与环境的互动与内化来建构知识与发展人格的。融合教育体现了对各类儿童,包括特殊儿童人格的尊重,为不同儿童的教育选择权提供了广泛的空间,本身就是接纳和珍视人类多样性的标志。因此在融合教育中应真诚地接纳所有儿童和他们的家庭,为他们的参与提供支持。这也就意味着,儿童的教育与训练必须对不同的文化价值、信仰和习惯保持高度的敏感和尊重。实施融合教育要根据儿童和家庭的不同文化信仰和习惯来调整、改变特殊教育的实践,而这些调整能促进儿童的归属感并有助于儿童身心的良好发展。

融合教育要求教育者科学地理解、认可、容忍和尊重个体差异,在教育教学过程中考虑到不同教育对象的个人的先天素质、身心条件和所处的不尽相同的自然和社会环境,又要引导儿童最大限度地实现自己的潜能,促进社会的和谐发展和实现人类的共同理想。就接受教育的个体来讲,在成长的过程中,只能是在实事求是的基础上,学会尊重、建立友谊、承担责任,以自己顽强的努力来实现理想和现实的统一,实现教育的社会价值和个人价值,培养健全的人格。

(二) 融合教育维护儿童权利,体现社会主义制度的优越性

联合国《儿童权利公约》确定了国际公认的维护儿童权利的标准,这一纲领性文件的第 23 条明确规定:"残疾儿童有权得到特殊的照顾、教育和培训,以维护其尊严,获得最大程度的自立并尽可能参与社会生活,以帮助他们过上充实而适当的生活。"特殊儿童是弱势群体中的弱势,更需要全社会的关注与呵护。中国是《儿童权利公约》的缔约国之一,签署公约十多年来,中国政府通过立法、下达文件和其他措施,在特殊儿童的教育方面进行了大量的工作,使得中国特殊教育得到了跨越性的发展。

融合教育基于社会正义、人权、教育平等的思想和对多元文化的尊重,重视身心障碍者自身的权利,正因为这样,英国融合教育研究中心(Center for Studies on Inclusive Education,1999)认为,融合教育是一种实现人权、体现公平和产生良好的社会意识的教育。融合教育有助于促进在教育发展中逐步实现法治和人治相结合,体现社会主义制度和建立和谐社会的优越性。

(三) 融合教育能促进普通教育的深入改革

近一个世纪以来,世界许多国家都从教育的外部和内部进行了多次大规模的教育改革,提出了教育为政治服务、为发展经济服务、为人本身的发展服务等不同的口号,对教育的目的、任务、功能,教育的本质、教育环境和社会发展等问题也进行了深入的讨论,不同的哲学、不同的立场,对教育有不同的理解:有的认为教育是儿童社会化的过程,有的认为教育是劳动力生产的手段,有的强调教育是意识形态再生产的方式,有的认为教育应该执着地追求教育过程之外的最终目的和结果,有的则力图摆脱目的论和工具论的烦恼,着眼于教育过程的本身和存在方式。尽管上述这些涉及哲学、政治、经济、科技、教育、文化、社会等问题的争论还在继续,但教育的全球化已经使人们形成了一个大致的共识:教育必须解决人类发展过程中自身的发展问题,以不同的方式促进人类的文明发展与共同进步,决不能以一部分人的失败为代价来换取另一部分人的成功。因此,如何踏着时代的步伐,至少是降低教育的功利性、有意识地消除"不公平竞争"对儿童发展带来的物化、驯化、异化等负面影响,以"教育的宽容"和"发展的多元"来维护人的尊严和自信,保持社会发展的和谐与稳定,这是值得我们每一个教育工作者反思和想办法逐步解决的问题。从某种意义上来讲,融合教育的理念正是体现了这一共同愿望,无疑会促进普通教育的深入改革。

(四) 融合教育关注所有儿童,提供共同发展

除了前面谈到的哲学意义和法律意义之外,融合教育的最大价值在于能够同时促进正常儿童和有特殊需要儿童的发展。例如,有发展问题的儿童从融合教育中获得更多的刺激性、变化性和回应性的经验;有更多的机会去观察、模仿具有较高水平的运动、社会、语言和认知技能的儿童,并与正常儿童进行互动,正如 Peterson(1987)所说,"一个要求更高的环境可能会促使儿童进一步发展更合适的行为"。

融合教育带给正常发展儿童的好处也是多方面的。例如,从同伴比较中,正常儿童更认识到自己的责任,他们在自愿地教障碍儿童学习时,自己的技能和理解能力都会提

高。自愿的同伴学习和互动帮助,可以克服自我中心,促进双方的发展与进步。同伴教导对于超常儿童而言有更特殊的价值,为他们发展自己的创造力和独创性提供了具有挑战性的空间。

大量的调查结果表明,正常发展儿童的学业进展并不会因为安置在有发展障碍儿童的班级里而受到负面影响,在融合教育的环境中,正常儿童做得更好(Buysee & Bailey,1993;Sharpe,York & Knight,1994)。Thurman 和 Widerstrom(1990)根据大量研究结论归纳出:儿童在融合机构内的发展情况更多地取决于教师的品质和教育能力,而不是一体化本身。

大多数障碍儿童家长反应是积极肯定的,正常发展的儿童家长随着关于融合的经验的增加,其态度也会不断地改变。Peck,Carlson 和 Helmstetter(1992)在一项有关125名正常儿童家长对学前融合教育项目态度的调查研究中发现,他们对自己孩子的教育情况总体上是肯定的,并支持融合教育。另外,Peck 和他的同事还发现家长报告说他们的孩子比他们自己更能接受人的差异性,对于障碍者或一些外貌与行为不同的人也更容易接受。

思考探究

> 成功的融合教育需要对于普通班的老师、学生和制度进行介入调整,也需要对于身心障碍的孩子提供相关的资源与支持,才能双赢。谈谈你对此的理解。

三、融合教育的社会学价值

2016年8月,国务院印发《"十三五"加快残疾人小康进程规划纲要》的通知,提出要"大力推行融合教育"。2017年1月,《国家教育事业发展"十三五"规划》颁布,再次将"推行融合教育"写入其中,作为保障困难群体受教育权利、全面提升教育发展共享水平的举措之一。2017年2月,国务院原总理李克强签署第674号国务院令,公布修订后的《残疾人教育条例》,明确提出要"积极推进融合教育"。将融合教育连续写入政策文本,彰显了国家推行融合教育的意愿与决心,也必将有力推动融合教育的发展,具有重大的社会意义。

(一)融合教育推进需要立足于当代的社会实践

融合教育不是一个新兴的词汇,西方国家自20世纪50年代就开始了融合教育运动,推动特殊教育与普通教育的融合。到了20世纪90年代,Inclusive Education 思潮兴起,将融合教育推向世界,成为席卷全球的教育潮流。在中国,也有类似的融合教育实践,即我们本土的随班就读。我国政府自20世纪80年代中后期开始推行随班就读,将盲、聋、轻度智障等残疾儿童放入普通学校普通班接受教育。经过30余年的随班就读政策推进与实践探索,我国大量残疾儿童得到了受教育机会,很大程度上解决了残疾儿童接受义务教育的问题。随班就读已经成为我国对残疾儿童实施教育安置的主导方式，也成为国家教育政策话语中的固定表达之一。而近几年来，在理论研究层面，在话语表达方式上逐渐有一种转向，即融合教育这一概念开始取代随班就读，成为更愿被接纳和广泛使用的词汇。这种使用方式也对政策制定产生影响，融合教育最近几年开始正式进入国家政策文本中。主要原因有两个方面：

其一，融合教育从教育公平和人权出发来审视当代的教育改革，要求教育要满足"所有有特殊需要儿童"的教育需要，它的理念和理论彰显着对当代世界教育改革新的理解、认识和目标的回应，代表着国际教育发展的方向和趋势。在教育国际化的大背景下，使用这一概念更容易与国际社会的研究保持一致，更有利于国际教育间的学术交流与对话。

其二，更为重要的是，当前对融合教育概念使用的这种倾向性，实则表达着对我国随班就读实践现状的反思与批评，反映出对目前随班就读质量问题的担忧和不满。和国际范围内的融合教育理念相比，我们的随班就读教育对象范围过于狭窄，主要限定于视障、听障及智力障碍等类型的残疾儿童；我们的随班就读质量问题堪忧，随班混读现象依然严重。用融合教育来替代随班就读，意味着更高的目标与要求，意味着我们需要以融合教育的理念来审视和指导当前的教育改革实践。

然而，需要指出的是，当我们越来越多地使用"融合教育"来取代似乎"过时"的"随班就读"时，不能将融合教育单纯地理解为一种完全超越随班就读的独立存在，尤其是在区域政策制定层面，不能采用过于激进的方式推行融合教育。因此，推进融合教育是一个渐进过程，需要理性认清现状，进行合理规划。我们还可以探索多元化的融合教育模式，譬如特教班、卫星班等。

(二) 融合教育推进需要社会支持普通教育全方位变革

融合教育不仅是一种关乎教育发展方向的理念，更应是涉及具体教育改革举措的实践。当我们将融合教育的讨论从观念层面转向实践层面时，必将面临一个现实问题的挑战，这一问题在当前随班就读实践中已有彰显。很多研究将其原因指向随班就读支持保障体系不健全，因而呼吁社会要不断完善随班就读支持保障体系，为残疾儿童进入普通学校提供更多的社会支持，形成有效的社会支持系统。

当前推进随班就读的主要矛盾是随班就读教育教学质量提升与普通学校现有随班就读办学水平之间的矛盾。从内外因辨析的角度来看，普通教育是影响随班就读发展的内因，起到关键作用；社会支持保障体系是影响随班就读发展的外因，是外在的辅助支持手段。如果只将发展重心放在支持保障体系的建构，而非以普通教育为核心的变革上，我们很难彻底解决随班就读发展的质量与水平问题。如果普通教育依然是惯常的样子，它的评价体系、学校管理、课程与教学、师资配备等并没有为残疾儿童进入普通教育环境中做好充分准备，而多是消极接纳和被动回应，随班就读规模越大，残疾儿童进入普通学校的人数越多，这种矛盾就会越发凸显。

推动融合教育必须首先从理念上解决这一问题。事实上，从西方国家融合教育多年的实践来看，以普通教育为核心进行教育的整体变革是重中之重。1994年的《萨拉曼卡宣言》和《特殊需要教育行动纲领》提出了推进融合教育的基本举措应是建设融合学校（全纳学校）。而这类学校是以普通学校为基础的，要求普通学校要能够考虑到不同类型儿童的特点与需要的广泛差异，使他们必须有机会进入普通学校，这些学校应该将他们吸收在能满足其需要的、以儿童为中心的教育活动中。也就是说，融合教育是以普通教育为基础、以普通学校为核心的教育改革运动。

我们的融合教育推进，也必须要实现这种根本的推进路径的转向，将融合教育发展的重心转移到通过推动普通教育的变革，来解决大量特殊需要儿童进入普通教育环境、提高融合教育质量的发展路径上来。普通教育变革的同时，是特殊教育学校的功能转型，是以特殊教育为主的社会支持保障体系的构建。可见，融合教育的推进，是一个以普通教育变革为核心、以支持保障体系的构建与完善为辅助的齐头并进、相辅相成的过程。其中，普通教育、普通学校的变革是前提与关键。甚至可以明确地说，不确立普通学校在融合教育中的主体地位与职责，不推动普通教育的整体变革，就没有可能实现真正的融合教育。

（三）融合教育的推进将彰显社会学属性

融合教育是当前发展特殊儿童义务教育的一种重要形式，也是现在我国教育的重要组成部分，但推进融合教育不是一蹴而就的，而是一个循序渐进、不断重复的过程，需要的是学校的坚持和社会的支持。因此，特殊需要儿童能够在普通学校中成功地融合与发展，彰显着社会学层面的四个属性：

1. 社区和社会接纳感

融合教育的成功实践不仅仅依赖于学校的改革，还在于社会和社区是否能够真正接纳这一特殊人群，只有社会更加包容了，学校才更有可能成功地开展融合教育。

社区和社会接纳的问题是融合教育实践中需要面对的问题，也是特殊儿童进入普通学校之后首先会遇到的一个问题。同时社区和社会接纳程度对于融合教育的推进具有重要的影响，如果把学校比作一个社区的话，那么这个学校的校长对于融合教育的接纳态度是非常重要的一个因素，它关系到学校是否会在各个工作层面真正去实践融合教育。同时，普通学校的老师和同学在特殊儿童的融合中也是非常重要的，因为只有当他们真正地愿意去接纳、去帮助，才能有好的效果。

2. 对学生多样性的尊重

融合教育意味着所有的儿童都拥有相同的进入普通学校接受教育的机会，当然这也是给老师的一个挑战，他们将在同一个班级遇到众多不一样的学生。在融合教育背景下，学生多样性是一种自然的常态，是一种合理的存在，教师、同伴和家长需要接受并尊重这一多样性。只有在环境中的每个成员都认识并尊重多样性，特殊儿童才有可能真正融入普通教育情境中，学校也才能成为一所融合性的学校。

3. 课程与教学的普适性

融合教育实践中老师们最关注的核心问题是课程与教学的普适性。在融合教育教学实践中，特殊需要学生在学校的大部分时间是同普通学生在一起的，那么这对于老师而言无疑是个巨大的挑战，他们需要综合考量每个学生的能力，从而来制定课程安排与设计教学方案。这就要求教师要用所有学生都能接受的方式进行教学,能根据学生的情况设定不同的教学目标,并对教学内容、方法等进行适当的调整,以便所有学生都能参与学习,这体现了教育教学的社会性和普适性。

4. 高质量教师与家长的理解包容

学校教师一直被认为是影响融合教育的教育教学实践成败的关键因素,课程与教学的有效性最终也有赖于教师的态度、知识和技能。教师对不同障碍学生的态度、是否愿意接纳,这些都是影响融合教育能否成功的重要因素。在融合教育实践中,通过有效的教师培养体系和教师教育课程,培养高质量的融合教育教师,是需要研究和解决的关键性问题。

此外,在融合教育实践中,是以经过特别设计的环境和教学方法来适应不同特质学生的学习,其教室和一般教室的摆设不一样,学生也不是排排坐,对着黑板、看着老师,而是分小组上课,教师针对学生不同的特质为每个学生设定不同的学习目标,这些都需要家长的包容理解,家长对学校课程设计、教学安排等方面的支持是非常重要的,这对学校推进融合教育具有重要的社会价值。

思考探究

> 有一位教育家曾说过:"融合教育不仅是一个动作或安置特殊学童的法令,而是一种价值观和教育哲学的实践。"谈到价值观和教育哲学,就需要很宏观的视野、很庞大的信息量、很多家长和老师的声音反馈来综合评价"融合教育",这是严肃而影响深远的国家大事。请同学们结合学习谈谈自己的观点。

教学短论

融合教育中的特殊教育需要学生与普通学生相比,有着较为明显的差异性与发展的多样性,这决定了融合教育所面对的教育对象的复杂性。很多情况下,针对某个有特殊需要的教育对象进行的教育与康复往往是跨学科、跨领域的。融合教育需要面对和解决这些问题,但差异的普遍存在与需求的多样化,决定了面向这些类型儿童的教育不能只依赖普通学校,也不能只寄希望于单一类型的特殊教育教师或普通学校教师,多学科、跨专业、多机构之间的合作必不可少。

推进融合教育需要整合调适普通教育与特殊教育的课程,开发设计满足特殊需要儿童的融合课程,改变随班就读——实际上是"随班混读或随班就座"的状况。这需要培养融合性师资,推动教师教育的变革。融合性师资是指在融合教育这个环境中实施教育的师资,他们拥有适应这个环境的知识、技能、情感、态度和价值观,来具体实施所有学生的日常教育、管理、疏导与康复工作,教师更多的是在普通学校从事正常儿童与有特殊教育需要儿童的教育教学工作。

随班就读学校的普通教师转型为融合性师资是当前推进融合教育提高教育质量的快捷而有效的途径。应当培养和拥有一定数量规模的高质量的既懂普通教育又懂特殊教育的专业师资,来执行党和政府的教育方针政策,了解普通儿童与特殊儿童的个别差异和不同需求,并采取相应举措进行教育教学,从而彰显融合教育重要的教育学价值和社会学价值。

案例学习

资源教室融合教育创造的价值

让所有儿童在普通学校普通班级一起接受教育,"如果融合做得很棒,那么,每个人都是赢家"。不管对特殊儿童还是普通儿童,比起隔离教育,融合教育至少在以下几个方面被认为具有优势。

1. 增加特殊儿童的社会交往机会,锻炼他们的社交技能

周围的普通同学、教师能够为其提供丰富的、正常的社会交往机会,能够向特殊儿童示范适当的社会交往行为,在特殊儿童出现错误行为时也能够引导他们。在这样的环境中,特殊儿童将有更多的机会在日常交往中练习适当的社交行为,而他们的社交技能也将因此得到提高和改善。

2. 增加适当行为的示范,减少特殊儿童问题行为的发生

相比特殊学校,普通学校、普通班级中的同学更可能表现出适当的行为。在这样的环境中,特殊儿童有更多的机会观察到自然发生的适当行为,这一环境促使特殊儿童更有可能表现出适当行为,更少出现问题行为。

3. 为特殊儿童提供学习普通学校课程的机会,改善他们的学业

与同龄普通儿童一起就读,也为特殊儿童提供了可以一起学习普通学校课程的机会。如果教师能够采取不同的策略和教学技术,满足特殊儿童的学习需要,他们的学业也可以得到很好的改善。但若是特殊儿童仅仅只是进入普通班级,而教师不采取任何特殊的措施,特殊儿童的学业反而可能会受到较大影响。

4. 对所有儿童的个性发展产生积极影响

班级中学生差异性很大,能够让学生对人与人之间的差异或者多样性有更多、更深入的认识,在这个环境中成长的学生也更能接受他人与自己的不同,能够更好地容忍他人。而且,在融合教育实践中,普通儿童通常是教师良好的合作者,也是特殊儿童最好的榜样和小老师,他们可以作为同伴助教在日常生活和学习中帮助特殊儿童,而在这个帮助过程中,他们可以更好地发展对多样性、差异性的理解并且接纳,并明确地认识到自己的作用,加深对学业知识、适当行为的认识,从而增强他们的自尊心。

5. 有利于特殊儿童的生涯发展

与同龄普通儿童一起在普通学校接受教育,这对特殊儿童未来毕业后适应社会具有积极的影响。如果特殊儿童在求学过程中能够学会与普通学生、教师和睦相处,与他们开展有效合作,那么,未来就更容易与社会中的不同人员相处与合作。尤其对于轻度

障碍或者学习障碍的学生来说,相比特殊学校或者特殊班级的教育,接受融合教育可以让他们在毕业后有更广的发展和就业空间,社会也通常更能接纳来自普通学校的特殊儿童而非特殊学校或机构的特殊儿童。

思考:
1. 融合教育的价值是广泛存在于社会发展和学校教育中的。融合教育资源教室在融合教育中具有哪些价值?
2. 分析融合教育的价值理性,谈谈其对于我国基础教育改革的现实价值。
3. 结合融合教育的社会学价值,思考如何做到关爱特殊儿童,实现教育平等。

资源拓展

融合教育的意义和价值:强调个别化教育

教育是个精细活,它有自身的发展规律。学习要建立在孩子的年龄阶段基础上,生活经验上,不可揠苗助长。融合教育讲的是有特殊需求的孩子,融入普通的班级。其实,每个孩子都有不同的需求,这就要求我们:要按规律办事,为不同的孩子,寻找不同的适合的教育。

融合教育不允许乱贴标签。不经意的话语,有可能将一个正常儿童贴上不恰当的标签。例如,有个姓徐的孩子,从小娇生惯养,不肯读书,一窍不通。家长、老师都以为他智力有问题,被定为"弱智"。上初中,他开始懂事,渐入佳境,用功学习,竟考上了三星级高中。这种案例虽然很少,但肯定有过一张错标签,耽误孩子终生的例子,只是未被发现。贴上负面标签太可怕了。

融合教育讲得多的就是随班就读。正常儿童的家长总是担心有特殊需求的孩子影响他们的孩子。其实,这种担心大多是多余的;不但不影响,反而有所促进:使普通儿童更加宽容,更有爱心。假如,有一个盲童随班就读,盲孩子要碰到课桌时,其他儿童会把他搀走;盲孩子前面有凳子,其他孩子会自觉帮他拿开。帮助别人的同时,也成长了自己。

融合教育寻找的是适合。聪明伶俐进去,呆若木鸡出来,这种说法有些夸张。作为家长应当最了解自己的孩子,作为老师也应了解每个学生。孩子的变化都是有原因的,关键是找到原因所在。例如,有的孩子能说会道,为何就是学不好;有的孩子握笔写字总是那么费劲,而且写得特差。有的孩子听了一会儿他就分心了,听不下去了;有的孩子写作业就是慢,耗时费力不讨好;有的孩子观察力不够,发现的总是那么少;有的孩子专注力不够,很难独立完成一件事。

针对不同的孩子,研究个体解决方案。能说会道的孩子大多只顾自己说,不能专心听人说,就要训练他这方面的能力。可以你说故事他复述,要求复述得一次比一次具体,他为了能复述,复述得一遍更比一遍好,就会越听越认真。

　　孩子写字特差,是他手臂的握力、控制笔的运行有难度。我们就不要急于要他写字,而是训练他握着笔保持平衡,让他的笔在两条平行曲线内行走,不出界就行;练了一段时间后,把平行线间的距离缩小,仍然重复以上的训练,渐渐地就能把控笔尖了。然后,再去要求他写字,从哪儿下笔,哪儿收笔,能掌握好,书写就有进步了。

　　有的孩子一会儿就分心了,有两种可能,一种是"吃不饱",一种是"吃不了"。就如我们下饭馆,不可能吃一样的饭,点一样的菜,要根据各人的胃口、喜好下单。学习也是如此,如遇超常生,他听了一会儿都会了,你没有再能满足他胃口的食物,他肯定会不耐烦地走开。如遇滞后生,他也不是学不进,只是反应比人慢。半节课听下来勉强跟得上,后来逐渐掉队;落下后,他已找不到北,如果不能把他拉回来,他就不知所云。这个时候,老师缓冲一下,放慢节奏,让他静心梳理消化一下,他说不定就能跟上。若仍跟不上,课后就要及时消除误差积累,他就不会滑入学困生。

　　孩子写作业慢,大多是知识掌握不牢靠,因不会而慢。这就要解决"会"的问题,而不是一味地让他在那儿耗时间,解决了"会",也就解决了慢。少数是习惯性慢,家长就要陪孩子完成作业,慢慢地提前他完成作业的时间。慢慢来,别急躁,多些耐心。就如你走在看似没有坡度的斜坡上,只要你一直坚持往上走,总会上升到一个高度。

　　孩子的观察力不够,就是因为用心不够。他们习惯于一目十行,习惯于雾里看花,总是看不了个究竟。如在婴儿观察力培养的尝试中,让一岁半的婴儿准确地区分兔子与松鼠。只要把它俩的特征指认给婴儿看,兔子长耳朵,松鼠毛茸茸的大尾巴,经过多次训练,他就能区分得很清楚,而且在多种动物图片中都能毫不费力地找出来。

　　融合教育评价孩子多纵向比,少横向比。纵向比就是自己与自己比,今天与昨天比,未来与现在比。把长远目标分成若干个小目标来完成,也就是"切块"分而食之。积跬步,至千里。孩子天天看到自己向上,也就有了成就感,也就更有动力。在此基础上,再去横向比,应当是不错的举措。横向比也不可缺少,因为孩子不可能只与自己比。

　　适合的教育促成梦想的实现,梦想的实现就是最大的公平、最大的成功。

第三章
融合教育的发展历史

学海导航

尽管真正意义上的"融合教育"概念直至20世纪中叶才被实践,而世界各国的特殊教育却都拥有着漫长的发展历史,在不同国家、地区各自的特殊教育发展过程中,事实上也都或早或晚、或多或少地出现了融合教育思想的萌芽和融合教育实践的尝试。本章中,我们将带领大家溯源中外特殊教育的发展历程,了解融合教育的发展面貌,为更深层次的学习打下基础。

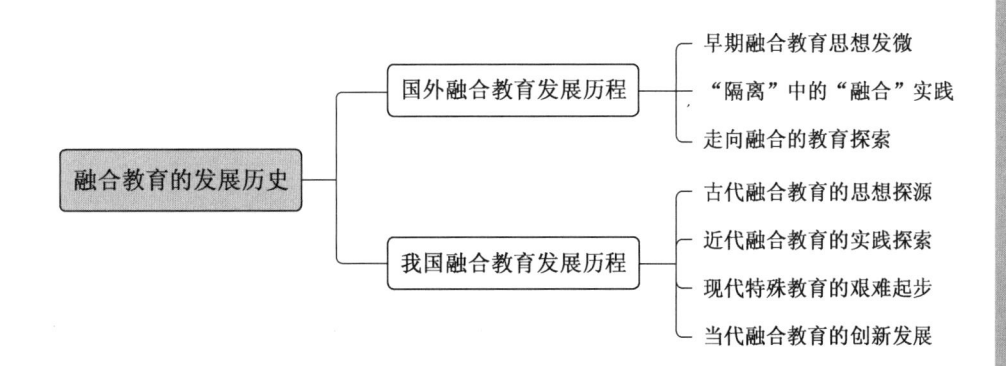

知识导图

```
                            ┌── 早期融合教育思想发微
           ┌─ 国外融合教育发展历程 ─┼── "隔离"中的"融合"实践
           │                └── 走向融合的教育探索
融合教育的发展历史 ┤
           │                ┌── 古代融合教育的思想探源
           │                ├── 近代融合教育的实践探索
           └─ 我国融合教育发展历程 ┤
                            ├── 现代特殊教育的艰难起步
                            └── 当代融合教育的创新发展
```

第一节　国外融合教育发展历程

学习目标

1. 了解国外融合教育的发展历程。
2. 掌握国外融合教育发展过程中的标志性事件。
3. 熟悉对国外融合教育思想和实践发展做出突出贡献的历史人物。

知识导入

世界特殊教育史的"奇迹"——海伦·凯勒

海伦·凯勒可以说是特殊教育史上的一个奇迹式人物。她的一生激励了很多的残障者,同时也被很多的非残障者所传颂。

1880年,海伦·凯勒出生于美国一个中产阶级家庭,19个月时因患猩红热,失去了听力与视力。因无法沟通,7岁之前,她没有接受过任何形式的教育,完全处于无知状态,甚至连生活中最简单的事都做不了。她的父亲不想让女儿的一生都处于这种状态,1888年时,带她寻求贝尔和豪的帮助。豪在帕金斯盲校精心挑选并安排了该校学生萨利文担任海伦·凯勒的家庭教师。在萨利文的耐心教导和豪的悉心指导下,海伦·凯勒不到3个月的时间,就学会了400多个词语拼写,并很快掌握了盲文、手语和唇语。通过不断努力,海伦·凯勒考取了哈佛大学拉德克利夫女子学校。此外,她还掌握了英语、法语和德语等五种语言。

海伦·凯勒将自己的经历和感受通过文字作品流传下来,《我的人生故事》《冲出黑暗》《假如给我三天光明》都成为很多人的励志读物。她生前曾四处演讲,鼓舞人们正确面对困难,不放弃希望,实现自己的人生理想,用博大的胸怀宽容地面对自己终身残疾的生活。知识是她心里的光明。她的一生自信、美丽而优雅。

一、早期融合教育思想发微

自有了人类活动便有了教育活动,可以说广义上的教育活动在原始社会中即已普遍存在。从种族发展的角度而言,自有了人类,也就有了"残疾人群"或者说"特殊人群",广义的教育活动也或多、或少,或有意、或无意地涉及这部分人群,尽管在文字资料匮乏的时代,我们无从了解其发展的实际情况,但我们仍可结合考古学、人类学等学科的研究成果,运用教育学、心理学相关理论知识,合理推测彼时特殊教育活动的开展及其思想的萌芽。

(一) 特殊教育的源头

要回答原始社会特殊教育发展面貌的问题,我们首先要肯定两点:一是原始社会已经出现教育活动;二是原始社会存在特殊教育的对象,即身心存在异常或者缺陷的残疾人群。教育史研究已经证明,原始社会已经存在与生产、生活联系密切的非制度化的广义的教育,在原始社会中施行儿童的公养共育,教育内容以生产和生活中的实际知识与技能为主,且在社会生活和生产的过程的过程中进行[①]。特殊教育对象的存在是"客观的、必然的,不以人的意志为转移的,或者说,特殊儿童是人类(物种)存在的一种形式"[②],也就是说这是由生物的遗传变异决定的。尽管由于原始社会生产力发展水平低下,文化不发达,没有条件专门对特殊儿童进行教育,但从我们了解的原始教育历史和考古发现的情况可以推测:在原始社会中只要特殊儿童的残疾程度未达到被抛弃的程度,是一定会纳入公养共育的范围中的。因此,我们可以说,特殊教育实践的源头是可以上溯到原始社会的。

(二) 古代东方的特殊教育

发源于两河流域的美索不达米亚平原是人类文明最早的发源地之一,我们的祖先在这里创造了辉煌灿烂的文明。从教育发展的角度而言,这里不仅发明了在泥板上书写的文字,而且在数学、天文方面都取得了卓越的成就;从教育形式的角度而言,不仅家庭教育得以发展完善,而且还建立了专门的学校教育机构,即文士学校。至于特殊教育的发展,有特殊教育需要的儿童在家庭中均可与普通儿童一起接受来自来父母和长辈的教育。但是,在两河流域的文明观念中,残疾人被视为神行为不当而造成的结果,甚至在巴比伦人的观念中,残疾人是"恶鬼缠身"[③]的一种表现,这显然是不利于特殊教育的实施和发展的。另外,我们也注意到古巴比伦制定的《汉谟拉比法典》中也有一些涉及残疾人的规定,如:打瞎别人的眼睛就必须被打瞎眼睛作为处罚;被别人打断腿就可以打断别人的腿作为补偿;公民要保护孤寡……可以说,这些与残疾人有关的规定在一定程度上保障了残疾人的人权,可以视作日后特殊教育发展的法律基础。

古埃及作为世界文明古国之一,其教育的发展同样受人瞩目。尽管古代埃及的教育主要还是在家庭中进行,但从文献记载与考古发现的研究看,埃及在古王国时期就有了宫廷学校,此后还出现了职官学校、文士学校、寺庙学校等教育机构与形式。结合相关史料与考古遗存,可以发现,有特殊教育需要的儿童大多还是在家庭中接受教育。尽管在古埃及人的观念中仍然将残疾视作"恶鬼缠身"的表现,但在古埃及的宫殿中却存在着"诸儒神"的石像,这也从另一个角度证明了埃及人并未完全将身体残疾人群排除在教育对象之外,甚至给予了一定程度的敬畏。此外,值得注意的是,古埃及人已经开

[①] 曹孚,等. 外国古代教育史[M]. 北京:人民教育出版社,1981:2-12.
[②] 刘全礼. 特殊教育导论[M]. 北京:教育科学出版社,2003:8.
[③] 潘一. 特殊教育学基础[M]. 北京:高等教育出版社,2006:13.

始关注和研究导致残疾的原因和治疗残疾的方法,比如:卡马神父训练盲人学习音乐、艺术与按摩,让他们参加宗教仪式,让盲人在一定时期内成为诗人和音乐家,同时那些有智力障碍与其他残疾的孩子也受到埃及天神奥塞斯追随者的保护①。

较之古巴比伦和古埃及,古印度人受"因果报应"说影响深重,对待残疾人群的态度则显得有些残忍,大多数身体残疾的儿童一出生便遭到了抛弃,而那些轻度残疾的幸运儿则得以在家庭中接受一定程度的教育。尽管如此,我们还是可以从古印度的文献遗存中找到一些残疾人教育的旁证:印度教的圣哲阿胥塔瓦卡的身体有八处弯曲,但有许多优秀的诗作存于《吠陀》中,而佛教修行的圣人也通过帮助残疾人为自己积累"因果报应"的福报,尽管受助的残疾人群有限,但也在一定程度上保障了残疾人的权益,提高了对残疾人受教育的重视。例如,印度孔雀王朝君主阿育王(前273年—前236年在位)在完成扩张战争之后,专门建立了残疾人收养院和医院;哈尔沙国王(606年—647年在位)专门设置了残疾人保护和救济基金,国库专门划拨一笔款项用于救助残疾儿童家庭;中古王朝时期(1200—1857年),盲人可以成为诗人,聋人可以雇为间谍,哑人可以聘为抄写员②,尽管面向残疾人的职业种类和数量还十分有限,但无疑展现出了印度教育系统中对残疾人教育的重视与训练。

(三) 古代西方的特殊教育

古代西方文明以古希腊和古罗马最为代表,教育事业的高度繁荣和发展是其文明发展的重要表现。广泛意义上的特殊儿童还是多在家庭中接受教育,而残疾程度较为严重的儿童则在不同地区有着不同的遭遇。

在古希腊,残疾程度较轻的特殊儿童基本都以家庭为单位接受教育,但是那些残疾程度较重的儿童则因为各种复杂原因而遭到不同的对待。古希腊从"强种保国"的角度出发,非常重视儿童的先天素质,所以很多先天体弱或者残疾的儿童一出生就被抛弃了。但是,古希腊人注重运用医学的方法来治疗残疾问题,且特别注意到了精神错乱、目盲和耳聋三类残疾,尽管当时的治疗方法因存在一定程度的迷信而不够科学,但注意到了残疾人群的康复治疗问题。古希腊著名医生希波克拉底的医学理论对古希腊残疾人教育产生了深远影响③,他尝试对视障、听障、智障、癫痫等各种残疾人群进行治疗,一定程度上突破了当时神秘主义的病因剖析和疾病治疗的观念,为后世残疾人教育和康复训练指明了方向,积累了经验。

古罗马继承和发扬了古希腊文明,在特殊教育方面也不例外。尽管我们据史料文献和考古遗留推测的在家庭教育中普遍存在的特殊教育并没有详细、明确的史料记载,但是古罗马帝国第四任皇帝克劳狄是身体残疾人士且伴有相对严重的口吃,这从侧面证明了当时出身高贵的残疾人是有机会接受良好教育的。但那些身份低微且残疾程度较重的人群的命运则一样复杂又悲惨,他们中的大多数一出生便遭到抛弃。与此同时,

---

① 张福娟,等. 特殊教育史[M]. 上海:华东师范大学出版社,2000:13.
② Hifzur Rahman. History of Special Education in India[M]. Delhi: Sanjay Prakashan, 2005: 97 - 99.
③ 张福娟,等. 特殊教育史[M]. 上海:华东师范大学出版社,2000:7 - 8.

古罗马人也尝试从医学的角度为残疾人提供帮助,尽管用医学方法帮助残疾人康复的事业进展缓慢,但不可否认其对残疾人教育事业的发展还是产生了较大的正面推动作用和积极的影响。

整体而言,受时代和观念的局限,古代西方还是对残疾人群存在较大的偏见甚至是厌恶的,因此在特殊教育实践发展方面的进展十分有限,但生活在这一时期的教育家直接或间接地提出了一些具有深远影响的特殊教育观念和思想,其中最有代表性的是柏拉图、亚里士多德和昆体良。

在柏拉图的教育思想体系中,残疾人处于一种不利的地位,在他的教育对话常常使用盲人和聋人来作消极的比喻和反面的教材,且因为提倡优生优育而主张抛弃那些先天残障的儿童。亚里士多德继承了柏拉图的教育传统,但他为禁止残疾婴儿出生设置了一系列条件和门槛[①],这对特殊教育的未来发展有着重要的积极影响。昆体良教育观念中对"天赋"的特别强调,对当时的特殊教育实践而言也具有一定的消极影响。

(四)中世纪特殊教育发展的探索

中世纪处于世界不同国家与地区从古代向现代转变的历史阶段,尽管这一时期人类文明发展的进程较为缓慢,但是就特殊教育的发展而言,实际上是出现了一丝"现代的微光"。

其一,有关残疾人的法令开始制定。公元6世纪,东罗马帝国皇帝查士丁尼主持修订了罗马法(后世称为《民法大全》),在新修订的法令中试着将残疾人群按照类别和程度进行分类,并以此来规定相应的权利和义务,尽管这些类别的划分、程度的判定尚缺乏一定的科学性,但对特殊教育事业的发展而言无疑具有一定的进步意义。

其二,有关残疾人养护和教育的实践开始启动。公元4世纪,今土耳其境内开始出现多种形式的残疾人收留和赡养机构,如恺撒占领区的主教圣·巴西尔在他的修道院中收留了各种类型的残疾人群;在比利时,人们在圣·迪姆那建立了医院和教堂用以收留残疾儿童,并让他们在教会和村民的帮助下从事力所能及的劳动[②]。公元630年,耶路撒冷地区也建立了专门看护盲人的"盲人看护所"。

(五)文艺复兴与启蒙运动时期特殊教育实践与思想的发展

文艺复兴和启蒙运动使欧洲社会的方方面面都发生了深刻的变革,这也是西方社会向现代转变的关键时期,特殊教育漫长的萌芽也在此阶段结束,终于做好了向制度化迈进的准备。这一时期,特殊教育得以发展最重要的背景就是自然科学和医学事业的

---

① 亚里士多德谈及儿童的遗弃和抚养的问题时指出:"国家可以定一法律不许养活畸形残废儿童。但那只得在儿童人数过多时方始实行。如果在国家公认的习俗中禁止这种措施(因为我们国家里,人口有一定限额),就不应该遗弃任何儿童。但当夫妇孩子过多时,可以在胎儿未有感觉与生命之前堕胎。这是否做得合法,就在于胎儿有无感觉与生命的问题。"参考:华东师范大学教育系.西方古代教育论著选[M].北京:人民教育出版社,2001:102-103.

② Margret A. Winzer. The History of Special Education:From Isolation to Integration[M]. Washington D. C.:Gallaudet University Press, 1993:20-21.

发展,尽管此时人们对待残疾人群的态度尚处于前科学时期,但一经挣脱了神学和迷信的束缚,特殊教育在实践探索和思想观念方面都有了极大程度的进步。

在世界特殊教育发展史上首先做出实践尝试的是西班牙,在其北部靠近布尔戈斯的本尼狄克修道院最早开始针对耳聋患者的正规、系统的专门教育。这所修道院的修道士庞塞制定出了一套卓有成效的耳聋患者治疗方案,尽管其教育方法、康复训练手段已无从考证,但相关史料记载,颇多经过庞塞的教育和训练的聋儿获得了流利说话的能力。因此,教育史上一般将庞塞视作第一位成功的特殊教育者。除他之外,本尼狄克修道院修道士卡瑞恩、西班牙人波内特、荷兰医生杨·海尔特、英国学者约翰·布韦等都在不同的国家和地区开展了特殊教育的实践探索。尽管这些探索大多是个人或者区域性行为,尚未成为稳定、成规模、成体系的实践运动,但正是这些在尝试中积累的经验,为特殊教育最终登上历史舞台做好了最后的准备。

较之特殊教育实践的初步探索与尝试,文艺复兴与启蒙运动时期思想的解放也带来了特殊教育思想与观念的发展与进步。

17世纪捷克著名教育家夸美纽斯是西方教育发展史上承前启后的重要人物,他的儿童观、教育观不仅为后世特殊教育思想体系的建立奠定了坚实的基础,更重要的是,他已经开始直接讨论与特殊教育有关的命题,如:承认人人具有受教育的必要性和可能性;充分肯定了儿童的价值,反对对儿童施加的任何形式的残害;揭示了孕妇营养和健康与儿童残疾之间的科学联系;首次在儿童教科书[①]中介绍残疾人相关的知识与内容。

英国近代经验主义哲学和实验科学的代表人物培根对经院哲学展开了深刻的批判,从根本上瓦解了经院哲学对科学发展的阻碍,为客观认识残疾人群并对其进行教育研究提供了思想条件;其以唯物主义为基础开创了经验主义认识论的先河,对于"经验"的强调和重视引发了人们对残疾人群感官发展的关注。此后,洛克作为培根经验论的继承者,旗帜鲜明地反对"天赋观念",重视感觉经验和语言作用,这些都为特殊教育的发展提供了理论武器。

17—18世纪,由欧洲兴起、辐射整个世界的启蒙运动是一次世界性的思想大解放运动,尽管在此过程中并未直接提出有关特殊教育的建议与计划,但这一时期思想启蒙进一步夯实了特殊教育发展的基础。如:卢梭对阶级社会的批判、对自然教育的倡导都赋予了残疾人教育积极的力量;狄德罗对专制政治的反对、对自由民主的倡导、对教育作用的重视均为这一时期的特殊教育发展再添理论武器。

---

① 1965年,夸美纽斯编写的世界第一本插图教科书《世界图解》出版发行,书中第43幅图"畸形与怪物"展示和讲解了残疾人群的类别。

思考探究

> 亚里士多德的心理学、教育学思想是古希腊思想成果的结晶,其涉及的内容是多方面的。他的研究涉及灵魂的本质、灵魂和身体的关系、灵魂的结构,以及感觉、记忆、想象等问题。他的重要功绩在于,纠正了前人关于万物均有灵魂的错误观点,坚持灵魂与身体的不可分性,将灵魂视为生命特有的表现形式。
>
> 请查阅相关资料,自主学习了解亚里士多德的教育学、心理学思想,谈谈其思想对当时残疾人教育的影响。

二、"隔离"中的"融合"实践

特殊教育在古代经历了漫长的孕育、准备期之后,终于在18—20世纪正式进入确立期,在此阶段特殊教育从民间自发的个人或者团体行为,逐渐变成了由各国政府统一规划、领导的国家行为,各种类型的特殊教育机构开始建立,并逐步形成体系。随着各类特殊教育实践的扩展和深入,各类有针对性的特殊教育思想也开始形成。欧洲文艺复兴运动和启蒙运动的兴起直接推动了人类思想观念的变革、科学技术的进步和生产力的发展,这种进步在教育领域的表现之一就是特殊教育事业的发展,其中最有代表性的就是听障、视障、智障等特殊教育机构开始创办并发展成熟。

(一)听觉障碍教育

听觉障碍教育以包括聋人在内的听觉障碍者为对象,一般被称作聋人教育。听觉障碍教育最早出现在西欧地区,北美地区紧随其后。

在西欧地区,法国是最早进行听障教育实践的国家。早在1745年,受卢梭思想影响的西班牙犹太人嘉士伯·罗德里格·泊瑞尔在法国建立了一所针对聋童感觉训练的聋童学校,但由于他对自己的教育方法严格保密,也罕见留下的文字记录,因此后来研究者并没有承认他在听障教育方面的贡献。真正得到普遍承认的是,列斯贝于1760年在巴黎创办的聋校,这也是世界教育史公认的第一所聋校,正是由于他的开创之功和后继者的努力,使得法国在18世纪成为世界聋人教育的中心。

英国听障教育的发展情况与法国有所不同,尽管早在16—17世纪伦敦成立的由思想家和科学家共同组成的皇家协会中就有学者开始了对人类语言系统、沟通方式等的研究,但是他们的思考大多都集中于理论层面和思想层面,尽管有相关著作的出版,但并没有真正投身于特殊教育实践中。直至1760年,托马斯·布雷渥在爱丁堡创立了英国第一所听障教育学校,英国正式的特殊教育才拉开帷幕。虽然英国第一所听障学校与法国创办于同年,但由于其对自己的教学方法保密,导致其影响不及法国。除了法国和英国以外,欧洲其他地区的听障教育机构也于18世纪之后逐渐建立起来。

北美地区的听障教育发展较之西欧落后一步,直至19世纪法国列斯贝的听障教育经验和思想介绍到美国之后,北美的听障教育才真正开始发展起来。

弗朗西斯·格林是最早在美国引进和传播聋人教育的先驱,尽管他并未直接参与创办相关教育机构,但美国听障教育的发展却是在他的宣传、推动下进行的。美国第一所有影响力的正规聋人学校——康涅狄格聋人教育收容所,是在康斯威星和托马斯·霍普金斯·加仑德特的共同努力之下于1817年7月建立,在其带动之下美国的聋人教育在进入19世纪之后逐步发展起来,如创办于1818年的纽约聋哑学校、创办于1820年的宾夕法尼亚聋校等。值得注意的是,1822年,美国第一所州立聋人教育机构"肯塔基聋哑指导中心"成立,标志着美国政府正式接管特殊教育事业发展事宜,此后各州的听障学校纷纷建立起来。与此同时,加拿大的听障教育在美国的影响下,也于19世纪逐步建立起来。

纵观整个北美地区,从美国1818年创办第一所聋校,到20世纪初聋人教育机构普遍建立,从聋人初等教育到高等教育的完整体系建立,其蓬勃发展之势甚至超越了西欧地区。

(二) 视觉障碍教育

视觉障碍教育的主要对象是盲人,因此通常又被称为盲人教育。无论是在中国还是西方,盲人教育实践都有着漫长的历史,但真正意义上的盲人教育机构到了18世纪才开始出现。

视障教育机构的出现要稍晚于听障教育机构,最早的视障机构同样出现在法国。生活在18世纪的霍维,由于受到启蒙运动思想家狄德罗等人的影响,又对列斯贝为听障教育所做贡献充满敬意,加之生活中与视觉障碍人士的接触,使其萌生了创办盲校的想法,经过多年的准备和努力,终于在1784年创办了自己的学校——巴黎国立盲童学校,这也是世界教育史上第一所真正意义上的盲校,霍维也因此成为世界特殊教育史上最有影响力的人物之一。在霍维的带动之下,英国的盲校也逐渐建立起来,最早的一所是创办于1791年的利物浦盲校,且难能可贵的是,这所盲校的建立主要得益于视觉障碍者自身的努力。随后,1793年布里斯托尔盲校建立,1799年伦敦盲校建立,1805年都柏林诺威奇盲童院建立……一直到19世纪中期,英国每一年或两年便有一所盲童学校创立。[1] 与此同时,西欧其他国家的盲校也陆续建立了起来,如奥地利于1804年在维也纳创办了第一所盲校,1809年德国第一所盲校德累斯顿盲校建立,1808年荷兰第一所盲校建立,1810年瑞典第一所盲校建立、1811年丹麦第一所盲校建立……[2]

欧洲视障教育的经验传到北美之后,直接推动了北美国家视障教育的发展,其早期建立的三所盲校——1829年创办的新英格兰盲人院、1831年创办的纽约盲人学校、1833年创办的宾夕法尼亚盲人学校,都借鉴学习了欧洲模式,且三所学校之间建立了良好的互助合作关系,为本土视障教育发展提供师资保障的同时,也为后续发展积累了丰富经验。

---

[1] 华林一. 残废教育[M]. 上海:商务印书馆,1929:24.
[2] 华林一. 残废教育[M]. 上海:商务印书馆,1929:25.

(三) 智障教育及其他类型特殊教育

在听障和视障教育机构逐渐建立且不断完善的过程中,智障和其他类型的残疾人教育机构也开始逐渐建立,这也标志着世界范围内特殊教育体系正在走向成熟。

在人类教育发展的进程中,智力障碍人士从受人歧视、嘲弄甚至侮辱,再到能够接受治疗、训练和教育,从而被社会接受、关心和尊重,经历了漫长而曲折的过程。现代科学、医学和心理学的发展,尤其是智力测验方法的成熟,为智障教育的发展提供了科学依据。最早的智障教育机构同样建立于欧洲,随后影响到北美地区。

受科学发展水平和认识水平的限制,很长一段历史时期内人们无法区分智力障碍和精神障碍,从这个角度来看,欧洲早期建立的一些精神病院也可以视作智障教育机构的雏形。由英国商人、慈善家图克于1792年建立的约克静修所是第一所智障教育机构,在图克的细心经营之下逐渐形成了一套卓有成效的治疗方法,即在尽可能提供最少限制的舒适环境,采用"工作疗法"①和"道德疗法"②进行治疗,由于约克静修所的做法别具一格且卓有成效,不仅成为后来各地精神病院学习的对象,甚至沿办到今天仍然有着巨大的影响力。另一所影响力较大的精神病院是18—19世纪法国的巴士底和萨尔贝特耶,作为当时著名的收容机构,收容了数量巨大、贫病交加的精神病人,但他们在这里受到的是残忍的非人的对待,直至法国著名医生、精神病学的创立者皮内尔先后接手两所机构的精神病人治疗工作后,情况才得到实质性的改变。在他与同事的共同努力之下,定期为精神病人检查和治疗,主要采用"取消束缚"③"分类管教"④和"道德疗法"⑤,均卓有成效。

到了19世纪上半叶,成立专门智障教育机构的条件已经基本成熟,一批怀揣智障教育热情与爱心的有志之士开始建立专门的智障教育机构,其中较有代表性的有:弗如是于1826年在巴士底专门为智力落后者开办学校,这也是法国最早的私立智障学校⑥;塞甘和伊斯奎诺为智障儿童开办了一所私立学校,1837年塞甘又在巴黎建立了另一所智障学校;1841年,巴黎终于为智力障碍者创办了一所公立学校⑦,但遗憾的是这些最早为智障儿童教育做出艰苦贡献的实践者和机构并没有留下太多文献记载,只有古根布于1842年创办的阿本堡学校留下了相对详细的文献记载。也正是在古根布

---

① "工作疗法"又称"职业疗法",即通过工作使病人恢复理性,其中包含了一些对患者的劳动教育、生活教育和知识教育,为他们将来走向社会打下了良好的基础。
② "道德疗法"即为患者营造温馨、友好、信任、有序的气氛,对患者实施心理疏导,包括引导他们参加宗教祷告等活动,从而让他们获得理性。
③ "取消束缚",即取消对病人的诸多人身限制,使病人可以自由活动。
④ "分类管教",即对精神病人进行分类,主要类型有:精神忧郁、精神错乱、狂躁不安、痴呆和白痴五种类型。
⑤ "道德疗法",通过采用各种非医学的手段,以及强调改善病人的心理,来医治精神疾病。实施过程尤其重视建设性活动、态度温和、最少限制、良好结构、病人日常生活和治疗一致性等。
⑥ Margret A. Winzer. The History of Special Education:From Isolation to Integration[M]. Washingtion D. C.:Callaudet University Press,1993:69.
⑦ Margret A. Winzer. The History of Special Education:From Isolation to Integration[M]. Washingtion D. C.:Callaudet University Press,1993:38.

的努力之下，他的影响波及各国，随后英国、德国、意大利的早期智障教育机构随之开办起来。

北美的智障教育同样也是随着人们对精神病人的认识和对待方式的科学化而逐渐发展起来的。随着精神病院管理的完善和欧洲智障教育经验的传入，北美地区的智障教育开始进入新的历史发展时期。1752 年美国建立了宾夕法尼亚医院，1773 年弗吉尼亚州开办了第一所公立智障医院，直至 1860 年，全美 33 个州已有 28 个州建立起了公立精神病人收容所。随后，专门为智障人士开办的教育机构也开始出现，1848 年 10 月，时任帕金斯盲校校长的塞缪尔·格雷德利·豪在马萨诸塞州开办了一所青少年智障学校，其成功开办不仅鼓舞了人们对智障教育的热情与信心，也从此拉开了北美地区智障儿童学校教育的序幕。1854 年，在纽约政府的支持下，威尔布创办了纽约第一所专门为智障儿童开办的公立学校——纽约奥巴尼实验学校；1852 年，关注智障教育多年的艾文在宾夕法尼亚建立了一所私人智障训练机构，后在政府支持下成为州立智障儿童学校，后来改名为艾文学院并开办至今；1888 年，盖里森创办了一所小型的智障学校，在他的用心经营下学校不断发展壮大，成为当时闻名遐迩的智障学校。直至 1890 年，全美已有 14 个州建立起了智障学校。

如上所述，在 19 世纪，世界范围内的智障儿童教育取得了突破性进展，与此同时，其他各种类型的特殊教育机构也逐步建立了起来，其中较有代表性的有：1882 年，美国第一所癫痫病机构在马萨诸塞州开办；1948 年苏格兰在爱丁堡为脑瘫儿童建立了魏斯特利脑瘫学校；1904 年，德国柏林为结核病人建立了第一所户外康复学校；1919 年，法国为小儿麻痹儿童建立了专门学校。

思考探究

结合教材中介绍的英、法、美三国早期聋人教育、盲人教育、智障教育的实践与相关教育机构的建设情况，自主查阅相关资料，总结概括其早期特殊教育的实践经验，谈谈其对当今融合教育发展的有益启发。

三、走向融合的教育探索

第二次世界大战爆发以后，全球政治、经济、文化等领域都发生了巨大变革，世界范围内的特殊教育事业在经历了前期的探索与经验积累之后，进入了全新的发展阶段，主要表现为：各国特殊教育体系不断完善、法律法规不断健全，发展规模不断扩大，最为重要的是，进入 20 世纪中叶以后，特殊教育已经不再是独立于普通教育之外的教育系统，开始走向与普通教育的融合，即让各类特殊儿童回到主流学校，接受与普通儿童一样的教育。从教育观念上的融合到教育实践上的融合，这不仅仅是特殊教育领域的重大变革，其所带动的是整个教育体系的大变革。我们大致可以将国外特殊教育从"隔离"走向"融合"的进程分为三个阶段,即特殊教育快速发展时期、教育一体化时期和全纳教育时期。

(一) 特殊教育快速发展时期

二战结束之后欧洲和北美地区的特殊教育走上了快速发展的道路,取得了瞩目的成就,一些亚洲国家如日本、印度等也开始大力推动特殊教育发展,且在较短时间内取得了较大的成就。

1. 欧洲现代特殊教育的发展

欧洲作为特殊教育的策源地,借第二次世界大战带来的各个领域巨大变革的契机,各国的特殊教育事业在这一时期得以迅猛发展。

英国作为世界范围内特殊教育起步较早的国家,无论是在特殊教育实践还是思想领域都一直走在世界前列。直至20时期前半叶,英国仍然施行着普通教育与特殊教育并存的二元教育体制,但在此期间英国的特殊教育各项法律法规仍在继续完善,如1906年,苏格兰当局通过了缺陷儿童教育法;1913年,英格兰、苏格兰、威尔士等出台了心理缺陷儿童教育法;1937年,英格兰、威尔士通过了聋儿教育法,这一系列法案的颁布保障了英国特殊教育的有序发展。但由于当时英国社会普遍认为特殊儿童不能适应普通学校的教育,而长期的隔离教育却造成了特殊儿童与社会的脱节,因此特殊教育改革的呼声日益高涨,直至1944年新的教育法出台,英国的特殊教育才走上了一体化的新阶段。

法国的特殊教育发展同样历史悠久,较早开展了特殊教育的实践,建立了一批颇有影响力的早期特殊教育机构,诞生了一批在特殊教育史上举足轻重的人物。在特殊教育与普通教育正式交汇之前,法国在二战即将结束之际成立了教育改革计划委员会,准备在战后对法国的教育事业进行全面改革。这个计划中涉及特殊教育的内容有:由国家教育部门直接负责特殊学校的建立,设置专门的特殊教育管理部门,开办特殊教育师资培训中心。另外在1964年法国教育部颁布的法令中将特殊儿童进行了重新分类,即智力缺陷、学习障碍、性格异常、视觉障碍、听觉障碍、运动障碍、身体性障碍、社会性障碍八类[①],并要求根据特殊儿童的具体类型将他们安排到不同的机构接受教育,使各类特殊儿童能够接受到更为专业、更具有针对性的康复训练和教育培训。

二战之后,德国一分为二,其中西德比较能够代表统一之后德国特殊教育发展的面貌。西德在20世纪50年代开始全面推行教育改革,在普通教育得到基本恢复发展之后,特殊教育也开始得到教育当局的重视,主要表现为:在教育政策和法律法规层面保障特殊儿童受教育的权利,由政府出面建立各类特殊学校并不断扩充各类特殊教育学校的数量,重视学前特殊教育的发展。20世纪80年代中期以后,为解决特殊教育发展过程中的实际问题,德国又着手进一步增设特殊教育学校,大力推动特殊教育的师资培养以改善特殊学校的师生配比问题,重视发展特殊儿童和青少年的职业教育。

---

① [日]石部元雄,等.世界各国的特殊教育[M].李聪明,等译.台北:中正书局,1988:54-58.

二战结束之后,苏联进入了全新的发展时期,其特殊教育发展大致经历了两个阶段:二战到 20 世纪 60—70 年代,开办多样化的特殊教育机构,尝试对中度弱智儿童进行教育,开办特殊才能儿童教育。70 年代以后,一方面大力发展寄宿制特殊教育机构,这也是苏联特殊儿童教育的最大特色,其按照特殊儿童的残障类别建立了视觉障碍、听觉障碍、弱智儿童、语言障碍儿童、肢体残疾儿童。有特殊才能儿童以及其他特殊儿童,七类不同种类的特殊学校;另一方面,重视特殊儿童的劳动教育和职业训练,以妥善解决他们的就业安置问题,并加强特殊教育师资的培养。

2. 北美现代特殊教育的发展

北美洲是当今世界最发达的地区之一,特殊教育发展水平也居于世界前列,为世界特殊教育的发展提供了可供借鉴的经验与范例。其中,美国与加拿大的特殊教育发展最具代表性。

早在 20 世纪 20 年代,美国便有一些地区开始制定出台特殊教育相关的政策法规,到了 1946 年,美国便已出台特殊教育相关诉讼法规 100 余部,33 个州出台了与身体障碍相关的法律,16 个州颁布了智力落后的法律。[①] 相关政策法规的出台有效保障了美国特殊人士的受教育权利,随着 20 世纪 50 年代美籍黑人发起的反种族歧视与隔离的民权运动席卷全美,他们打出的运动口号是"隔离就是不平等",这种反对隔离的诉求也深刻地影响到了特殊教育立法的推进。起初由特殊儿童家长发起了争取平等接受教育权利的运动,后来逐渐发展成为地区性甚至全国性的运动,他们的努力直接推动了联邦政府对于特殊教育的改革和立法工作的进程,直至 1975 年《所有残疾儿童教育法》颁布之前,便已经有一系列的法律法规出台,如《障碍儿童教育补助金》《智力落后设施与社区心理健康中心设置法》《初等与中等教育法》《援助障碍儿童早期教育法》等,尤其是 1974 年颁布的《教育法修正案》已经搭建起了《所有残疾儿童教育法》的雏形,提出"保障残疾儿童诊断、鉴定及教育安置的适当性;提供残障儿童和普通儿童一起接受教育的机会,并给予完整的教育计划;由州政府以辅助款协助实施残障者受适当教育的目标"。[②]

加拿大的特殊教育机构在 19 世纪 20 年代开始建立,二战以后,加拿大的特殊教育在管理体制、办学规模和教育质量方面都取得了巨大成就,且在吸收借鉴欧洲教育经验的基础上形成了独特的发展模式。20 世纪 60 年代之前,加拿大的特殊教育基本处于"隔离"发展的状态,无论是由慈善机构代为管理的特殊教育,还是专门的特殊学校,都是将残疾儿童与正常儿童隔离开来进行教育。尤其是在 20 世纪初期"优生教育"大行其道的时候,残障者不能敲开公立普通学校大门的现象被认为是理所应当的事,发展特殊教育的责任落在了家庭、教会和社会福利机构的肩上。[③] 20 世纪 20 年代,"公立学校运动"兴起之后,也进行了将特殊教育纳入普通教育的尝试,但混杂在普通学生中的特

[①] Margret A. Winzer. The History of Special Education: From Isolation to Integration[M]. Washington, D. C.: Gallaudet University Press, 1993: 365.

[②] [日]石部元雄,等.世界各国的特殊教育[M].李聪明,等译.台北:中正书局,1988:10.

[③] 毕农,等.从隔离走向融合——加、美特殊教育改革动向[J].世界教育信息,1995(9):20.

殊儿童大多成为"落后分子",为解决矛盾,普通学校设立了特殊教育班,这说明加拿大早期的正规特殊教育与普通教育仍然是分离的,而且还形成了与普通学校平行的特殊学校系统。[1]

3. 亚洲现代特殊教育的发展

日本和印度是现代亚洲具有代表性的国家,他们在漫长的历史发展过程中形成了各具特色的文化传统,又有着截然不同的现代化发展路径,表现在特殊教育发展领域也是各有千秋,在正式进入"融合发展"阶段,两国的特殊教育发展各自取得了一定的成就。

日本的文化和教育发展曾长期受到中国的影响,在16—17世纪明治维新之后才开始大量引进、吸收欧美经验,逐渐建立起现代教育体系。日本现代特殊教育的发展大致可以分为三个阶段:明治维新之前,主要是对部分盲人的教育;明治维新到二战前后,日本的特殊教育体系基本确立;二战后,日本的现代特殊教育得到较快发展[2],并在此时期走上融合发展的道路。

在1868年明治维新之前,日本的特殊教育发展主要表现在盲人教育的发展上。日本有关残疾人最早的文献记载见于公元858年,由于当时清和天皇的爱子井筒仁康失明,所以日本的盲人得到了特别的关照且社会地位大大提升,当时日本的盲人有机会得到较好的艺术教育,且在音乐、医学、文学、宗教等方面取得了不小的成就,近代初期日本的残疾儿童教育是以盲人职业教育为中心,进而拓展开来的[3],所以日本在整个中世纪对于盲人的艺术和医学教育都得到了良好的发展。进入江户时代,日本也开始出现一些以庶民子弟为对象的私塾,对少年儿童进行读、写、算的初等教育,其中也接纳了一些盲童和其他类型身体残疾的儿童接受教育。随着明治时代维新变革的展开,日本进入了资本主义发展时期,现代教育体系开始建立,真正意义上的特殊教育学校开始出现。在盲聋教育方面,自1876年熊谷石弥在东京创办第一所私立盲人学校开始,日本各地的盲聋哑学校便逐渐建立,到了1923年日本颁布的《盲校及聋哑学校令》明确规定,府道县都有设立盲人学校的义务,先前建立的盲人学校也开始移交给各级政府管理,这就使得盲、聋学校得到了更快的发展。盲聋学校的发展也带动了智障儿童教育的发展,美国游学归国学者石井亮一建立了日本第一所为智力障碍儿童开办的学校泷乃川学园,其建立带动了日本的智障教育发展。值得注意的是,1890年长野县松本市普通小学设置了第一个特殊班级,开始进行将特殊儿童纳入普通教育体系的尝试。

印度作为世界文明古国之一,早在孔雀王朝时期就已经为残疾人和穷苦人建立了收养院和医疗机构,但印度真正意义上的现代特殊教育的发展,是从1882年在孟买建立第一所聋哑学校开始的。1887年印度第一所盲人学校也建立了起来,此后印度的特殊教育开始在各地零星地发展起来。据印度政府的统计资料显示,至1920年,全国已

---

[1] 陈爱华. 加拿大特殊教育的现状、特点及对我国的启示[J]. 外国中小学教育,1998(1):25.
[2] 杨民. 当代日本的特殊教育及其对我们的启示[J]. 中国特殊教育,2000(4):29-32.
[3] [日]中存满纪男,荒川智. 障碍儿童教育历史[M]. 东京:明石书店,2003:111-113.

有10所聋校,1921年已有10所盲校。至于智障学校,最有代表性的有两所,一所是西尔维娅·拉普拉斯于1918年在喀西昂创办的儿童之家,一所是贝尔高立亚于1933—1934年在加尔各答创办的尼克坦弱智学校。资料显示,到了20世纪50年代,印度共计建立起了11个智障教育机构,1960—1966年间共建立了35个智障教育机构。至于,印度的特殊教育从"隔离"走向"融合"是其摆脱英国的殖民统治取得独立之后的事情。

(二) 教育一体化时期

"一体化"的核心是指让残疾人在受限制最小的环境中接受教育,让他们尽可能地在普通学校或者普通班级与健全人在一起学习和生活,从而达到特殊教育与普通教育融为一体的目的。20世纪70年代以后,西方国家的特殊教育相继进入"一体化"阶段,为融合教育全面到来打下了良好的基础。

1. 欧洲特殊教育的一体化

欧洲特殊教育的一体化还是英国走在最前列。英国工党掌权之后推动了教育改革,其出台的《1976年教育法》第一次明确对残疾儿童进入普通学校接受教育权利予以立法保障,且由政府出面成立了第一个可以调查所有残疾儿童教育情况的委员会(该委员会以沃诺克夫人为主席,故简称沃诺克委员会),经过多年细致深入的调查,终于在1978年向政府递交了题为《特殊教育的需要》(又称《沃诺克报告》)的报告,该报告在英国现代特殊教育发展史上具有极其重要的地位,主要内容包括四个方面:其一,提出"特殊教育需要"的新概念,不仅在报告中对概念本身的含义和意义进行了反复阐释,且以新概念为标准重新对特殊儿童进行了分类;其二,主张施行一体化教育,包括场所一体化、社交一体化、功能一体化三个方面;其三,指出在推行一体化的同时,必须继续办好各类特殊教育;其四,提出要进一步加强特殊教育的师资培训。

2. 北美特殊教育的一体化

加拿大的特殊教育一体化可以追溯到20世纪50年代,在一些特殊教育组织、残障福利社团和爱心人士的努力之下,一些普通学校开始设置特殊班级,逐步让隔离于普通教育之外的残疾儿童进入接近主流的教育体系中来。发展到20世纪70年代,受欧美新的特殊教育思潮的影响,加拿大掀起了"一体化"的热潮,其最重要的主张表现在两个方面:其一,倡导人人平等的价值观,认为残疾儿童具有与正常人平等的权利与义务;其二,不断促进特殊教育的现代化,认为"一体化"和"融合"能够在最大程度上弥补残疾儿童身心上的缺陷与不足,使其获得真正充分而平等的发展。[1] 随着"一体化"教育的不断推进,到了1984年,已经有77%的适龄残疾儿童得以在公立普通学校接受教育。

3. 亚洲特殊教育的一体化

印度于1947年7月摆脱英国殖民统治走向独立之后,开始建立有特色的民族教育体系。在西方"一体化"和"回归主流"等思潮的影响下,1974年印度社会福利部开始为

---

[1] 强海燕.中、美、加、英四国基础教育研究[M].北京:人民教育出版社,2005:611.

残障儿童制定一体化教育计划,为此印度不仅展开了深度的教育改革,且先后颁布了诸多有影响力的教育政策、法案来保障一体化教育的实施,让在身体和智力方面有缺陷的儿童尽可能地在普通学校中接受教育。尽管在印度政府和教育部门的努力之下,印度的特殊教育事业发展取得了巨大的进步,但由于受到经济、人口、阶级等各方面复杂国情的影响,实际上真正能够接受良好教育的特殊儿童是十分有限的,因此在特殊教育事业发展的道路上,印度还有很长的路要走。

(三)融合教育时期

1. 欧洲特殊教育的融合时期

英国于1981年颁布了新的教育法,即《1981年教育法》,这部教育法的颁布对英国的特殊教育从"隔离"到"一体化"再过渡到"融合"阶段,有着里程碑式的意义,它正式认可了"特殊教育需要"的概念,引入了特殊教育需要的评估和鉴定,规定了家长参与特殊教育的权利和程序。总之,从法律层面保障了一体化教育的推行。1994年,英国教育部颁布了《特殊教育需要鉴定与评估实施章程》,标志着英国特殊教育正式走向融合阶段,表明了教育当局对全面实施全纳教育的期望,不仅提出了在评定和满足儿童的特殊教育需要过程中,学校和地方教育当局应当遵循的程序和准则,且制定了详细的教育服务模式,以保障和促进全纳教育的实践发展。1997年,英国教育与就业部发表了题为《为了所有儿童的成功:满足特殊教育的需要》的绿皮书,强调要提高所有学生的标准,包括有特殊教育需要的学生。同年,英国工党政府在《绿皮书》的基础上颁布了《学校中的成功白皮书》,立场坚定地表达了对全纳教育的支持,且承诺:只要学生有特殊教育的需要,普通学校就应具有为他们提供特殊教育所需的强大的教育、社会和道德基础。

法国在进入20世纪70年代之后颁布的教育政策、法令都体现出其特殊教育的发展正逐步进入全纳教育阶段。1975年,法国政府颁布的《残障者照顾方针》(以下简称《方针》)中规定了特殊儿童的义务教育,明确将特殊儿童纳入义务教育的范畴中来,并将所有残障领域的教育义务化,这也标志着法国特殊教育逐步进入全纳教育阶段。在《方针》颁布之后,法国设立了形式多样的特殊教育机构,如接纳特殊儿童的普通班级、短期特殊班级、长期特殊班级、特殊学校、医疗—教育机构、医院教学、居家教学等多种形式。可以说,自1975年以来,法国学校教育便正式推行回归主流教育,提出残障儿童教育不仅应在特殊教育机构中施行,在普通教育机构中也应同样实施,在可能的条件下,应该促使残疾儿童回归正常学校环境,以获得最好的社会独立性。①

2. 北美特殊教育的融合时期

美国的特殊教育于20世纪70年代正式进入融合教育发展时期。1975年,国会制定了旨在为所有残疾儿童提供免费的、恰当的公立特殊教育的法案。同年11月,福特总统签署了《所有残疾儿童教育法》,这也是美国残疾儿童教育第一部最完整、最重要的立法,它确立了5~12岁残疾儿童的教育政策,其最重要的原则就是让所有残障儿童接

---

① 朱宗顺.特殊教育史[M].北京:北京大学出版社,2011:142.

受免费的、恰当的公共教育,要求保证每个残疾儿童都能在最少受限的环境中受到符合其需要的教育,为每个残疾儿童以书面的形式设计个别化教学计划,从根本上改变了传统的残疾儿童安置和教育形式。在《所有残疾儿童教育法》执行和实施的过程中也不断暴露出一些问题,因此,美国在不断对该法案进行补充和完善的同时也陆续出台了其他教育法案,如《康复、综合服务于发展性残疾法》(1978年)、《残疾儿童保护法》(1986年)、《美国残疾人法》(1990年),以及《不让一个孩子掉队》(2002年)等。

1994年,联合国教科文组织在西班牙召开了"世界特殊需要教育大会",提出了全纳教育的理念,加拿大借此契机,在此前"一体化"教育实践的基础之上,吸收欧美国家的先进经验,吸收全纳教育理念,不断深化和推动本国全纳教育的发展,主要做法有:其一,以"相信儿童、相信他们的能力"作为全纳教育的核心理念;其二,制定相应的特殊教育政策,在各省建立专门的特殊教育机构;其三,加大特殊教育设备、设施的投入,以满足各类特殊儿童接受康复训练和特殊教育之需;其四,全力提供全纳教育师资保障。自19世纪初开始,加拿大特殊教育发展经历了从"隔离"到"一体化"再到"全纳"的过程,既符合本国国情,彰显加拿大特色,同时也顺应了世界特殊教育发展的大趋势。

3. 亚洲特殊教育的融合时期

日本在二战结束之后,展开了全面的教育改革,以立法的形式将残障儿童的教育全面纳入义务教育的体系中来,进入21世纪之后,日本的特殊教育也正式从"隔离"走向"融合",形成有日本特色的"特别支援教育"。日本特殊教育事业的发展离不开教育立法的保障,其中最重要的教育立法之一就是1947年颁布的《学校教育法》,该法强调要为特殊儿童提供与普通儿童同等的接受教育的权利,要为他们提供必要的知识和技能,以弥补残疾,且提出了残疾儿童的具体安置方式:一是特殊教育学校,二是特殊班,三是资源教室,四是巡回辅导,五是普通班级。这些为不同障碍程度儿童设置的不同类型的安置方式,保障了日本残障儿童义务教育实施,根据日本智能残障福利联盟1999年所编的《发展残障白皮书》的统计,1997年,日本共有各类专门性特殊学校917所,在校生48 749人,普通小学、初中内所设的特殊教育班级达23 400个,在校生66 681人,残障儿童实际入学率超过98%。[1] 同时,日本在不断解决特殊教育推行过程中所出现的问题,2001年日本文部科学省颁布了《21世纪特殊教育的理想方法——根据每个障碍儿童的需要进行特别支援的理想方法》,报告明确提出不再对障碍儿童进行类型的划分,而是尽力适应儿童发展的需要,给予他们特别的教育支持。至此,日本正式将"特殊教育"改称为"特别支援教育",并将其定义为"在盲、聋哑特殊学校及特殊班级的教育之上,对学习障碍儿童、注意力欠缺或多动症儿童在普通班级学习的,而又需要进行特别的、积极的、相应教育的儿童给予援助"。[2] 由此,日本特殊教育走上了蓬勃发展的道路。

---

[1] 杨民. 当代日本的特殊教育及其对我们的启示[J]. 中国特殊教育,2000(4):29-32.
[2] [日]石部元雄,等. 世界各国的特殊教育[M]. 李聪明,等译. 台北:中正书局,1998:170-171.

教学短论

原始社会,特殊儿童在日常的生产生活中接受广义上的教育,这是特殊教育最原始的形态,但还远不能视为真正意义上的特殊教育。进入文明社会之后,家庭教育成为那些能够存活的特殊儿童接受教育的主要形式,在古代东方、西方均是如此。柏拉图、亚里士多德、昆体良的教育思想体系中已经出现了对特殊教育的思考。

在文艺复兴和启蒙运动中,随着人本主义、理性主义、经验主义等思想的传播,科学得到前所未有的进步,宗教神学的地位被削弱,残疾人教育发展的社会背景发生了巨大的改变,其间的实践探索和理论思考,为特殊教育正式登场做好了准备,西方特殊教育在18世纪末终于走出了其漫长的萌芽阶段。

在进入真正意义上特殊教育的早期发展阶段后,欧洲的西班牙、英国、法国和德国出现了对听觉障碍儿童进行的教育尝试,伴随着对听觉障碍者教育的探索和争论,以听觉、手语和口语相结合的综合性教学模式,重新为听觉障碍教育实践所接受。随后出现了视觉障碍教育和智障教育的探索、实践,相关教育机构相继建立、发展。

20世纪中期之后,特殊教育实践正式从隔离走向融合,相关法律法规体系不断完善,特殊教育机构模式不断优化升级,对特殊人群的职业教育受到越来越多的重视。

第二节 我国融合教育发展历程

学习目标

1. 了解我国融合教育的大致发展历程。
2. 熟悉对我国融合教育思想和实践发展做出突出贡献的历史人物。
3. 了解中国特色融合教育实践随班就读模式。

知识导入

中国古代特殊教育实践——孔子与盲人乐师

瞽人失明,听觉却很灵敏,师旷"生而目盲,善辨声乐",以其"目无所见,于音声审也","以目无所见,思绝外物,于音声审故也","以其无目,无所睹见,则心不移于音声。故不使有目者为之也"。瞽人又长于记忆,擅长讽诵诗文。

瞽者不仅是乐人,而且名列"王官"。《周礼·春官》有"瞽蒙"之官,"掌播鼗柷敔管弦歌,讽诵诗,世奠系,鼓琴瑟,掌九德六诗之歌,以役大师。"瞽蒙的老师"大师""小师"也为瞽者。

孔子会击磬,向卫国乐官师襄子"学鼓琴";孔子与齐国、鲁国的师乐、师旷、师乙、师挚、师冕等乐师讨论"乐";"就太师以正雅颂";赞赏鲁太师挚正乐的举动:"师挚之始,关雎之乱,洋洋乎盈耳哉。"他尊重瞽人,"见齐衰瞽者,虽童子必变";见师冕,为之相;离开鲁国,师乙相送。

中国是世界上历史最悠久的文明古国之一,拥有辉煌灿烂的古代文明,教育发展也同样源远流长,特殊教育也不例外,甚至可以追溯到距今三千余年的奴隶社会末期。尽管在中国古代并未形成制度化的特殊教育体系,但淳朴善良的中国人民从未停止对他们的关注,历代教育家、思想家的观念体系中都透露出对残疾人群的关怀。近代中国饱受战乱的侵袭,无暇顾及特殊教育事业的发展,直到新中国成立之后才开始了缓慢的恢复和发展。20世纪80年代之后,中国特殊教育事业才真正步入发展的正轨,并以惊人的速度和卓越的成就得到了世界人民的关注和赞许。

一、古代融合教育的思想探源

我国原始社会的残疾人群的确切情况已无从考察,但自有人类就有残疾人群的产生,这是人类发展的普遍规律,尤其在生存条件艰难、生产力水平低下的原始社会,残疾人群的存在是毋庸置疑的。《史记·五帝本纪》有载,"虞舜者,名曰重华。重华父曰瞽叟。"①所谓"瞽",即盲人,也就是说舜的父亲是一位目盲的残疾人。盲人之子竟然可以成为我国历史传说中的圣人,似乎已经彰显了较之古代西方,中国的残疾人群有着更为友好的社会生存环境。

(一) 古代残疾人类型

在先秦文献中,就已经出现了众多表示"残疾"含义的单字,如"残""疾""废"等,这不仅客观证明了古代社会残疾人的存在,也可看出我国古代社会对残疾人群的关注。据陆德阳与日本学者稻森信昭的考证,在中国古代已经有了与今天大致相同的残疾人分类方式②:(1)视力残疾:"瞽""矇""瞍""盲""瞑"等。如《周礼·春官·瞽矇》载:"瞽矇掌播鼗、柷、敔、埙、箫、管、弦、歌。"③(2)听力残疾:"聋""聩"等。如《左传·僖公》载:"耳不听五声之和为聋"④;《国语·晋语四》载:"聋聩不可使听。"⑤(3)语言表达类残疾:"喑""哑"等。如《韩非子》载:"人皆昧,则盲者不知;人皆嘿,则喑者不知";《管子》载:"聋、盲、喑、哑、跛躄、偏枯、握递不耐自生者,上收而养之疾。"(4)四肢残疾:"瘸""跛""孑""孓""李孽"等。其中,"瘸"与"跛"表示下肢残疾;"孑"为无右臂,"孓"为无左臂;

---

① 司马迁.史记[M].长沙:岳麓书院,1988:4.
② 陆德阳,稻森信昭.中国残疾人史[M].上海:学林出版社,1996:4.
③ 阮元.十三经注疏(上册)[M].北京:中华书局,1980:797.
④ 王守谦.左传全译[M].贵阳:贵州人民出版社,1990:305.
⑤ 上海师范大学古籍研究所.国语[M].上海:上海古籍出版社,1988:388.

"孪躄"则表示上下肢都存在一定程度的残疾。(5) 躯体残疾:"驼""偻""伛偻""侏儒""偏死"等。其中,"驼""偻""伛偻"都表示比较严重的驼背;"侏儒"表示身材异常矮小;"偏死"则指由于中风等疾病所导致的运动能力丧失,与今天的瘫痪相类似。(6) 智力残疾:"痴""呆""愚""疙"等。这些字词都用来指代在感知、记忆、语言和思维等方面的智力障碍。(7) 精神残疾:"癫""疯""狂"等。这一类的字词一般用来表示由于受到某种刺激而精神失常的人。

尽管我国古代的残疾人分类还不够科学完备,但如此丰富的残疾人指代用词足以证明我国古代社会对残疾人群的关注和重视,而且这种有意识、有逻辑的分类也展示出了我国古代对残疾人所秉持的是一种客观的认识态度,与西方"恶魔缠身""因果报应"相比具有更大的进步意义,不仅为我国古代残疾人群的赡养和生存提供了保障,更为后世特殊教育思想和实践的发展夯实了基础。

(二) 古代残疾人保障制度

较之古代西方对残疾人的偏见,我国古代社会对待残疾人的态度充分展现出了人道主义的慈悲与关怀,从史料记载来看,历朝历代都有与残疾人生活保障相关的制度政策出台。

早在西周时期,我国就已经建立起了体系相对完备的官制系统,残疾人的管理也被纳入这套系统中。按《周礼·地官》的记载,大司徒的职责就包括:"以保息六养万民:一曰慈幼,二曰养老,三曰振穷,四曰恤贫,五曰宽疾,六曰安富"[1],其中"宽疾"说的便是残疾人群可以不从事繁重的徭役,赋税也有相应的免减。此外,"医师掌医之政令,聚毒药以共医事。凡邦之有疾病者、疕疡者造焉,则使医分而治之"[2],说明残疾人群也可以在当时社会设立的医疗机构中享受到相应的优惠政策。

到了春秋时期,在"养疾"的基础上还出台了相应的"量才"政策,也就是说不仅让残疾人群有所养,还有所用。如《礼记·王制》中记载:"瘖聋、跛、躄、断者、侏儒、百工,各以其器食之";《管子·入国》中也提出了"老老""慈幼""恤孤""养疾""合独""问病""通穷""振困"和"接绝"等九项惠民政策,均直接或间接与残疾人生活保障相关。

秦汉时期天灾不断,导致古代社会残疾人群数量激增,史书中有大量关于政府向包括残疾人在内的灾民发放救济粮的记载。隋唐时期,随着国力的提高,各项社会制度逐渐完善,各类"常平仓""义仓"的设立,为包括残疾人在内的贫苦大众提供了起码的生存和生活保障。

宋代之后,针对残疾人群的各项具体制度又有了新的发展,如建立"福田院""居养院"专门收容、赡养残疾和孤寡人士。此外,为了解决溺婴和弃婴的问题还专门设置了慈善育婴机构。元代则广泛设置"济众院""养济院""惠民局"等机构用以安置和赡养贫病人士。明承元制的基础上还设立了"惠民药局"为贫疾者治疗。清代不仅继续办理"养济院",还在民间创办"普济堂"以更大范围地救助鳏寡孤独贫疾者。

---

[1] 阮元.十三经注疏(上册)[M].北京:中华书局,1980:706.
[2] 阮元.十三经注疏(上册)[M].北京:中华书局,1980:666.

总之，自西周时起，统治者就注意到了残疾人的生存保障问题，各项残疾人保障制度的建立为我国古代的残疾人群提供了一个相对安稳的生活环境，客观上为特殊教育的发展提供了可能。

（三）古代特殊教育发展概貌

原始社会末期，我国的残疾人群同世界其他国家一样，都是在生产和生活的过程中接受相应的教育，直至氏族公社末期，学校教育萌芽，传说中已经出现"成均""虞庠""明堂"等学校教育机构的名称，但真正有翔实史料可考的学校体系出现在西周时期。西周已经建立起了体系完备的学校体系，其中"瞽宗"是周天子所设五所大学之一，根据先秦史料记载和后世学者的解释，"瞽"即"盲"，而"瞽宗"即是与盲人音乐教育有关的机构，这也与西周时期的礼乐制度相吻合。因此有学者认为"瞽宗"是"世界上设立最早的特殊教育机构"。[①] 除了专门针对盲人的音乐教育之外，值得我们特别注意的是，先秦时期已经出现了针对不同类型的残疾人群进行因材施教的实践，晋国大夫便曾向晋文公建议对驼背、侏儒、聋哑、愚钝等八类不同类型的残疾人群进行有针对性的教育而后各尽其用。[②] 尽管，对于残疾人认识和教育的方式远不够科学，但在当时的社会条件下对残疾人群的认识和教育实践能够达到此种程度已然难能可贵，且在世界范围内都是领先的。

令人遗憾的是，秦汉以后的两千余年，随着社会生产力水平的提高，统治者出于治国安邦、维护封建统治的需要，历朝历代都颁布和出台了各项惠及残疾人群的制度政策，但是在残疾人教育方面却未能超越先秦时代，有学者评价我国古代秦汉以后的特殊教育发展时称"和先秦相比，反而逊色、萎缩了"。[③] 当然，秦汉以后官方特殊教育事业发展的停滞并不意味着我国古代社会的残疾人群在漫长的历史时期里未曾接受过相应的教育，无论是史料中的零星记载还是历代戏剧、小说的描写都可以证明，绝大多数的残疾人群还是在家庭中接受教育，残疾程度较轻的也可以进入普通学校，官宦或者富裕人家也会专门为残疾儿童聘请家庭教师等。但是这些都是个例，只能说明在漫长的历史时期我国的残疾人群在有条件的情况下都在为自己争取受教育的机会，但我国古代并未形成真正的特殊教育体系。

（四）古代特殊教育思想发微

先秦之后，我国古代的特殊教育发展便陷入了停滞状态，但历代思想家、教育家却从未停止过对残疾人教育问题的思考，尽管他们并未直接提出"特殊教育"的命题，但在其教育思想体系中蕴含的有关特殊教育的思考与论述，成为近代以后特殊教育建立发展的思想基础。

在我国传统思想流派中，儒、释、道三家的影响最大，也是形塑中国传统文化最重要

[①] 喻本伐.中国教育发展史[M].武汉:华中师范大学出版社,1991:26.

[②] 《国语·晋语四》："官师之所材也，戚施直镈，蘧蒢蒙璆，侏儒扶卢，蒙瞍修声，聋聩司火。童昏、嚚瘖、僬侥，官师之所不材也，以实裔土。夫教者，因体能质而利之者也。"

[③] 陆德阳,稻森信昭.中国残疾人史[M].上海:学林出版社,1996:332.

的思想力量,三家思想体系中均有关于残疾人发展的论述,这既可以说是我国特殊教育思想的源头,也为后世特殊教育事业的发展提供了思想观念层面的支持。

儒家思想中蕴含的有利于特殊教育发展的因素主要有二:其一,一以贯之的"仁爱"思想;其二,天下大同的社会理想。

就前者而言,"仁"是儒家学派创始人孔子思想体系中最为核心的概念,"仁者,爱人",是孔子对"仁"做出的最简洁也是最有力的解释。从有关孔子言行的文献记载中不难看出他所谓的"爱人"是指爱一切人,关爱残疾人群自然是其题中之意。孟子进一步发扬了孔子的仁爱思想,将其扩展阐释为"四心",即"恻隐之心,人皆有之;羞恶之心,人皆有之;恭敬之心,人皆有之;是非之心,人皆有之;恻隐之心,仁也;羞恶之心,义也;恭敬之心,礼也;是非之心,智也",再结合孟子性善论的人性观,可以看出其将爱一切人视为与生俱来的"恻隐之心"。汉唐时期的儒家思想受佛、道影响有了一些新变化,但"仁爱"的内核没有变,董仲舒主张"仁"的根本是"爱人"而非"爱己"。以继承发扬儒家道统为己任的韩愈更是将"仁"解释为"博爱"。宋代理学家张载阐发了"仁统天下之善"的仁爱观,指出天下人人皆为同胞,都应当相互关爱。可见,尽管自孔子后儒家"仁"的思想内涵历有变迁,但其核心主张却从未改变,且"爱人"的外延和边界也不断拓展,最终将"仁"发展成为一种与生俱来的、平等地爱一切人的观念,这不仅为我国古代残疾人群提供了更为宽松的生活环境,也有利于此后残疾人教育事业的发展。

"天下大同"是人类共同的社会理想,早在先秦时代儒家学派便借孔子之口描绘出了大同社会的理想蓝图:"大道之行也,天下为公。选贤与能,讲信修睦。故人不独亲其亲,不独子其子,使老有所终,壮有所用,幼有所长,矜、寡、孤、独、废疾者皆有所养,男有分,女有归。货恶其弃于地也,不必藏于己;力恶其不出于身也,不必为己。是故谋闭而不兴,盗窃乱贼而不作,故外户而不闭,是谓大同"(《礼记·礼运》),大同社会中"矜、寡、孤、独、废疾者皆有所养"的举措,无疑有利于残疾人群的生存和发展。

道家思想中也含有有益于特殊教育发展的积极因素。老子作为道家学派的创始人,反对儒家的伦理教条,主张"无为而治",在道德行为方面,提出"圣人不积,既以为人己愈有,既以与人己愈多,天之道利而不害,圣人之道为而不争"①,以此来引导人们去做有利于他人的善事;在面对善恶问题的时候,主张"报德以怨"②,"善者吾善之,不善者吾亦善之,德善"③,以此来引导人们以"善"的态度对待一切事;在面对社会不公的时候,强调"天之道,其犹张弓与。高者抑之,下者举之,有余者损之,不足者补之。天之道,损有余而补不足"④,这种"补不足"的主张,明显有利于残疾人群。庄子继承发扬了老子的思想,他的相对主义齐物论、共给共利的平等观,在客观上也有利于残疾人的发展。

佛教虽然是外来宗教,但自其传入中国,就开始了本土化的过程,最终成为中国

---

① 贺荣一. 道德经注译与析解[M]. 天津:百花文艺出版社,1994:550.
② 贺荣一. 道德经注译与析解[M]. 天津:百花文艺出版社,1994:449.
③ 贺荣一. 道德经注译与析解[M]. 天津:百花文艺出版社,1994:361.
④ 贺荣一. 道德经注译与析解[M]. 天津:百花文艺出版社,1994:527.

文化中不可分割的一部分。在佛教本土化和历史变迁的过程中,其教义也有所变化,但其劝善化俗、惩恶扬善的基本主张却从未改变。佛教所谓"慈悲为怀"指的就是对天下众生的爱、同情和怜悯,这必然引导他们关注他人疾苦,对于残疾人发展和教育而言,无疑是一种积极的思想力量。佛教讲究因果循环,通俗理解就是今生修善德,来生可至天界,今生造恶行,来生堕入地狱,止恶行善是出离三界、摆脱轮回的必由之路。①

总之,中国古代积累了比较丰富的残疾人救助的经验,孕育了有利于残疾人教育发展的思想观念,在社会上也出现了零散的特殊教育实践活动。自原始社会起,残疾人群就在日常的社会生产和生活中接受相关的教育和训练,甚至可以各尽其用,原始社会末期已经有了关于残疾人的相关记载,行至先秦已经形成了相对完善的残疾人分类,也已开始建立与残疾人救助相关的制度政策。从特殊教育实践角度而言,西周时期便已开始了宫廷盲人乐官的教育培养,尽管秦汉之后这种实践受社会发展客观条件的限制陷于停滞,但无论如何我国特殊教育的实践发展已经萌芽。从思想发展的角度而言,儒家的"仁爱"和"大同"思想、道家的"报应"和"承负"思想、佛教的"慈悲"和"因果"观念,以及历朝历代教育家和思想家的思考,都为我国近代以后制度化的特殊教育发展奠定了坚实的思想基础。

思考探究

《周礼·春官宗伯》中有这样一段记载:"瞽矇掌播鼗、柷、敔、埙、箫、管、弦、歌。讽诵诗,世奠系,鼓琴瑟。掌九德六诗之歌,以役大师。眡瞭掌凡乐事,播鼗,击颂磬笙磬。掌大师之县,凡乐事相瞽,大丧廞乐器,大旅亦如之。宾射皆奏其钟鼓,鼛恺献亦如之。"我们可以将其视作我国古代对盲人音乐教育的真实记录,请你结合历史背景和文献资料,谈谈你对我国古代残疾人教育的看法。

二、近代融合教育的实践探索

古代中国较早出现了盲人教育的实践,也积累了丰富的有利于特殊教育实践发展的思想基础,但近代意义上的特殊教育是西方教育发展的产物,我国首批近代特殊教育机构是由西方传教士建立的。与此同时,我国的一些有识之士和眼界开阔的知识分子也关注到了西方特殊教育发展的状况,撰写并发表了一些颇有影响力的介绍西方特殊教育实践、特殊教育思想的文章,为本土特殊教育事业的发展提供了参考借鉴的范本。

---

① 王月清. 中国佛教伦理研究[M]. 南京:南京大学出版社,1999:34.

(一) 西方特殊教育的传入

鸦片战争的爆发,迫使近代中国打开了对外开放的大门,一些有识之士借此前往西方了解和感受其文明和发展,他们把所见、所闻、所感以文字的形式记录下来带回中国出版发行,其中较为典型的有林针的《西海纪游草》、张德彝的《航海述奇·欧美环游记》、李圭的《环游地球新录》、黎庶昌的《西洋杂志》、薛福成的《出使英法义比四国日记》等,其中都有一定篇幅对西方特殊教育进行介绍,为国人提供了了解西方特殊教育发展的窗口。

受西方特殊教育实践和思想发展的影响,洪仁玕在太平天国运动后期制定的建国纲领《资政新篇》中首次提出了兴办特殊教育机构的建议:"兴跛盲聋哑院。有财者自携资斧,无财者善人乐助。请长教以鼓乐书数杂技,不致为废人也。"①这也是中国近代首次在施政纲领中纳入特殊教育的相关内容。

外国传教士不仅将西方特殊教育实践发展的情况介绍到中国,并且直接参与了我国最早的特殊教育机构的建立。1834年普鲁士传教士郭士立夫妇来到澳门传教,并于次年创办澳门女塾,其在教学过程中就有针对女盲童进行专门教育的记录,这也是近代中国在学校进行特殊教育实践的最早记录。因此,可以说"19世纪30年代澳门女塾向中国的残障人群首次施行近代西式特殊教育的大门"②。随后,1874年北京瞽叟通文馆和1887年登州启喑学馆的创办,开创了我国正规特殊教育的先河,由此,我国真正意义上的特殊教育体系终于开始建立。

(二) 近代特殊教育思想的发展

在近代中国特殊教育事业艰难起步的过程中涌现出了一批倡导特殊教育发展的先驱者,他们不仅积极参与特殊教育学校和机构的创办,且结合时代背景和中国国情对特殊教育问题进行了深入思考,初步形成特殊教育思想理论体系。其中,张謇和傅兰雅最具代表性。

张謇是我国近代著名的实业家、教育家,促进教育事业的发展是其毕生的追求,他创办了各种类型的新式教育机构,为我国近代教育事业、文化事业的发展做出了卓越的贡献,其中也不乏对特殊教育的关注。在特殊教育实践层面,他在创办师范教育和中小学教育的过程中便已经关注到盲哑儿童的教育问题,由于在当时的社会条件下政府无力关照特殊教育的发展,张謇于1911年赴传教士创办的烟台启喑学校参观学习之后,便开始筹划创办特殊学校,经过几年时间,在校舍、师资等条件基本齐备之后,终于在1916年创办了狼牙山盲哑学校,这也是近代中国自主创办的第一所盲哑学校,对我国特殊教育事业的发展而言具有里程碑式的意义。在特殊教育思想层面,张謇首先充分肯定了盲哑教育对于国家稳定和社会发展的重大意义,认为盲哑等慈善教育是推动社会文明进步的重要力量,应当通过教育使盲哑等残疾人群获得自立、自养的能力;其次,

---

① 荣孟源.中国近代史资料选辑[M].北京:三联书店出版社,1954:139-140.
② 郭卫东.基督新教与中国近代的特殊教育[J].社会科学研究,2001(4):123.

他重视特殊教育师资的培养,在创办盲哑学校的同时也创办了盲哑教育传习所,并且提出特殊教育师资培养与一般师资的培养有所不同,除了具备基本的专业知识和技能之外,更重要的是培养"慈爱与忍耐之心"[①];再次,他充分认识到了残疾儿童教育发展的可能性与可行性,"目与口以外官骸之知能,即同为天赋;则待养于人者,只目与口,其为心思手足,则皆可教也","其始待人可教,其归能不待人而自养"[②];最后,他提倡设计丰富的特殊教育内容,张謇认为不仅要对残疾儿童进行系统的文化知识与生活技能的教育,更要注重道德培养和体育锻炼。正是在张謇先进特殊教育思想的引领之下,其创办的盲哑学校成就斐然,毕业学生都参与到正常的社会生产生活中,实现自身价值的同时也为国家建设贡献了力量。张謇作为较早关注特殊教育事业并积极投身特殊教育实践的教育家,不仅为后来特殊教育事业的发展积累了经验,提供了理论基础,更重要的是留下了一笔宝贵的精神财富。

出生于英格兰牧师家庭,毕业于伦敦海伯雷师范学院的傅兰雅于1861年受聘为香港圣保罗书院院长,后又受聘于京师同文馆、上海英华学堂、江南制造总局等,且参与创办了中国第一所科学学校——格致书院,他在华工作三十年,是翻译西方科技书籍最多的在华外国学者,为近代中国科技、文化、教育事业的发展做出了突出贡献,也助力了我国特殊教育事业的发展。傅兰雅很早就萌生了在中国创办盲校的想法,甚至让他的儿子傅步兰前往加利福尼亚、阿福布洛克、波士顿等地的盲校进行学习和考察,目的就是父子一道发展中国的盲人教育事业。在傅兰雅暮年时候,终于达成了理想,1912年上海盲童学校正式开学招生,傅步兰出任校长,后又创办了傅兰雅聋哑学校,父子二人不仅为我国特殊教育实践的发展积累了宝贵经验,在特殊教育思想方面同样留下了值得借鉴的财富。傅兰雅在1911年出版的《教育瞽人理法论》中提出了创办盲校的六项基本原则,这也是他特殊教育思想的集中体现:其一,效法欧美盲童学校的教育方法和内容;其二,各门功课均需遵守教育部制定的课程标准;其三,实施基督教新教教育,但不强迫学生信教;第四,敦促学校管理者积极学习国外先进办学经验;第五,特殊教育的从业者应当具有高尚的人格和奉献精神;第六,提倡创办特殊教育师范学堂以培养师资。傅步兰作为父子二人创办的特殊学校的直接管理者,更是在总结丰富教育实践的基础上形成了较为完备的特殊教育思想体系:第一,重视特殊儿童独立性的培养,认为他们比一般正常人更需要通过教育独立于社会;第二,设计了包括起居、手工、体育、文化、音乐五个板块的课程体系;第三,重视对特殊儿童进行职业技术教育,提出特殊学校的宗旨是培养独立、可敬的公民;第四,特别重视特殊教育师资的培养。傅兰雅、傅步兰父子不仅积极投身、奉献于中国特殊教育事业的发展,并且积极在国际舞台宣传和介绍中国特殊教育事业的发展情况。

总之,在近代中国,一方面,走出国门的知识分子将他们了解到的西方特殊教育事业发展的信息带回了国内,让国人得以了解世界特殊教育发展的实际面貌;另一方面,

---

① 张謇.筹设盲哑师范传习所之意旨.张謇全集(第四卷)[M].南京:江苏古籍出版社,1994:106.
② 张謇.筹设盲哑师范传习所之意旨.张謇全集(第四卷)[M].南京:江苏古籍出版社,1994:108.

西方传教士来华,直接带来了西方特殊教育发展的实践经验与先进理论,并直接参与了中国特殊教育机构、学校的创办。从实践的尝试,到机构的建立,再到理论的形成,多方努力之下,近代中国特殊教育雏形终于建立了起来,尽管此时其尚处于初生的稚弱状态,但其意义和影响是重大而深远的。

三、现代特殊教育的艰难起步

辛亥革命爆发到中华人民共和国成立,由于国内外环境的动荡,现代特殊教育仍在艰难徘徊中前进,但由于近代特殊教育实践的发展已经让国人意识到发展特殊教育的必要性和可能性,因此在民国政府制定颁布的教育政策中都有涉及特殊教育的内容,也在有限的条件下进行了一些特殊教育实践的尝试,以陈鹤琴为代表的教育家也开始系统思考特殊教育的理论问题。

(一)民国时期特殊教育政策的演变

1912年全国临时教育会议召开,讨论并制定了新学制《壬子学制》,其颁布之后的一年里又陆续出台了关于各级各类学校的法令和规程。纵览这些政策法令,我们发现只有《小学校令》中涉及特殊教育的内容,即"蒙养园、盲哑学校及其他类似于小学校之各种学校,亦如前条第三项之规定"[①],"前条第三项"的具体内容指"由城镇乡担任经费者,名某城镇乡立初等小学校或高等小学校;由县担任经费者名某县立高等小学校;由私人或私法人担任经费者,名私立初等小学校或高等小学校"[②]。尽管《壬子学制》所涉特殊教育内容不多,但明确办学主体和办学体制对特殊教育制度化发展而言也是一大进步。

1914年出台的《教育部官制》涉及特殊教育的款项主要包括:本阶段的特殊教育机构以盲哑学校为主;特殊教育相关事宜均由普通教育司统一管理。明确特殊教育事业分管部门与主体对特殊教育发展而言也有一定的积极意义。

1915年颁布了《民国学校令》并于1916年制定了《施行细则》,其中就有关于盲哑学校的详细规定:其一,盲哑学校必须聘请校长进行管理;其二,盲哑学校教员必须具备国民学校教员的资格;其三,对盲哑学校的校长和教员的管理、奖惩均与民国学校教员一致;其四,区立聋哑学校的校长与教员的俸禄应参照民国学校的标准进行发放。[③] 在1918年12月的规程修订中,又明确将特殊教育事业的管理权交由普通教育司第三科负责。[④]

1922年,在新文化运动背景下诞生的《壬戌学制》在"附则"中同时关注到了"天才儿童"和"残疾儿童"两个不同的特殊群体:"注重天才教育,得变通年期与教程,使优异之智能尽量发展","对于精神上或者身体上有缺陷者,应世以相当之特种教育"[⑤]。由

---

① 舒新城.中国近代教育史资料(中册)[M].北京:人民教育出版社,1981:445.
② 舒新城.中国近代教育史资料(中册)[M].北京:人民教育出版社,1981:444.
③ 舒新城.中国近代教育史资料(中册)[M].北京:人民教育出版社,1981:481-482.
④ 宋恩荣.中华民国教育法规选编(1912—1949)[M].南京:江苏教育出版社,1990:77.
⑤ 宋恩荣.中华民国教育法规选编(1912—1949)[M].南京:江苏教育出版社,1990:45.

此可见,《壬戌学制》最大的进步在于扩大了特殊教育的对象,较之以往学制,不仅关注到了身体残疾的儿童,也关注到了精神残疾和天才儿童,并提出对他们进行因材施教,这对于特殊教育发展而言无疑是一种质的进步。

南京国民政府成立之后,对特殊教育的关注进一步提高。1928年南京国民政府公布的《修正中华民国大学院组织法》中规定大学院要设"社会教育处"来执掌"低能及残废者之教育事项"。20世纪30年代之后,我国的义务教育事业从倡导阶段来到了全面实施阶段,残疾儿童的义务教育问题同样受到了关注,1935年颁布的《实施义务教育暂行办法大纲实施细则》中规定:"学龄儿童之有疾病或其他一时不能入学之原因者,得由家长或保护人具结请求缓学;其有痼疾不堪受教育者,得由其家长或保护人具结请求免学"①,为保障细则的实施,1937年连续颁布了《学龄儿童强迫入学暂行办法》和《各省市失学民众强迫入学暂行办法》。尽管我们不能断言这些制度政策的出台就意味着残疾儿童教育问题的妥善解决,但可以肯定的是相关政策法规的出台为我国特殊教育事业的制度化发展奠定了良好的基础。

(二)民国时期特殊教育机构的创办

与特殊教育政策法规的颁布施行相同步发展的,还有各类特殊教育机构。民国之前零星建立的特殊教育机构大多带有浓厚的福利机构色彩,主要依靠社会爱心人士和慈善团体的救济和支持,民国之后,随着各项与特殊教育有关的制度政策的出台,在政府主导和社会各界人士的共同努力之下,全国各省的特殊教育机构逐渐建立起来,尤其是聋校和盲校的发展取得了较大的成就。有调查数据显示,到了1926年,全国共设立盲校38所,盲人收容量达千余人②,为了更好地推动聋哑教育的发展,南通盲哑学校的校长朱衡涛于1928年发起建立了我国现代第一个正式的特殊教育团体"中华盲哑教育社",这为我国特殊教育的调查研究、宣传促进起到了良好的作用。

抗日战争的爆发使得我国各项事业的发展均受到重大冲击,特殊教育也不例外,此前建立的一些特殊教育机构大多被迫关停、转移,少数保留下来的也只能勉强维持。据调查资料显示,到1946年底,全国的特殊教育机构仅剩42所,且其中绝大多数为私人创办③,这也是中华人民共和国建立之后特殊教育发展的全部基础。有研究将这些特殊教育机构的发展特点总结为以下几个方面:其一,盲聋哑特殊教育机构的学制以初等教育为主,幼稚园、初中及以下职业教育、师范教育略有发展;其二,课程方面,盲聋哑学校一般都比照普通学校的课程设立,由于缺乏统一的课程规制,所以不同学校的课程设置也并非完全一致;其三,初步形成了特殊学校教学方法的特点;其四,特殊学校的师资培养比较缺乏。④

另外,这一时期也保留了一些有代表性的特殊教育机构,如南京市盲哑学校、杭州

---

① 宋恩荣.中华民国教育法规选编(1912—1949)[M].南京:江苏教育出版社,1990:301.
② 王治心.中国基督教史[M].上海:上海古籍出版社,2004:308.
③ 中国教育年鉴编辑部.中国教育年鉴(1949—1981)[M].北京:中国大百科全书出版社,1984:382.
④ 教育部教育年鉴编纂委员会.第二次中国教育年鉴[M].北京:商务印书馆,1948:1200-1201.

市私立吴山聋哑学校、北平市聋哑学校等,且在当时相关政策制度的支持与引导之下,北京、江苏、湖南、浙江等地的特殊教育发展也取得了一些成绩。

综上所述,民国时期我国特殊教育的发展起初完全由民间力量、私人倡导办学,后逐渐受到政府的关注与支持,各省份已经着手建立特殊教育机构,且出现了一些有代表性、示范性的学校。尽管在动荡的时局中,特殊教育没有一个很好的发展环境和基础,但艰难条件下的探索还是为中华人民共和国成立后的特殊教育发展积累了宝贵的经验。

(三) 现代特殊教育思想的发展

随着我国现代特殊教育事业的发展,一些教育家开始系统思考特殊教育的相关问题,并逐渐形成一定的思想体系,其中最有代表性和影响力的就是陈鹤琴。陈鹤琴是我国著名的教育家,尤其在儿童教育和儿童心理研究领域,难能可贵的是,他专门针对特殊教育进行了研究与思考,自20世纪20年代开始,他从事儿童心理方面的研究,20世纪40年代提出创办上海儿童辅导院,在这个过程中逐渐形成一条清晰可行的特殊教育实施路径,其特殊教育思想体系也随之形成。

陈鹤琴的特殊教育实践大致经历了以下过程:1925年发表的《儿童心理之研究》中首次提到有关特殊儿童问题的思考;1934年7月—1935年3月,借出席国际幼儿教育会议的机会,先后考察了英、法、比、荷、德等11个国家的教育发展情况,在其撰写的《欧洲教育考察报告》中有专门针对特殊教育的介绍,这次考察让陈鹤琴直观了解到了西方发达国家特殊教育的真实状况,开阔眼界、学习经验、看到差距的同时,更坚定了他推动我国特殊教育事业发展的决心。1935年8月,他在《新闻报》上表达了对特殊儿童教育发展的愿望:一愿,"全国儿童从今日起,不论贫富,不论智愚,一律享受相当教育,达到身心两方面最充分的可能发展";二愿,"全国盲哑及其他残废儿童,能够享受到特殊教育,尽量地发展他们天赋的才能,成为社会上有用的分子,同时使他们本身能享受到人类应有的幸福"。[1] 不仅如此,他还多次撰文呼吁政府、社会各界关注特殊儿童的教育问题。

陈鹤琴真正意义上的特殊教育实践始于1957年,为了实现发展特殊儿童教育事业的理想,他筹创上海特殊儿童辅导院,并兼任院长。[2] 尽管陈鹤琴为了辅导院的顺利运行做了各方面的周密计划和精心准备,但受国内当时政治局面和经济状况的影响,当年只有问题儿童班顺利开班,一年以后增开聋哑班和伤残班,直到新中国成立后,辅导院改名为上海市聋哑青年技术学校,成为全国唯一的聋哑人中等专业学校,将大批聋哑儿童、青年培养成为对社会有用的人才。

在对特殊教育问题长期思考和实践的过程中,陈鹤琴终于形成了一套相对完整的特殊教育思想体系。首先,他完成了特殊儿童的科学分类:视觉缺陷儿童、听觉缺陷儿

---

[1] 北京教育科学研究所.陈鹤琴全集(第四卷)[M].南京:江苏教育出版社,1991:436.
[2] 王强虹.陈鹤琴的特殊儿童教育思想评述[J].西南师范大学学报(哲学社会科学版),1998(6):37-41.

童、语言缺陷儿童、肢体残缺儿童、问题儿童、低能儿童,以及天才儿童。① 其次,他肯定了教育对特殊儿童的作用以及特殊教育对社会发展进步的意义。第三,他提出特殊教育必须由国家主办,应本着有教无类的原则,让特殊儿童拥有与普通儿童同等的受教育机会。第四,为确保特殊教育的实施,他提出一套特殊教育机构的体系:一是,要建立专门、专业的特殊教育师资培养机构,各师范学院要设立特殊教育系,还应专门设立儿童教育师范学院②;二是,提出政府在开设特殊教育机构时应注意"全局性",特殊教育机构"在国内的散布应当是网状的"③。

总之,陈鹤琴在我国现代特殊教育发展史上具有极其重要的地位,在特殊教育实践和思想发展两个维度都为后来的特殊教育发展提供了借鉴。

综上,民国时期是我国特殊教育现代化、本土化的关键时期,尽管囿于当时国内外政治、经济等各方面的压力并未能够真正建立起完善的特殊教育制度体系,但是特殊教育政策法规已初具雏形,特殊教育机构有了一定规模的发展,全国各地都展开了一定程度的特殊教育实践,以陈鹤琴为代表的适合我国国情的特殊教育理论开始出现,这都为中华人民共和国成立之后的特殊教育发展完善打下了坚实的基础。

四、当代融合教育的创新发展

1949年中华人民共和国的成立标志着我国特殊教育发展进入了崭新的一页,并进入高速发展的新时期。有关特殊教育的各项政策法规逐步发展完善,各类特殊教育事业有序发展,中国特色的特殊教育思想日趋完备。随着国家文教事业整体的发展,适应我国具体国情的、有中国特色的融合教育模式"随班就读"逐渐在实践中完善了起来。

(一)特殊教育政策法规的建立完善

从1949年中华人民共和国成立到1976年这段历史时期,是我国当代特殊教育政策法规的初步确立时期。中华人民共和国成立之后立即召开了全国教育工作会议,会议明确提出"国家支持私立聋哑学校的发展",有关特殊教育的基本方针逐步确立,盲哑学校的任务、经费、招生、学制等内容相继明确。1951年10月,由政务院颁布的《关于改革学制的决定》中提道:"各级人民政府应设立聋哑、盲目等特种学校,对生理上有缺陷的儿童、青年和成人,施以教育。"④该文件的出台也标志着特殊教育进入我国学制中。为保障特殊教育事业的有序发展,1953年教育部特设"盲聋哑教育处"。随后几年陆续出台的政策文件中都针对性地解决了我国特殊教育发展过程中的实际问题,如1956年教育部发布的《有关盲童学校、聋哑学校经费问题的通知》规范了特殊学校的经费标准⑤;1957年4月教育部发布的《关于办好盲童学校、聋哑学校的几点指示》明确了

---

① 徐桃坤.陈鹤琴特殊教育文选及研究[M].北京:华夏出版社,2005:37-38.
② 北京教育科学研究所.陈鹤琴全集(第四卷)[M].南京:江苏教育出版社,1991:421-422.
③ 北京教育科学研究所.陈鹤琴全集(第四卷)[M].南京:江苏教育出版社,1991:420.
④ 何东昌.中华人民共和国重要教育文献(1949—1975)[M].海口:海南出版社,1998:107.
⑤ 何东昌.中华人民共和国重要教育文献(1949—1975)[M].海口:海南出版社,1998:713.

盲哑学校的核心任务、工作任务和教育内容等[①]。1958年"大跃进"运动开始之后,关于特殊教育的一系列决定也出现了"冒进"倾向,为了纠正"大跃进"运动给特殊教育事业发展带来的不良影响,1963年11月,教育部、内务部、公安部等部门联合发布了《关于现有盲聋哑学校恢复招收附近县、市和农村盲聋哑儿童入学的通知》,以尽快扶正特殊教育的有序发展。

在宏观特殊教育制度政策颁布实施的同时,涉及特殊教育课程教学的相关政策也相继出台,要注意的是,我国这一时期的特殊教育课程与教学的实践主要是参考学习苏联。1953年,教育部转发的《关于盲哑学校方针、课程、学制、编制等问题给西安市文教局的复函》是中华人民共和国成立以来颁布的第一个有关特殊教育课程实施的指导性文件,明确了特殊教育课程设计、教材编写以及师资培养的相关问题;1954年8月,教育部专就聋哑学校低年级语文教材的编写问题召开了座谈会,且在会后引发了《"改变聋哑学校低年级语文教材小型座谈会"的通知》,针对聋哑学校教学改革、入学条件、教材编撰、教学计划等棘手问题做出回应;1955年9月,教育部在颁布《关于小学教学及说明》之后专门发布了《关于小学教学计划在盲童学校中如何变通执行的指示》,以保证特殊儿童教育实践的顺利实施。1976年之后,随着社会发展逐渐转移到以经济建设为中心的轨道上来,特殊教育的发展也走上了新阶段,从政策制度发展的角度而言,可以说是得到了全方位的拓展,我们可以将其概括总结为以下三个方面:

1. 国家重要法律和宏观政策都给予了特殊教育高度的关注

1982年12月全国人民代表大会第5次会议通过的第四部宪法,第一次在国家根本大法中对残疾人的教育、生活和劳动问题做出明确规定:"国家和社会必须帮助安排盲、聋、哑和其他有残疾的公民的劳动、生活与教育";1986年颁布的《中华人民共和国义务教育法》中规定:"地方各级人民政府为盲、聋哑、弱智儿童和少年举办特殊教育学校(班)",同年9月又在《关于实施〈义务教育法〉》针对义务教育阶段残疾儿童受教育的具体问题做出了专门规定;1990年12月,第7届全国人民代表大会常务委员会第17次会议通过,并在2008年4月第11届全国人民代表大会常务委员会第2次会议中修订的《中华人民共和国残疾人保障法》是我国制定的保障残疾人权益的专门法律,对有关残疾人教育的各项事宜都做了专门规定;1995年3月第八届全国人民代表大会第3次会议通过的标志着我国教育法制建设进入历史新时期的《中华人民共和国教育法》,对有关特殊教育各项原则性问题所进行的规定,标志着我国特殊教育地位的确立。除上述国家基本法和教育基本法中的规定,在诸如1985年5月公布的《中共中央关于教育体制改革的决定》、1988年发布的《中国残疾人事业五年工作纲要》、1993年印发的《中国教育改革和发展纲要》、2008年发布的《关于促进残疾人事业发展的意见》等国家重要文件和规划中均就特殊教育相关问题做出了明确规定,切实保障和推动了我国特殊教育事业的发展。

---

① 何东昌.中华人民共和国重要教育文献(1949—1975)[M].海口:海南出版社,1998:755.

2. 特殊教育专门法规、政策的制定出台

1994年8月,国务院办公厅发布了我国历史上第一份最高法律层级的特殊教育专门法规文件《残疾人教育条例》;1998年12月,教育部颁布了我国历史上第一份有关特殊教育学校的专门规程《特殊教育学校暂行规程》。在20世纪80年代到2009年,教育部主管部门先后出台了三份针对特殊教育发展的意见,对推动这三十年间特殊教育的发展起到了重要作用,1989年5月,国务院办公厅转发国家教委等部门联合制定的《〈关于发展特殊教育的若干意见〉的通知》,分"政策与方针""目标与任务""领导与管理"三大板块就特殊教育方针、布局、目标、任务、办学、师资等问题都做出了明确规定;2001年11月,国务院办公厅转发教育部等9个部门联合制定的《关于"十五"期间进一步推进特殊教育改革和发展的意见》,主要就普及残疾儿童义务教育问题、特殊教育教学改革问题、特殊教育师资质量问题提出专门意见;2009年5月,国务院办公厅转发教育部等部门制定的《关于进一步加快特殊教育改革和发展的意见》,不仅对我国特殊教育体系的完善、保障机制的建立、教育质量的提高等提出了明确要求,且对今后一段时期特殊教育发展的目标和方向指明了道路。除了这些专门政策文件的颁布出台,还分别于1988年、1990年、2001年、2009年召开全国特殊教育工作会议,专门讨论特殊教育发展的重要问题。

3. 特殊教育课程教学改革渐次展开

1976年后,我国的特殊教育事业逐步恢复,盲校、聋哑学校和弱智学校的课程与教学逐步展开,一系列政策文件连续出台,如教育部初等教育司于1984年7月发布《关于征求对聋哑学校教学计划意见的通知》;1987年1月和12月国家教育委员会初等教育司分别发布《关于征求对全日制盲校小学计划意见的复函》和《关于印发〈全日制弱智学校(班)教学计划〉(征求意见稿)的通知》;1994年10月,国家教委印发了《中度智力残疾学生教育训练纲要(试行)》;教育部于2001年起开始修订《全日制盲校课程计划(试行)》并于2007年2月分别印发《全日制盲校课程计划(试行)》和《全日制弱智学校(班)课程计划(征求意见稿)》等。

(二) 各类特殊教育事业的有序发展

随着有关特殊教育发展的各项制度政策的制定与出台,我国各类特殊教育事业也随之有序发展了起来,我们可以大致将其概括为以下三个方面:

1. 基础教育阶段的特殊教育发展

新中国成立之初,全国仅有盲哑学校42所,在校生2 000余人,社会主义改造完成之后,特殊教育发展的步伐逐步加快,1976年之后,九年义务教育开始普及,残疾儿童的特殊教育也开始跟上:1992年,国家教委下发《义务教育法实施细则》,对保障残疾儿童的教育做出了详细规定;1994年又发布《关于在90年代基本普及九年义务教育和基本扫除青壮年文盲的实施意见》;1996年5月国家教委和中国残疾人联合会印发了《残疾儿童少年义务教育"九五"实施方案》;2001年国务院办公厅转发教育部制定的《关于"十五"期间进一步推进特殊教育改革和发展的意见》等。在以上政策文件的支持下,我国残疾儿童的义务教育事业得到了切实发展,有数据显示,在"九五"期间,我国残疾人教育事业取得了显著成绩,至 2000 年底,残疾儿童少年义务教育入学率达到 77%,2005 年底达到 80%。与此同时,残疾儿童早期康复事业也随之发展起来,使数十万视听障碍、智力障碍的儿童通过早期的康复训练得以顺利进入普通小学接受教育。

2. 残疾人职业教育与高等教育的发展

随着残疾儿童少年教育事业的有序推进,残疾人职业教育发展也随之提上日程。自 1991 年,国务院批转的《中国残疾事业"八五"计划纲要》中提出建立完善残疾人职业技术教育中心以来,各类、各级残疾人职业技术教育机构、学校便随之建立起来。据《中国残疾人事业发展统计公报》统计,至 2008 年全国共建立残疾人职业教育培训机构 1 757 个,有 77.4 万残疾人接受了职业教育与培训,10.7 万人获得了职业资格证书。而在"十五"期间,南京特殊教育职业技术院校、长沙特殊教育职业学校等开始设立聋人大专班,北京联合大学率先实现残疾人成人教育单招,深圳则开设了专门针对残疾人群的远程教育,使得残疾人接受高等教育成为可能,在此期间全国普通高等院校累计录取残疾学生 16 000 余人,残疾学生的高考上线率基本达到 90%。

3. 特殊教育的师资培养

特殊教育事业的快速发展,对特殊教育师资提出了更高的要求,自 20 世纪 80 年代以来,我国特殊教育师资培训机构从初具雏形到快速发展,取得了可喜的成绩,尤其在 1989 年《中等特殊教育师范学校教学计划(试行)》印发之后,在一些"模范学校"如南京特师、昌乐特师等学校的带动下,各地的中等特殊师范学校随之建立发展起来,初步满足了各地区基础教育阶段特殊教育发展的师资需要。为了培养高层次的特殊教育人才,推动特殊教育相关研究的发展,在国家教育主管部门的部署之下,从 20 世纪 80 年代开始先后在北京师范大学、华东师范大学、陕西师范大学等六所师范大学设立特殊教育专业,北京师范大学、辽宁师范大学于 1993 年设立硕士点,华东师范大学于 2000 年设立博士点,特殊教育高层次人才的培养为我国特殊教育事业的高质量长远发展打下了坚实的基础。

(三) 中国特色特殊教育思想的建立

世界特殊教育的发展大致经历了从隔离到一体化再到融合的发展历程,这也深刻影响了我国当代特殊教育的发展历程,而我国在学习借鉴西方思想和经验的同时,也结合我国国情逐渐形成了一套有中国特色的特殊教育思想理论体系。

在世界特殊教育发展的洪流中,我们很难判断西方的特殊教育思想和实践经验究竟是何时传入我国的,但从相关的文献记载来看,至少在 20 世纪 80 年代初期,这些思想便已经传入我国并产生一定影响,因为我国先进的教育工作者在 20 世纪 80 年代中期便已经开始进行"随班就读"的实验了,而我国学者和教育工作者也亲身参与了 20 世纪 90 年代兴起的"全民教育""全纳教育"的思潮,客观来讲,这些西方特殊教育思想和实践经验的传入,对我国"随班就读"思想的形成有着重要影响。

随班就读思想的形成和实践的发展经历了漫长的过程,至今也还在优化发展的过程中。1983 年,教育部颁布的《关于普及初等教育基本要求的暂行轨道》指出"弱智儿童目前多数在普通小学就学";1986 年,国务院转发《关于实施〈义务教育法〉若干问题意见的通知》,提出"应该把那些虽有残疾,但不妨碍正常学习的儿童吸收到普通中小学上学"①;1987年,国家教委在《关于印发〈全国制弱智学校(班)教学计划〉的通知》中首次出现了"随班就读"的概念并肯定了其实践价值,即"在普及初等教育的过程中,大多数轻度弱智儿童已经进入当地小学随班就读……对这种形式应当继续予以扶持,并帮助教师改进教学方法,加强个别指导,使随班就读的弱智儿童能够学有所得"②。

有了政策上的支持,国家教委便开始推动随班就读的实验。1989年,在北京、河北、黑龙江、山西、山东等诸多省市分别进行各类残疾儿童的随班就读实验。1994年,国家教委在江苏盐城召开全国残疾儿童随班就读工作会议,总结了随班就读实验开展的经验,并于7月印发《关于开展残疾儿童少年随班就读工作的试行办法》,同年7月颁布的《残疾人教育条例》更是将随班就读作为残疾儿童少年接受义务教育最有效的途径之一,至此,随班就读在法律法规层面得到了进一步的强化和保护。

可以说自20世纪80年代中期以来兴起的随班就读教育思想,为我国残疾儿童少年受教育的落实,发挥了重要作用,主要表现在:第一,使学龄残疾儿童有了更多的入学机会,残疾儿童接受义务教育的入学率有了大幅度的提高,这个成绩是举世瞩目的;第二,随班就读工作要求教师在教育工作中面向全体、照顾差异,改变一刀切的教学模式,要求加强同学间的互助和合作等,这些理念与措施推动了教师教育观念和我国特殊教育实践模式的变革;第三,随班就读的广泛开展,改变了特殊教育的封闭状态,也使更多人了解了残疾儿童,理解特殊教育,促进社会的文明和进步。③

思考探究

> 学习完本章内容之后,相信你已经了解了中外特殊教育发展的历史进程,对世界特殊教育从无意识到有意识、从非制度化到制度化、从隔离到融合的大致发展脉络有了一个整体认知。请你结合世界融合教育的发展历程,概括总结可供当下融合教育发展的有益经验。

教学短论

中国古代积累了丰富的残疾人救济思想与经验,也开始出现了零散的特殊教育的思考与探索,这些内容自先秦起就零星记载于相关的史料文献中,而我国古代教育家如孔子、朱熹等的思想中也蕴含着有利于残疾人及其教育发展的观念因素。这些珍贵的实践经验与思想资源为近代特殊教育的产生准备了适宜的土壤。

进入近代,随着国门的打开,西学归来的知识分子带回了西方特殊教育实践探索的

---

① 何东昌.中华人民共和国重要教育文献(1976—1990)[M].海口:海南出版社,1998:2499.
② 何东昌.中华人民共和国重要教育文献(1976—1990)[M].海口:海南出版社,1998:2694.
③ 方俊明.我国特殊教育研究的回顾与展望[J].中国特殊教育,2000(1):2.

经验,西方传教士也开始在我国创办特殊教育机构,在此影响下,中国自己的特殊教育机构也开始创立和发展。著名爱国实业家张謇,创办了第一所国人自主创办的聋哑学校,傅兰雅、傅步兰父子的特殊教育实践也产生了巨大影响。尽管这一时期我国特殊教育的雏形还相当稚弱,但意义不可小觑。

民国时期是我国现代特殊教育本土化的关键时期,在政府、民间组织和有志之士的共同努力之下,实现了我国现代特殊教育事业的突破,如特殊教育法的日益成型,特殊教育机构的规模化发展,以及以陈鹤琴为代表的本土特殊教育理论也开始逐步完善。

中华人民共和国成立以后,随着党和政府对特殊教育发展重视程度的日益提高,经过七十余年的实践,特殊教育的发展方针、学制、管理、课程与教学等制度建设逐渐完备,特殊教育已经成为我国教育体系的重要组成部分,进入20世纪80年代以后,适合中国国情的、有中国特色的融合教育模式——随班就读实践的开展、思想的形成,为特殊教育在未来的进一步发展打下了基础、提供了经验。

案例学习

张謇筹设盲哑师范传习所之要旨(1912年)[1]

知师范学校之重要而建设者,殆及于中国行省十之五六矣,则非残废之儿童,不患教师之无人。唯盲哑之儿童,贫则乞食,富则逸居;除英美德教士于中国所设之二三盲哑学校外,求之中国,绝无其所。考西国人丁册之调查,每千人中有盲哑二人;以此衡之,中国四万万人中,不将有八十万之盲哑耶? 盲哑累累,教育无人,将欲延聘西师乎? 资重而不可以时得,权且不操自我。欲求校中之可为师,恐亦难应我盲哑学校之分配。且各省语言不同,教授尤多阻碍。而盲哑教师与不盲哑教师,又有不同者,盖盲哑教师,苟无慈爱心与忍耐心者,皆不可任。固不纯恃学业之优,为已足尽教育之责也。计有师范传习以供合格之选,更以实地练习,以试其慈爱忍耐心之有无与厚薄,甄陶焉,推勘焉,或不至误我至可悯之盲哑,而儿童教育可期其发展乎? 此盲哑学校未办之先,所以必设师范传习之要旨也。

思考:
1. 结合上述材料,简要总结当时中国亟须建立盲哑学校的原因。
2. 结合张謇所言和你的思考,谈谈盲哑学校教师的必备素养有哪些。

---

[1] 张謇.张謇全集(第四卷)[M].南京:江苏古籍出版社,1994:106.

资源拓展

中国特殊教育大事记

- 夏商西周时期，我国已对残疾现象有了很大认识并对个别残疾的称谓加以区分，如"疾目"（盲）、"疾耳"（聋）、"疾言"（语言障碍、失语症）。
- 商代出现的"瞽宗"是盲人教育的场所，西周时期成为专门的教育机构之一，也可能是"世界上设立最早的特殊教育机构"。
- 西周时期，残疾人已被纳入政府管理体制中，由地官司徒负责其事务，对残疾人实行"宽疾"政策。
- 春秋战国时期，部分统治者推行"惠民"政策，有助于残疾人的生存。
- 汉朝皇帝开始实施向残疾人赐谷的政策并逐步成为定制。
- 我国古代非常重视神童教育，始于汉代的童子郎，盛于唐宋时期的童子科，终于清代的童试，是我国古代对神童考选的重要制度形式。
- 公元5世纪末6世纪初，南朝齐文惠太子、竟陵王萧子良创设专门收容鳏寡孤独及癃残等病患的"六疾馆"。
- 隋唐时期，储粮救荒的仓廪制度得到发展，并创建"悲田养病坊"，对残疾人产生了积极影响。
- 宋代创建福田院、居养院，收养残疾人、鳏寡孤独、乞丐等。
- 元朝在各地建立济众院、养济院，赈济鳏寡孤独废疾者，设立惠民局，为贫病者提供医疗救济。
- 明朝建立养济院和惠民局，救济残疾人。
- 清代创办普济堂作为养济院的补充，救济鳏寡孤独贫病者。
- 1859年，太平天国领袖洪仁玕在《资政新篇》中，第一次提出把特殊教育作为国家的治国纲领。
- 1835年，普鲁士传教士郭士立夫妇来到澳门，成立澳门女塾，这是近代中国最早对盲人进行教育的机构。
- 1874年，威廉·穆瑞在北京创办中国第一所盲校，即"瞽叟通文馆"，并最早引介了"布莱尔盲文体系"，于1879年前后成功设计出中国第一套盲字——康熙盲文。
- 1887年，梅理士夫妇创办了中国近代历史上第一所专门教育和训练聋哑儿童的学校——登州启喑学馆。
- 1908年3月，德国传教士顾蒙恩在长沙创办长沙瞽女院，是湖南最早的特殊教育机构。
- 1912年9月，民国政府公布《小学校令》，其中部分条款提及特殊教育事宜，初步规划了与初等和高等小学平行的"盲哑类"特殊学校的体制和举办主体。

- 1914年，民国政府教育部出台《教育部官制》，明确了教育最高行政主管机关对特殊教育应当承担管理之责。
- 1916年，民国政府教育部公布《国民学校令施行细则》，有若干项涉及特殊教育办学事宜，对盲哑学校的校长、教员的要求等做了比较具体的规定。
- 1916年，张謇建立狼山盲哑学校，这是中国人自办的第一所盲哑学校。
- 1919年，杜文昌创办北京私立聋哑学校，这是北京第一所由国人创办的聋哑学校。
- 1922年，民国政府通过了《学校系统改革案》（即《壬戌学制》），宏观上把特殊教育纳入了学制体系。
- 1925年上海五卅运动掀起，盲哑学校师生素食节费，援助沪工，积极投入声援五卅的爱国斗争中去，这是我国教育史记载盲哑学校学生参加政治活动的最早记录。
- 1927年10月，随京盲哑学校在南京大佛地（今长乐路）创办，分盲哑两科。1929年4月正式更名为南京市公立盲哑学校，这是我国历史上第一所公立盲哑学校，也是第一所公立特殊教育机构，标志着中国现代特殊教育的发展出现重大转折。
- 民国教育部于1935年、1937年分别公布了《实施义务教育暂行办法大纲施行细则》《学龄儿童强迫入学暂行办法》，其中都涉及有关残疾儿童义务教育的问题。
- 1942年，盲生王湘元在菲律宾荣获哲学博士学位，是现代高等教育史上获得博士学位的第一个中国盲人。
- 1951年10月，政务院颁布《关于改革学制的决定》，提出"各级人民政府应设立聋哑、盲目等特种学校，对生理上有缺陷的儿童、青年和成人，施以教育"，初步奠定了中华人民共和国特殊教育政策的基础。
- 1953年7月27日，教育部发出《关于盲哑学校方针、课程、学制、编制等问题给西安市文教局的复函》，这是新中国成立后中央教育主管机关发出的第一份专门面向特殊教育的管理规定。
- 1954年10月教育部印发了《"改编聋哑学校低年级语文教材小型座谈会综合记录"的通知》，标志着我国聋哑教育要从以前的手语法逐步转向口语法。
- 1956年11月，教育部发出了《关于盲童学校、聋哑学校经费问题的通知》，定下了中华人民共和国特殊教育经费的基调。
- 1957年4月，教育部发布《关于办好盲童学校、聋哑学校的几点指示》，是建国初期首次对视障和听障儿童教育政策的比较系统的、正式的整体规划。
- 1982年宪法指出："国家和社会须帮助安排盲、聋、哑和其他有残疾的公民的劳动、生活与教育。"这是我国第一次在国家的根本大法中对残疾人的教育、生活和劳动问题所做出的明确规定。
- 1982年，江苏省教育厅开始筹建我国第一所中等特殊教育师资培训机构——南京特殊教育师范学校，即现今南京特殊教育师范学院。
- 1985年5月公布的《中共中央关于教育体制改革的决定》，将"弱智儿童教育"纳入特殊教育的体系之中。
- 1987年12月，国家教委在《关于印发〈全日制弱智学校（班）教学计划〉的通知》中，首次肯定了"随班就读"。1994年,国家教委颁布《残疾人教育条例》,将随班就读作为残疾儿童少年接受义务教育法的途径之一。
- 1990年12月通过的《中华人民共和国残疾人保障法》,是改革开放以来我国特殊教育实践的集中体现。
- 1992年,青岛盲校与南京聋校分别开办盲人高中和聋人高中,为中国残疾人高中教育之始。
- 1994年8月,国务院办公厅发布了《残疾人教育条例》,这是中国历史上法律层级最高的特殊教育法规文件。
- 1998年12月,教育部发布《特殊教育学校暂行规程》,这是我国历史上第一份有关特殊教育学校的专门法规。
- 2009年5月,国务院办公厅转发教育部等部门《关于进一步加快特殊教育事业发展意见》,这是我国在21世纪出台的此类性质的第一份文件。
- 2010年3月,国务院办公厅转发中国残联等部门和单位《关于加快推进残疾人社会保障体系和服务体系建设指导意见的通知》。
- 2011年1月,国务院颁布《中华人民共和国残疾人教育条例》。
- 2011年5月,国务院发布《关于批转中国残疾人事业"十二五"发展纲要的通知》。
- 2012年7月,住建部、国家发改委颁布《特殊教育学校建设标准》。
- 2012年9月,教育部、中央编办等发布《关于加强特殊教育教师队伍建设的意见》。
- 2015年8月,教育部颁布《关于印发〈特殊教育教师专业标准(试行)〉的通知》。
- 2016年1月,教育部办公厅发布《关于印发〈普通学校特殊教育资源教室建设指南〉的通知》。
- 2017年1月,全国人民代表大会通过《残疾人教育条例》。
- 2017年7月,教育部等七部门颁布《第二期特殊教育提升计划(2017—2020年)》。
- 2018年10月,全国人民代表大会通过《中华人民共和国残疾人保障法》。
- 2020年6月,教育部颁布《关于加强残疾儿童少年义务教育阶段随班就读工作的指导意见》。

第四章
融合教育的理论渊源

学海导航

任何思想或观点均不是无源之水、无本之木,探寻融合教育的理论基础不仅有助于我们更好地理解融合教育的观念,更能为教育工作者的教育实践提供参考借鉴。本章主要介绍融合教育的理论渊源,不仅包括支持融合教育观点的相关理论,也包括融合教育在具体实践过程中可能会涉及的相关学科知识。在学习本章节时,我们可以从哲学、心理学和教育学的角度反思融合教育为何会产生,融合教育的提出是建立在什么基础之上,以及为何这一理念会在全世界范围内引起特殊教育制度与实践的变革。从哲学的角度看,人是知情意的统一体,其价值尊严不容侵犯,教育应以促进人的全面发展为目标。从心理学的角度看,人具有多种智力潜能,通过神经科学的干预手段,可以在一定程度上调节个体的神经联结。从教育学的角度看,教育应面向一切人,要关注人类文化,促进人的个性全面和谐发展。

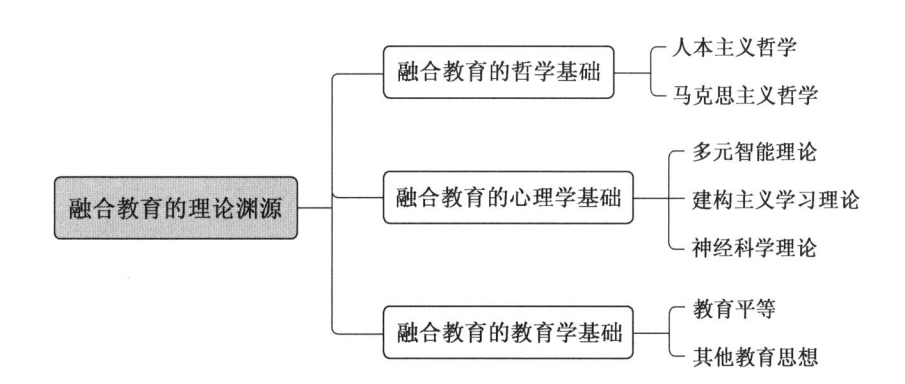

知识导图

融合教育的理论渊源
- 融合教育的哲学基础
  - 人本主义哲学
  - 马克思主义哲学
- 融合教育的心理学基础
  - 多元智能理论
  - 建构主义学习理论
  - 神经科学理论
- 融合教育的教育学基础
  - 教育平等
  - 其他教育思想

第一节　融合教育的哲学基础

学习目标

1. 理解以人为本的内涵和价值。
2. 认识到教育是以促进人的全面发展为目标的。
3. 领会以人为本、全面发展论在融合教育中的哲学基础地位。

知识导入

某教师在教学过程中遇到了这样一种情况：在一次上完"安全用电"课后，有一位学生对测电笔产生了浓厚的兴趣，问了一个探究性问题——如果穿着绝缘靴与地面绝缘后能否使用测电笔来辨别火线？而教师不经意的一句鼓励却在班级里引起了轩然大波，由于学生的家长是大学工科老师，就带她来到了实验室，穿上绝缘靴做了实验，结果发现穿上绝缘靴用测电笔接触火线，氖管是发光的，虽然因为时间问题，这个研究最后不了了之，但教师意识到这是个很好的研究案例，可以引发学生的思维碰撞，于是将这个现象拍成录像放给全班同学看，让全班同学一起来利用课后时间来探究。

一石激起千层浪，全班同学对家庭电路的学习热情空前高涨，有在网上发帖子的，也有去图书馆查询资料的，不懂的就问老师，但随着问题的深入，这位教师发现学生在某些方面的研究能力是超乎想象的，有些问题超出了其知识范畴，但面对这种情况，他没有摆架子，而是直接告诉学生自己也不知道，然后和学生一起查资料。由于老师的加入，学生的兴趣变得愈发浓烈，设计了很多实验，查询了大量书籍，最终搞清楚了测电笔的工作原理。于是，这位教师对这件事进行了反省思考，并且设计了分组实验——让学生自己组装三线插座和插头，没想到大多数学生不能完成组装试验，甚至有的学生连最基本的组装常识都不清楚。由此，他意识到教材中的许多知识内容都是学生动手进行实际操作的好材料，如果能鼓励学生把书本知识与通过实验渠道获得的知识结合起来，既能使学生获得知识，又能增强他们的动手能力。

之后，这位教师在课堂中加强了对学生动手能力的训练，努力把课内活动延伸到课外，组织能够激发学生求知欲望的游戏、小实验等各种各样的课外活动，为学生创造动手的契机，在活动中充分地激发学生的主观能动性[1]。

---

[1] 陈恒.尝试"以学生为主体"的两个案例分析[J].文理导航(中旬),2015(11):26.

一、人本主义哲学

融合教育的人本主义哲学其实是让所有的特殊需要儿童享有平等的受教育机会,使得每一个人都能得到充分发展,强调真正的公平、平等。

(一)"以人为本"的价值追求

1948年的《世界人权宣言》指出,受教育权是一项基本人权,每个个体都有接受教育的基本权利。但在现实情境中,特殊需要儿童往往在受教育方面受到不公正的待遇,普通学校会以生理缺陷为由拒绝特殊需要儿童入学。随着20世纪50年代民权运动的兴起,特殊教育领域的问题逐渐步入人们的视野。在20世纪80年代,融合教育理念由Stainback. W 和 Stainback. S 等学者正式提出。在《萨拉曼卡宣言》和《特殊需要教育行动纲领》等联合国文件中,融合教育的理念得以明确:"学校应该接纳所有的学生,不应因身体、智力、社会、情感、语言及其他状况而排除。"这一理念充分体现了对教育理念和人权进步的追求。可以说,融合教育反映的是对平等人权的推进,是对传统特殊教育中对特殊需要儿童进行隔离教育的批判和摒弃。融合教育不仅是让特殊需要儿童在普通的、正常的教育环境中接受教育,更加强调特殊需要儿童是任何教育环境中的真正一员。这与人本主义哲学中,强调人的平等权利、尊重人的价值尊严的核心思想是一致的。

融合教育理念的提出使得教育领域发生了相应的转变,特殊教育领域的问题开始转到普通教育领域,并从关注部分学生到关注所有学生,从关注个体到关注群体,从关注知识到关注合作。著名教育家杜威曾多次强调普及教育对民主的重要性,将其称之为使人人都有平等受教育的机会,是使每个人的潜在的能力得到发展的基础。他还要求:"学校设施必须大量扩充,并提高效率,以便不只在名义上,而是在事实上减轻经济不平等的影响,使全国青少年,为他们将来的事业受到同等的教育[①]。"融合教育的核心观点是"加强学生的参与,减少学生被排斥"。其关注点是所有儿童,立足点也在于所有儿童,其推行与追求的正是教育民主的思想。作为一种重要的教育发展指向,融合教育将特殊教育融入普通教育领域,并在教育体制、课程、教学方法等方面引起深刻的变革。

融合教育还鼓励共同参与、协同合作。约翰逊曾提出:"实际上,教师的一切课堂行为,都是发生在学生同伴群体关系的环境之中的。在课堂上,学生之间的关系比任何其他因素对学生学习的成绩、社会化和发展的影响都更强有力。但课堂上同伴相互作用的重要性往往被忽视。学生之间的关系是儿童健康的认知发展和社会化所必备的条件。事实上,与同伴的社会相互作用是儿童身心发展和社会化赖以实现的基本关系[②]。"融合教育鼓励"合作学习、共同生活",这种合作学习并非是形式上的而是实质性的,即要求学生间建立起相互依存的关系,每个学生不仅要自己达到课程要求,还

---

① 朱国仁. 杜威民主主义教育思想探究[J]. 沈阳师范学院学报(社会科学版),2000,24(3):6.
② 王坦. 论合作学习的基本理念[J]. 教育研究,2002,32(2):5.

要努力帮助其他同学达到课程要求,评判的标准是以群体为单位的。这种合作精神和民主互动非常适用于融合教育环境中的特殊需要儿童,他们可以通过这种模式感受到同学间的互助互爱,逐渐提高自尊水平,提高社交能力,还能更好地适应外部社会环境。

融合教育中师生关系表现为教师为主导,学生为主体。在普通教育环境中,教师通常是权威的形象,师生关系中教师占据绝对的主导地位。而在融合教育中,教师和学生之间的关系发生了变化,从原本教师单向输出的权威关系转变为双向交流的伙伴关系。教师需要根据学生的具体情况设置课程的学习目标,进行课程情境的创造,制定小组学习目标,在学习过程中,教师逐渐发挥辅助的作用,而学生则可以在民主、合作、互助的环境中进行合作的、自主的学习,逐渐提高自己的学习动力和学习效果。

(二)"兼容并包"的教学价值观

在20世纪70年代中期到80年代末,融合教育的研究者对人本主义教育进行调查,在总结学习的教学价值观基础上确立了融合教育的基本教学原则,为融合教育的理论阐释提供了依据。这16种教学价值观分别是:注重过程、自我决定、联系、关联、整合、背景、有创造性、情感倾向、民主参与、个人成长、注重人、个人主义、现实性、评价、多样性和创造性、超个人的[1]。其中,注重过程指的是在教育过程中探讨"怎么样"比了解"是什么"和"为什么"更重要,强调活动的过程和体验。自我决定是指学生的自主性、自我导向和自我评价。联系是指学生之间、师生之间、人与人之间相互的关心和理解,鼓励多元化和良好关系的建立。关联强调学生的个人意义、学生对学习的准备、教学与学生事前的准备有关等。整合主张认知与情感、学习与生活的整合,强调包括学习者的价值观、情感、态度、身心发展和精神在内的教育。背景是指在学习过程中,学生对环境、文化、历史、政治、经济等方面的察觉。有创造性鼓励学生不迷信权威,勇于创新。情感倾向是指在学习中运用情感和具体经验,在教学中将情绪情感以及表达作为学习经验的核心部分。民主参与强调学生之间、师生之间、教师之间、教育机构之间的公平、合作。个人成长强调自我觉知在学习过程中的重要性,学习的方法和结果需要自我觉知。注重人是指相信人可以自我实现,可以自己教育自己,认为人具有努力、负责任、先天善良、相互关心等特征。个人主义认为个体是教育最终关注的对象,学习者需要具有表达的自由、本真的自我性,并且学习者是独特的、自我决定的、自我觉知的、在集体中有价值的。现实性强调具体与实用,要立足于当前的教学情境来指导现实性。评价强调对发展过程的评价重于对结论的评价。多样性和创造性鼓励学习过程中的自发性、灵活性与情感探索。超个人的是指完整的人的发展的环境包括学校及其他社会环境,既有精神的、知觉的、感受的方式,又有认知的、理性的、逻辑的方式。这些教学价值观的确立表明融合教育体现着以人为本的思想,强调关注、尊重、理解每一个学生,力求发掘每个学生的优势与潜能,帮助学生获得自我实现。

---

[1] 杨韶刚. 融合教育——人本主义教育范式探究[J]. 江苏高教,2000(4):54.

(三)"人格统一"的目标导向

苏雪云曾从"统一人格"这一角度阐述特殊教育理念的发展趋势[①]。人的本质是理性与非理性的统一,是共性和个性的统一。理想的人格是知情意的全面发展,是真善美的统一。对于特殊需要儿童来说,他们也是知情意的统一体。他们作为主体性的人,其人格也反映着知情意的统一。

第一,知,通常被理解为认知能力。与普通儿童相比,特殊需要儿童的认知能力有其特殊性,如果进行类型的划分,他们在感知觉能力、记忆能力、思维能力、语言能力等方面可能会存在障碍。为了弥补特殊需要儿童的缺陷,在教育场景或者教学情境中,教师会通过知识的传授或技能的训练尽可能弥补他们在这方面的不足。

第二,情,通常被理解为情绪或情感。特殊需要儿童通常由于其生理基础和外在表现的不同,其情绪、情感也被认为是特殊的。但如果仅仅从生理学层面去理解特殊需要儿童的情绪、情感显然是不足的,同时也是以一种极其简单的方式去理解和认识特殊需要儿童的情绪情感。从社会学和伦理学层面去理解特殊需要儿童的情绪情感是至关重要的,一方面,理解特殊需要儿童的情绪情感有助于他们的人际互动、社会交往;另一方面,特殊需要儿童的情绪情感及其表达方式必须受到尊重,这是他们作为社会成员和独立个体应享有的权利。

第三,意,可以视为自我意识。由于身心发展水平及受他人评价的影响,特殊需要儿童的自我意识也带上了特殊性的色彩。例如智力障碍儿童,他们的自我意识通常得不到肯定,即便是听力障碍儿童、视力障碍儿童,他们的自我意识也被评价为消极的,好似他们没有自我决定的能力,不能自主选择自己的生活。但实际上,自我意识是特殊需要儿童的权利。所以说,每一个个体身上的知情意都是统一的,即使是特殊需要儿童也不例外,知情意的每一个方面在他们身上是缺一不可的。这种评判标准是基于人道主义的,是从完整个体的视角看待特殊需要儿童的。

思考探究

"是人就要接受教育"的理念,要求每个孩子(包括残疾儿童)都能100%接受义务教育,满足人们对不同教育的需求。

请思考以下问题:第一,对于这种教育理念,你是怎么想的?第二,请谈一谈教师如何在教学实践中贯彻以人为本的教育理念。

二、马克思主义哲学

马克思全人教育观与融合教育旨在促进特殊需要儿童全面发展的观点不谋而合,

---

① 苏雪云.特殊青少年"统一人格"教育观[J].当代青年研究,2006(11):36-38.

人需要实现能力与个性的充分自由的发展。

(一) 马克思主义人的全面发展观

融合教育理念相比之前的回归主流运动实际上存在着较大的区别。从哲学的角度看,回归主流实际上预设了一个条件,就是特殊需要儿童必须达到某种条件才能回到普通学校中接受教育,如果由于特殊需要儿童自身的原因没有通过或者没有准备好,没有达到预设的标准,将他们安置在特殊教育学校是必然的选择[①]。而融合教育的观念则不同,在融合教育中,所有的学生,没有任何的条件限制,都可以加入普通班级,参与班级活动中,他们都是班级的主人,而不是被安置在普通班级中的临时学生。这一做法实际上是将教育作为人追求完善、追求进步的手段,并在此过程还能尊重每个学生,重视每个学生。马克思曾指出:人的全面发展就是指每个人都能得到平等发展、完整发展、和谐发展和自由发展,全社会成员中的每一个人能够在体力和智力上,获得尽可能全面、充分、自由的发展,充分强调人的全面发展,也充分尊重人的个性的主动性、能动性、创造性。要实现人的自由而全面发展,就要坚决贯彻以人为本的基本原则,也就是在实践中做到一切活动为了人的发展。在融合教育理念下的实践活动充分体现着以人为本的思想,其教育的主体、教育的出发点、教育的归宿、教育的基础、教育的过程和结果均是为了全体学生的发展。

(二) 马克思全人教育观的当代价值

全人教育观的提出对融合教育的理解也具有促进作用。全人教育观认为,教育就是促进人的多方面和谐发展,体现在特殊教育领域,就是促进特殊需要儿童的全面发展[②]。当然,这里的发展不仅指的是学业表现,更是知情意的有机统一。对于特殊需要儿童而言,除了以上提到的知情意的统一,满足生存、生活和生命三个层面的需要同样也具有显著的意义。从生存层面来看,特殊需要儿童需要客观、真实地认识自我的现状,比如存在的缺陷与障碍。只有了解自己作为一个生物属性层面的人的特点,才能习得独立生存的能力。从生活层面看,特殊需要儿童不可能生活在真空当中,需要和社会中的不同群体接触与互动。因此,他们不仅需要了解自己的生理性特征,还需要了解如何与他人进行沟通,如何与他人建立良好的关系,如何获得他人的支持。也就是让特殊需要儿童了解作为社会性的人来说,应该掌握哪些基础性的社交技能,如何理解别人眼中的自己。从生命层面看,特殊需要儿童同时具有伦理属性,即他们具有自我意识,具有价值尊严,具有自我追求,这是人区别于其他生物的本质[③]。人们习惯于将特殊需要儿童视为弱势群体,时常忽视他们也有自己的价值尊严,这又恰恰是作为人最根本的属性。

---

① Schorr, R. Peter, he comes and goes[J]. Journal of the Association for Persons with Severe Handicaps, 1990: 215-222.
② 乔梁,张文京. 特殊教育的全人教育观[J]. 中国特殊教育,2001(4):5.
③ 冯契. 认识世界和认识自我[M]. 上海:华东师范大学出版社,1996:16.

思考探究

关于实现人的全面发展,请思考以下问题:第一,人应该如何弥补自己的弱势?第二,人应该如何增强自己的优势?

教学短论

本节主要介绍了融合教育的哲学基础,从人的价值尊严等角度入手,强调以人为本的基本原则。融合教育提倡人与人之间的平等,不论是普通儿童还是特殊需要儿童均有在普通的、正常的教育环境中接受教育的权利。特殊需要儿童不是"边缘人",而是教育环境中的重要参与者,是真正的一员。所有的个体均是知情意的统一体,知情意的每一个方面对于特殊需要儿童来说也是不可或缺的。因此,需要以统一的、完整的视角看待特殊需要儿童,这种价值观与人道主义也是相符的。此外,马克思全人教育观与融合教育旨在促进特殊需要儿童全面发展的观点不谋而合,从生存、生活和生命三个层面阐述了全面发展对于特殊需要儿童发展具有重要的意义。教育以人的全面发展为目标充分体现着以人为本的原则,具体来说就是将教育视为人追求完善、追求进步的手段,并在此过程中还能尊重每个学生,重视每个学生。这里的每个学生当然也包括特殊需要儿童。这些理论均与融合教育的核心思想相一致,为融合教育理论的提出奠定了很好的基础,并且可以用以指导融合教育实践。

第二节 融合教育的心理学基础

学习目标

1. 理解并掌握多元智能理论的内容。
2. 理解并掌握建构学习理论的内容。
3. 理解并掌握神经科学理论的内容。

知识导入

多元智能学生自测项目[①]

言语智能:词汇强项	你是否很喜欢说话?
	你是否能够清晰地说明事情?
	你是否擅长用文字表达自己的想法?
逻辑—数学智能:数学强项	你是否喜欢做数学题?
	你是否喜欢下象棋、跳棋?
	你是否能轻松地算数学题?
空间智能:图画强项	你是否擅长画画?
	你是否闭上眼睛时,还能看到脑中的景象?
	你是否能够轻松地拆分和组装物体?
肢体—动觉智能:运动强项	你是否擅长运动?
	你是否喜欢动手操作,比如模型或乐高玩具建筑?
	你是否喜欢扮演各种事物,表演小品?
音乐智能:音乐强项	你是否经常唱歌?
	你是否能够轻松地记住乐曲?
	你是否能够演奏一种乐器?
人际智能:人际强项	你是否愿意帮助他人?
	你是否很容易交朋友?
	你是否愿意跟其他人一起学习?
内省智能:自我强项	你是否能清楚地认识自己的优势和不足?
	你是否喜欢独自做事情?
自然观察者智能:自然强项	你是否喜欢到大自然中探索?
	你是否喜欢宠物,或者喜欢和动物在一起?

一、多元智能理论

1983年,美国哈佛大学教育研究院的发展心理学家霍华德·加德纳在《智能的结构:多元智能理论》中提出"多元智能"的概念。加德纳认为,智能是"人类在解决难题与

[①] Thomas Armstrong. 课堂中的多元智能理论[M]. 张咏梅,王振强,等译. 北京:中国轻工业出版社,2003:51-53.

创造产品过程中所表现出来的,又为一种或数种文化环境所珍视的那种能力"[1]。或者是"解决问题或制造产品的能力,这些能力对于特定的文化和社会环境是很有价值的[2]"。

(一) 多元智能理论的基本内容

根据上述定义,加德纳提出了七种智能,包括:语言智能、逻辑—数学智能、音乐智能、空间智能、身体—运动智能、人际关系智能、自我认识智能,后又补充了第八种智能——自然智能。加德纳提出的智能与传统智能是相区别的,不是用纸笔测验能够测量出来的逻辑能力、数学能力或语言能力,而是表现在各自社会与文化生活各方面的能力。并且这些能力不是天资聪颖的个体独有的,而是在每个人身上均有不同程度的体现和组合。例如,有的孩子擅长乐器演奏,有的孩子擅长演讲,有的孩子擅长与人沟通,具有领导才能等。加德纳还提出多元智能是与特定的文化背景相结合的,在不同的文化情境中,人们对于智能的理解、关于智能的表现形式均是不同的。

(二) 多元智能理论的崭新视角

加德纳认为传统智力理论存在一定的局限性,把智力定义为由数理逻辑能力以及语言能力构成的综合能力并不能全面客观地反映人真正的能力,并且智力测验的频繁使用容易给人分类贴上标签。加德纳明确提出,智能属于原始的生物潜能,是每一个个体生命都拥有的心理潜能。个体之间并不存在质的差别,之所以每个人表现出不同的能力,其根本原因在于多种智能的组合和表现方式存在程度上的差异。这一理念的提出能够在很大程度上转变人们对于特殊需要儿童的看法,特殊需要儿童只是与普通儿童在不同的智能领域存在区别,他们也具有自己独特的潜能,不再将他们看作是"智力较低、能力较低"的群体。针对特殊需要儿童,可以通过专门的训练、恰当的教育手段挖掘他们的潜能,使得他们的潜能得以发挥,并获得很好的发展。正如多元智能理论提到的:"评价一个学生应从多元的角度,发现学生的智能所长,通过适当教育强化他的长处,促进各种智能协调发展,达到提高整体素质的目的。"这一理论为我们看待特殊教育和融合教育提供了区别于传统智力理论的新视角,人们得以从更加开放、更加兼容的视角看待特殊需要儿童,从他们身上看到多维度的、发展的可能性。

(三) 多元智能理论的实践应用

在多元智力理论中,人所具有的智能不仅会随着社会的变化而变化,而且可以通过后天的教育进行培养。在教育的过程中特别需要重视个体的差异,关注个体智能的多元化,进行因材施教。对于特殊需要儿童,教师需要给予充分的理解和支持,在教学活动中采用多元的方式去调动学生的参与积极性,可以让他们自己去发现、探索、想象。而且进行教学评价时也需发挥以学生为本、以发展为本的教学理念,坚决不能采用僵化的、统一的要求去评价所有的学生。这实际上是一种个性化的教学方式。最理想的教

---

[1] 霍华德·加德纳.多元智能[M].沈致隆,译.北京:新华出版社,1999:2.
[2] 霍华德·加德纳.多元智能[M].沈致隆,译.北京:新华出版社,1999:16.

育情境是根据学生的多样性智能特征创设多样化的教学策略、方法和手段,抓住学生的兴趣点,进行富有个性化的指导,保证每个学生在自己专长的领域收获自信、获得成功。

思考探究

> 请你谈谈以下问题:第一,你认为是否可以用纸笔测验去评价个体的智能水平,还有其他方法吗?第二,你认为应该如何看待智能测试的结果?

二、建构主义学习理论

现代建构主义是在行为主义心理学和认知主义心理学的基础上发展起来的,关注个体在知识获取过程中的主动性与创造性。无论是智力落后、视障或是自闭症儿童,他们都有自己独特的知识经验和认知方式,拥有和其他学生一样的学习基础,只要根据自己的知识经验进行知识的构建,均是有意义的,也能够达到学习目的。

(一) 现代建构主义的典型代表

皮亚杰和维果茨基被认为是建构主义的典型代表。皮亚杰的认知发展理论对世界各国儿童认知发展的研究产生了深远的影响。认知发展理论认为,儿童是学习的主体,儿童知识的获得是儿童与环境中的人和事物相互作用的结果,是儿童积极参与活动,不断建构认知结构的过程。儿童有关世界的知识是通过活动和与物体、同伴、成人的相互作用不断建构的[1]。在此过程中,儿童的认知结构就是借助于"同化"和"顺应"的转化与平衡构建起来的。由此可见,皮亚杰的建构主义属于个体的知识构建,每个人拥有不同的认知图式或原有经验,对同一事物可能会建构出不同的认知结果。其理论局限性主要体现在将学习视为一种"自我构建",对学习的社会层面未给予足够的重视。维果茨基则关注到社会层面对于学习的意义,其文化历史发展理论强调了认知过程中社会文化历史背景对学习者的重要作用。

(二) 建构主义学习理论的基本观点

建构主义学习理论认为,个体是通过自己的经验建构知识的。学习者可能拥有不同的学习基础、学习经验,因此,他们是在自身条件或经验基础之上开展学习的,此时就不能假设学习者通过同样的方式习得同样的知识,因为每个人可能会存在水平、角度或者类型上的差异。在建构主义学者看来,学习者从自身角度,按自己的理解方式对某一客体或者事物产生认识也是一种意义构建。在这一过程中,学习者并不是被动地接受知识,而是通过和其所接触的外部环境相互作用获得认知[2]。从这个意义上来说,学习实质上是一种社会活动。学习不单是个体的内部认知过程,同他人(同伴、教师、家人)

---

[1] 姚伟. 美国以皮亚杰认知发展理论为基础的早期教育方案[J]. 学前教育研究,1996(5):60-62.
[2] 杨维东,贾楠. 建构主义学习理论述评[J]. 理论导刊,2011(5):4.

的互动、交流、对话也是学习体系当中不可或缺的一部分。此外,学习不是独立于外部环境的,而是在一定的情境中产生的。

(三) 建构主义学习理论的实践应用

建构主义学习理论与融合教育思想中"残疾更多的是一种社会建构,而不是生理缺陷"这一观点高度契合。融合教育认为,促使残疾人成为社会弱势群体的主要原因不是身体残疾或生理缺陷,而是政治、经济、文化等外部因素的阻碍,这些阻碍使得残疾人在社会生活中处处受到限制,其权利、能力和潜能很难得以发挥[①]。因此,基于建构主义学习理论的观点,教学应该提前营造好教学环境,特别是对于特殊需要儿童来说,要为他们在实践中建构知识提供丰富且全面的信息材料,让他们能够以自己的方式加工处理,建构对于知识、事物以及对世界的理解。另外,建构主义强调的模拟真实世界的情境则有助于特殊需要儿童解决现实的问题,在社会性的环境中与他人进行交流活动,这种学习模式不仅兼顾了学校和课堂中知识的学习,同时也将生活中的学习纳入其中,大大提高了学习的生态效度。此外,建构主义学习理论提倡的以学生为中心的教学也可为融合教育的实践提供参考价值。建构主义认为,在学习的过程中,学生不是被动的接受者或者被灌输的对象,他们拥有自己的认知图式,能够从内部控制自己的学习过程。因此在制定学习目标、学习进度时,需要根据特殊需要儿童的现实情况与他们协商决定。教师此时的角色是帮助特殊需要儿童进行知识建构的组织者和促进者,在整个教育系统中扮演的是中介的角色。

思考探究

> 果戈理每天坚持写作。当有人问他是不是每天都写作时,果戈理肯定地回答说:"必须每天写!""如果有一天没写呢?"果戈理回答:"如果有一天没写?没关系!拿起笔来写'今天不知因为什么我没写'。把这句话一遍又一遍地写下去,写不了多久,你就会想写点什么了。"
>
> 请谈谈你对以下问题的看法:第一,果戈理是如何不断提高写作水平的?第二,为什么学习和创作需要个体不断积累?这体现了什么教育理论?

三、神经科学理论

当代神经科学是特殊教育的重要理论基础,神经科学能够为特殊需要儿童的问题提供诊断,也能帮助特殊需要儿童改善与提高学习的效果。

(一) 当代神经科学的诊断功能

现有研究发现,学习方面存在的障碍或困难与神经系统疾病是分不开的。神经系

---

① 邓猛.融合教育理论指南[M].北京:北京大学出版社,2022:102.

统疾病会对个体,特别是儿童的认知发展产生深远的影响,进而阻碍儿童学习活动的顺利开展。通常来说,特殊需要儿童可能在学习中出现多个障碍,他们的学习需求会变得异常困难,且采用一般的方法是极难诊断的,此时神经科学恰好可以在特殊教育中发挥其优势。作为一种探索神经细胞、神经网络和大脑机制的科学,神经科学有助于了解学习过程中神经系统的运行机制,并且能够帮助定位与明确哪些部分的损伤或发育不全,以及会产生什么问题。常见的神经系统疾病通常是由大脑、脊髓或者神经系统的不典型发育造成的。特殊需要儿童大都伴有神经系统方面的疾病,借助于神经科学,教育工作者可以较快地掌握特殊需要儿童具体的神经系统问题,通过科学的诊断提供更为精确的个性化服务。

(二) 神经科学的实践应用

神经科学可以帮助各类特殊需要儿童提供有针对性的干预手段和学习服务。例如,对于自闭症儿童,神经科学的研究发现,自闭症儿童的主要问题是存在"认知缺陷",主要是在心智推理和心智解读方面存在障碍,即无法进行学习迁移。造成这一现象的可能原因是神经系统中脑细胞之间的联结没有进行适当的修剪。因此,为帮助自闭症儿童更好地开展学习,教师在教学实践中需要将不同形式呈现的内容(包括面部表情、身体姿势、字词含义等)做清晰的解释说明。此外,社交故事也是一种很好的教学策略,通过各种故事和案例的讲授,自闭症儿童可以更好地了解应该如何与他人相处。对于脑瘫儿童,神经科学的研究发现,可能是大脑在发育完成前的脑损伤造成脑瘫儿童在运动、协调和姿势方面的障碍。在学习过程中,大部分的脑瘫儿童均存在听力信息处理、语言理解、视觉信息接收等方面的困难。为帮助脑瘫儿童克服学习方面的各类障碍,除了进行手术、药物治疗、物理治疗等干预措施,还应该结合教育领域的引导式教学方式开展教学。

神经科学的研究成果对于特殊教育发展的影响是深远的。通过神经干预反馈技术,可以对特殊需要儿童的脑神经活动进行调节和改善。神经干预反馈技术已经成功应用于自闭症、多动症等方面的治疗,在教育领域,神经干预反馈技术同样可以发挥其独特的作用。例如,神经干预反馈技术可以帮助特殊需要儿童建立支持系统,通过诊断、干预和学习规划更好地帮助特殊需要儿童适应学习环境。诊断就是借助于神经干预反馈技术确定特殊需要儿童神经活动的特点,以此改善其神经活动的功能的发挥。干预就是事先确定好需要改善或提高的神经活动区域、类型,进行有针对性的干预活动。学习规划就是在诊断和干预的基础上,基于教育神经学的指导原则为特殊需要儿童提供个性化的学习计划。随着神经科学研究的不断深入,其与特殊教育领域的联系也将更加密切,这对于特殊教育的实践具有积极的意义。

思考探究

请你分析以下问题:第一,尝试运用神经科学的观点评析教师的融合教育方法在特殊需要儿童发展中所产生的作用。第二,请你尝试构建神经科学与融合教育在特殊需要儿童发展中的机制联系。

教学短论

本节讨论了融合教育的心理学基础。多元智能理论的提出颠覆了之前传统单一维度的智力理论,此后,逻辑能力、数学能力或语言能力不再是判断个体天资的标准,每个人身上表现出的各方面智能并不存在质的差别,只是组合和表现方式存在程度上的差异。基于这一理论,特殊需要儿童与普通儿童相比,并不是智力程度较低,而是他们具有各自领域的潜能且有待挖掘。建构主义学习理论指出,在学习新知识的过程中,个体是在已有的知识经验的基础上建构自己的知识的。由于自身条件或经验基础存在差异,因而个体的学习目标、学习进度应根据实际情况而确定,对于特殊需要儿童来说更是如此。神经科学理论为特殊需要儿童的学习障碍或神经活动障碍提供了理论解释,在神经干预反馈技术的影响下,特殊需要儿童或许可以通过制定个性化的学习计划改善学习效果。

第三节 融合教育的教育学基础

学习目标

1. 领会教育平等的内涵及其在特殊教育领域的重要意义。
2. 掌握夸美纽斯的泛智教育思想。
3. 掌握斯普朗格的文化教育学思想。
4. 掌握苏霍姆林斯基的个性全面和谐发展教育思想。

知识导入

随着社会的不断发展,特殊儿童的教育问题也逐渐引起人们的重视。了解当前教育现状,却发现存在如资金匮乏、师资力量薄弱等问题。此外,特殊儿童自控力不强,智力较低,动手能力较差,接受能力较弱,而特殊教育的目的就是引导这些儿童学习如何生存并且满足自身的需要,但目前特殊教育的普及和完善还存在一定的局限性,因此,特殊儿童的教育问题十分值得我们的关注。

小美(化名)是今年幼儿园的新生,也是一位轻度自闭儿童。刚来上学的时候,她就和班里的小朋友行为上有很大的差异。她几乎不和班里任何一个小朋友玩,每次在玩游戏的时候她总是自言自语,从不和小朋友进行交流。在进行集体教育活动时,老师喊她回答问题,她也从不和老师进行眼神交流,对于老师指令性的语言,如"小美去坐小椅子""小美帮我拿一下水彩笔"等,她都不会去完成,每天都是沉浸在自己的世界里,不与外界进行沟通交流。在做早操时,她也是随心所欲,一个人跑来跑去。老师见状很是担心,她认为需要关注特殊儿童的教育问题,做出一些行动来改善小美的情况,让她融入大家。于是,老师编了一个善意的谎言,她说小美之所以这样,只是因为病了,而她这个病需要所有小朋友的关心才可以变好,只要小朋友每次想邀请她游戏或者说话时,能够面带微笑地邀请她,时间久了,小美就会变好。这样说了之后,小朋友们都觉得一定要好好爱护她,都纷纷邀请她做游戏。时间长了她每次看到小朋友们微笑着伸出手时,她的态度慢慢也变了。她变得不再害怕和小朋友游戏,甚至在每次午饭后散步的时候,和班里的小女生开心地手牵手散步。面对老师,她也产生了更多的信任感,变得和老师亲近,这位老师真正做到了给予特殊儿童足够的关注,帮助其解决学校生活的问题①。

特殊儿童是一个特别的名词,这意味着他们有些特别,但同样散发着纯真、善良的光芒。对于所有儿童,老师都应该给予公平公正的对待,要尊重儿童的个体差异性。对于特殊儿童,更需要给予足够的耐心、关心和爱心。当前特殊儿童的数量呈现逐年增多的趋势,特殊儿童如何进行正常的生活、学习是他们所面临的重要问题,因此我们需要去关注特殊儿童的教育问题,从根本上帮助特殊儿童真正融入幼儿园、学校的大集体中②。

一、教育平等

正如《世界人权宣言》在序言中指出:"人人生而自由,在尊严和权利上一律平等。他们富有理性和良心,并应以兄弟关系的精神相对待。"随着《世界人权宣言》的正式发布,平等的思想逐渐深入人心,成为各国政府最基本的道德准则和行为规范,鼓励人们为争取平等和人权努力奋斗。

(一) 教育平等的历史流变

尽管在社会发展的过程中,人们在社会、经济地位方面的不平等从未消散,但这也不妨碍社会平等始终是人类的伦理价值追求。最早宣扬平等的是古希腊的斯多葛学

---

① 徐明慧.关于特殊儿童的教育问题[J].家教世界,2021(06):44-45.
② 辛晶晶.特殊儿童融合教育存在的问题及对策新课程研究[J].新课程研究(中旬),2019(S1):77-79.

派,他们提出两个核心观点:第一,"所有人都是上帝的儿子……在自然权利上,他们应享有平等的权利和人类尊严。"第二,"上帝是有理想的,上帝创造的自然和人类也是符合理性的……因此在人类社会中,理性使人们能够认识到自然的道德法治,并将国家和世俗的法律置于符合上帝意志的自然法的原则之下,以便维护人的平等、自由和社会正义。"平等是18世纪后期以及19世纪西方国家在进行社会变革的过程中鼓舞资产阶级和无产阶级的响亮口号,也是在20世纪上半叶鼓舞中国人民进行反帝反封建革命斗争的重要号召[①]。从20世纪以来,有关社会平等的理论和实践均有了长足的进步。社会平等更多地在社会合作、社会和谐、人类幸福等方面寻找理论依据,不再依赖上帝、宗教、自然法、人的自然权利等。

米勒曾经描述了倡导社会平等的社会图景:"在其中人们平等地看待与对待彼此,换句话说,是一个不将人以等级性的分层概念(如阶级)进行划分的无地位差异的社会。"正如沃尔泽描述的那样,在这样的社会当中,"他们握手致敬而不是卑躬屈膝,他们根据共同的兴趣与爱好而不是社会地位来选择朋友……"由此可见,社会平等理论致力于一种关系平等,人与人之间的关系是社会平等的聚焦点。安德森曾具体阐述如何达到这种关系平等,即要确保在支配、尊敬和地位三个方面消除等级差异。首先,支配方面的差异主要是指在面对社会劣势地位的人时,处于社会优势地位的人采取毫不在意或任意支配的态度,导致社会劣势地位的人在权利、自由方面失去保障。其次,尊敬方面的差异主要是指一部分人由于种族、宗教、民族、习惯等方面的特征,不被主流群体的价值观念所认可,在社会中遭遇污名化的现象。他们可能会被侮辱、厌恶和歧视,甚至被隔离。最后,地位方面的差异主要是指相比于处于社会优势地位的人,处于社会劣势地位的人在社会决策制定过程和实施过程中更可能遭遇权利方面的不平等,致使他们的权益得不到保障。

教育平等是社会平等的重要组成,有着悠久的历史渊源。我国古代的教育家孔子早就提出过"有教无类""因材施教"等教育理念,这些理念充分体现了古代的民主教育思想。在西方国家,古希腊雅典的公民教育,柏拉图、亚里士多德的教育思想中也充分体现着教育平等的理念。由此可见,平等的观念源远流长。到近代社会,随着工业的逐渐崛起,资产阶级逐渐壮大,新兴市民阶级有关"平等"的要求被推广到教育领域;并且随着初等义务教育的实施,教育平等的思想逐渐被落到实处。1886年,伟大的思想家马克思就提出:"教育是人类发展的正常条件和每一个公民的真正利益。"1948年,联合国通过的《世界人权宣言》指出:"人人有受教育的权利……教育的目的在于充分发展人的个性并加强对人权和基本自由的尊重。"平等接受教育逐渐被视为一项基本人权,并且,教育也被视为消除不平等的有效工具,世界各国开始将教育作为社会改革的手段。

(二)教育平等的主要内涵

教育平等包括教育权利、教育机会和教育资源等方面,这些因素将直接影响个体的

---

① 王一多. 社会平等:理想与现实[J]. 西南民族大学学报(人文社科版),2009:217-223.

成长发展。教育平等分为两种类型,一类是完全平等,即人性的平等,对应于人的种类平等,是从"类"的角度看待人与人之间的差异,将人与动物之间的差异进行区分,发现人与人之间只存在程度上的差异性。这时的差异大都是由遗传或自然造成的,也是无法改变的事实。卢梭针对这一现象,曾说道:"起因于自然的平等与不平等是不可选择的,不能进行道德评价[①]。"艾德勒也曾论证人性的平等,他谈道:"作为人,我们都是平等的。我们作为个人是平等的,在人性上也是平等的。一个人,在人性和个性上都不可能超过他人或低于他人。我们认为,人所具有的尊严是没有程度差别的。世间人人平等,是指他们作为人在尊严上的平等。"为了做到教育公平公正,就必须实现人与人之间的完全平等。人接受教育是一项自然的权利,属于一项基本的人权,无论其智力、能力、种族、信仰、财富如何,都应能平等地接受基本的学校教育,满足其基本的发展要求。

另一种是比例平等,对应于个体发展程度的差异[②]。人是有差异的,特别是人与人之间发展程度上的差异性。造成这些差异性的因素可能包括社会、家庭、学校等方面。为了给每个人营造公平的起点,社会公正就要尽量去弥合这些差距,特别是通过教育这一后天的重要影响因素去发挥作用。当个体发展存在差异时,需要根据个体的特征去提供适合其发展需要的教育,即个性化的教育。通常来说,如果按照才能的原则进行教育资源的分配,那么获得较多、较好资源的是才能比较高的个体。但是,在现实生活中,教育资源的分配不会如此绝对。对于一些发展欠发达地区,如贫困地区、边远地区等,或是社会弱势群体,比如失业下岗职工、农民工等,如果他们的孩子无法获得与其他同龄人等量等质的教育资源,则意味着这些孩子的发展机会与可能将远远少于同龄孩子,并且这些孩子未来的发展将在很大程度上受到限制。因此,为了保障弱势群体的子女能够获得公平的教育资源,在进行资源分配时,不仅要考虑到权利平等、机会平等、程序公正等方面的形式平等,更要在教育上适度进行倾斜,对社会弱势群体给予适当的补偿,如实行优先扶持、适当降分录取等,以确保他们在竞争中获得相对公平的结果,以便与其他的社会群体能够处于一种相对平等的状态。

(三)教育平等在特殊教育领域的意义

中国《辞海》中提道:"平等是人们在社会上处于同等的思维,在政治、经济、文化等各方面享有同等的权利。"法国的《人权宣言》中也曾有如下表述:"平等就是人人能够享有相同的权利。"平等提倡的"人们获得平等的尊重"包括多个方面,既关注在国家制度层面,也就是正式的社会政治层面强调各个社会群体拥有同等的权利,也重视在日常的交往中,也就是非正式的社会交往中摒除不平等的关系,彼此相互尊重,获得无差别的对待[③]。在安德森、舍弗勒等学者看来,每个个体在道德上均具有平等的价值,都应该得到平等的对待,因此,提倡平等是基于社会正义的要求。

---

① 卢梭.论人类不平等的起源和基础[M].北京:商务印书馆,1962:70.
② 冯建军.教育公正需要什么样的教育平等[J].教育研究,2008(9):34-39.
③ 赵瑞林.论社会平等与正义的关系——基于关系平等主义正义理论的思考[J].哲学动态,2020(6):20-27.

从教育平等的角度看,特殊需要儿童拥有与普通儿童相同的受教育权利,如果因其生理或心理原因遭受到歧视或区别对待是教育不公平的表现。教育平等在特殊教育领域的重要意义是:保障特殊需要儿童拥有平等受教育的权利。让特殊需要儿童在普通的班级中获得满足他们需求的教育,是理想的融合教育状态,也是特殊教育的理想。曾有学者说过:"如果融合做得很棒,那么,每个人都是赢家[①]"。相比于隔离的环境或是在特殊教育学校,特殊需要儿童在普通学校就读有助于促进其社会适应性的发展。他们能够获得更多社会交往的机会,也能接触到更多的同龄普通儿童,通过观察和模仿恰当的社会交往行为,特殊需要儿童能够逐渐掌握社交技能,并减少问题行为出现的可能性。

社会群体需要以平等的眼光和视角看待特殊需要儿童,给予他们同等的尊重和对待,任何区别对待或者开展隔离教育实际上均是在边缘化特殊需要儿童,这有悖于社会平等中人与人相互平等的原则,也是不正义的。就这一点来说,平等原则恰恰契合了融合教育的观念,即不管是什么样的特殊需要儿童,均有权利在普通学校、普通班级中接受教育。并且,普通学校和普通班级也并不排斥特殊需要儿童的加入,并且需要能够提供适合其发展状况的教育服务。从学校或班级层面而言,特殊需要儿童的加入并不意味着几位老师即将接受特殊教学任务,而是学校或班级中的所有教职工、学生共同去承担特殊需要儿童的教育责任。处于普通班级中的特殊需要儿童并不是编外人员,他们与其他普通学生同属于班集体,是班级中的重要一员,并且可以为班集体贡献力量与价值。因此,普通班级中的特殊需要儿童应该获得尊重、受到欢迎。

与此同时,在普通学校或普通班级就读时,如果教师能够考虑到不同学生的教育需求,采用具有针对性的教学方法和教学策略,不仅能够满足特殊需要儿童的教育需要,也能改善特殊需要儿童的学业表现,这与比例平等的思想是一致的。如果一直囿于特殊教育学校或相对隔离的环境,特殊需要儿童可能在未来很难适应社会,也很难与他人相处、合作。接受融合教育之后,特殊需要儿童能够学会与更多的群体接触,与教师和睦相处,与普通儿童有效合作,这些为特殊需要儿童的未来发展和求职就业提供了基础,也会让更多的社会群体接纳在普通学校就读的特殊需要儿童。

二、其他教育思想

教育学领域有许多思想念与融合教育者鼓励特殊需要儿童充分发展潜能,与普通儿童进行交流互动的观念是一致的。这些理论能够从教育学的角度为融合教育思想的提出提供基础。

(一)泛智教育思想

17世纪,捷克教育家夸美纽斯提出泛智教育思想。泛智教育思想具有新颖性、民主性、实践性和时代性四个特点。新颖性主要体现在泛智教育思想第一个提出要挖掘

[①] Loreman T, Deppeler J, Harvey D. Inclusive Education: Supporting diversity in the classroom (2nd Edition) [M]. Australia: Allen & Unwin, 2010: 11.

教育的规律性,并根据人的本性来组织教学过程;第一个设想出一个全面完整的教育科学;第一个从理论上论证并制定班级授课制,也是第一次系统地论证了教学的基本原则①。民主性体现在它强调所有人均有受教育的权利,不论其经济、社会地位如何,也不论其宗教、种族或国籍如何。泛智教育思想表达的是一切人受教育的必要性和可能性,提倡实施自然的、和谐的、快乐的教育,同时也反映了当时科学思想的进步倾向。实践性体现在该理论的思想实际上总结了前人的教育研究成果,并且详细地论述了统一的学制系统和班级授课制。时代性体现在泛智教育理论的提出适应了社会生产力发展的需要,在17世纪的欧洲,是一种具有新的时代特色的教育理论。

泛智教育思想包括两个基础,即"泛智论"和"教育适应自然"。泛智论的集中表现是"把一切事物教给一切人"。在夸美纽斯看来,每个个体都应该有受教育的机会,不论富贵贫贱,都应该进学校学习一切最重要的知识。他的观点可以概括为"所有的人都应受教育","所有的人都应该学习一切"。夸美纽斯还强调说:"我们希望有睿智的学校,而且是博学的学校,即泛智学校,即工场。在这样的学校里所有的人都能受教育,都能学习现在和将来生活所必需的学科,并且达到完美的程度②。"在泛智论的观点中,学校是包容的、博爱的,可以接收所有的受教育者。此外,泛智论还对人为什么要接受教育进行了解释。夸美纽斯认为,"要形成一个人,就必须由教育去形成。""实际上,只有受过恰当教育之后,人才能成为一个人。"这一观点阐明了接受教育的必要性和迫切性。关于泛智教育的学习内容,主要涉及三点:"认识事物""行动熟练""语言优美"。尽管由于时代的限制,泛智论中还带有一定的宗教神学色彩,但泛智思想启迪了一批教育改革运动,对当今时代背景下的教育仍有一定影响。

教育适应自然指的是教育要适应自然。这里的"自然"包含两层含义,一方面是自然界及其普遍法则,另一方面是人的与生俱来的天性。首先,教育要基于自然界及其普遍法则,即要找出教育的普遍规律,还要模仿和借鉴自然秩序。其次,教育要根据人的天性,适合儿童的年龄特征。夸美纽斯曾提道:"把来到世界的人的心理比作一颗种子或者一粒谷米是很对的,植物或树木实际已经存在在种子里面,虽然它的形象实际上看不出来……所以,我们不必从外面去拿什么东西给一个人,我们只需要他的原有的、藏在身内的东西显露出来,并去注意每个个别的因素就够了。"这句话说明了每个人都有其各自的特征,每个人均有一定的天赋,也都是可接受教育的。最后,夸美纽斯突出强调儿童的年龄特征,认为需要采用适当的方式方法去启发学生,使得每个学生的智力都能得到充分的发展。他曾说:"知识如果不合于这个或那个学生的心灵,它就是不合适的。因为人心的不同和植物、树木或动物之各不相同一样大;这个必须这样去对付,那个又必须那样去对付,同样的方法是不能够用在所有的人身上的……"

融合教育的原则——"每个儿童都有受教育的权利,同时,他们应有机会获得一种他们可以接受的教育水平的学习机会","每个儿童应有其独特的特性、兴趣、能力和学

---

① 单中惠.西方教育思想史[M].北京:九州出版社,2008:112.
② 任钟印.西方近代教育论著选[M].北京:人民教育出版社,2001:71.

习需要","教育体制和教学设计要从多方面考虑儿童的不同特征和差异"与泛智论的核心思想是一致的。在尊重差异的基础上,特殊需要儿童可以在普通学校中与普通学生共同学习,共同参与学习活动。特殊需要儿童可以与其他同伴一起学习无限丰富的内容,通过学习,改变他们自己的人生。此外,特殊需要儿童的个性特征真正得到重视,接受适合他们特征的教育。与泛智教育理论相似,融合教育也强烈反对模式化的、程式化的教学模式,主张针对特殊需要儿童的多样化需求,提供相应的帮助,使得特殊需要儿童的潜能得到充分的发挥。

(二) 文化教育学思想

20世纪20年代,德国掀起一种教育思潮,被称为文化教育学思想。文化教育学思想主要围绕教育与人、教育与社会、教育与文化、教育与生命体验等问题展开讨论,指出学生的培养要追求个性养成和人格发展[①]。在文化教育学产生和流行的时期,西方社会正因为第一次世界大战和经济衰退变得矛盾重重、危机四伏。人们的思想信念也随之发生变化,文艺复兴以来人们崇尚的人性、自由以及理性高于一切的信念逐渐坍塌。彼时的自然科学发展迅猛,这使得哲学的价值受到怀疑。为了改变这种局面,哲学家们试图借助于科学的力量,或者将哲学研究的重点从外部世界转移到内部世界,重点探索人的内心世界,并将这种研究称之为生命哲学或精神哲学。与此同时,在20世纪初,德国的教育正经历着变革。人们开始将教育的重心从知识的教学转移到人的教育中。因此批判赫尔巴特的传统教学理论,反对"填鸭式"教学,提倡知、情、意的全面发展。基于生命哲学研究的确立和教育改革运动的兴起,文化教育学思想得以确立。

文化教育学思想的一个主要特征就是博采众长,吸取了很多哲学思想的营养。例如狄尔泰的生命哲学、胡塞尔的现象学、谢勒尔的哲学人类学、李凯尔特的新康德主义等。后经过众多文化教育思想家的努力,成为一种具有较大影响的教育理论流派。文化教育学思想指出,传统的教育忽略了人格的养成,过分强调知识的教学,强调教师在教学中的主体地位会造成人的片面性发展,单纯的文化知识传递会使学生变得没有活力。文化教育学思想主要从文化或精神科学的角度探索人以及人的教育问题,提倡教育应促进"生命个体总体生成",强调人的全面发展,这是一种新的教育观。总体上而言,文化教育学思想中教育的目的绝不是知识的传授,更多是一种心灵的唤醒,或者说是一种价值观念的形成。

融合教育本身也是提倡鼓励特殊需要儿童自我实现,成功发挥其潜在的能力和价值,不仅是简单的知识传授。融合教育认为,每个儿童都有独一无二的个人特点、兴趣、能力和学习需要。在融合教育者的眼中,特殊需要儿童的兴趣、爱好和个人需要是第一位的,只有根据他们的特点进行教育,他们才能得到充分自由的发展,其价值也才能得到尊重。

(三) 个性全面和谐发展教育思想

个性全面和谐发展教育思想是20世纪中期,在苏联出现的一种新的教育思潮。其

---

① 任钟印.西方近代教育论著选[M].北京:人民教育出版社,2001:468.

代表人物为苏霍姆林斯基,主张培养个性全面和谐发展的人,即在德育、智育、体育、美育、劳动教育等各方面全面协调发展。实际上,在西方教育史上,从古希腊时期就提出了和谐发展教育的理想,但直到马克思主义产生之后,全面发展教育的思想才从空想转变到科学的发展阶段。个性全面和谐发展指的是"劳动与人在各类活动中的丰富精神的统一,意味着人在品行上以及同他人的相互关系上的道德纯洁,意味着体魄的完美、审美需求和趣味的丰富及社会和个人兴趣的多样"。苏霍姆林斯基还强调说:"在这个和谐中,没有可能,也没有必要规定什么是主要的,什么是次要的。我们只能说,全面发展的某些方面对于人的整个精神世界的影响可能比其他的方面大一些。"

在培养"个性全面和谐发展"的人的过程中,必须要对学生进行智育、体育、德育、美育和劳动教育,使这些方面相互渗透,形成一个完整的过程。在具体实施"个性全面和谐发展"的过程中,使得人的才能、天赋、兴趣和爱好等特征等得到充分的发挥,这是对每一个受教育者的共同要求。但是,每个人的才能、天赋、兴趣和爱好等又存在差异性。基于这一现实,教师需要审慎对待每一个学生的优缺点,通过调整教学方法和教学工作,更好地帮助每一个学生找到他们的天赋,针对这一方面进行专门的训练,努力培养这一方面的才能。另外,苏霍姆林斯基对于实现"个性全面和谐发展"的环境提出了建议。在他看来,必须建立丰富多彩的集体生活,才有可能实现"个性全面和谐发展"。苏霍姆林斯基认为:"学生的个性是否丰满,是由个人跟周围世界的交往与联系是否丰满决定的。"除此之外,苏霍姆林斯基还对师资提出了要求。在"个性全面和谐发展"的实践过程中,教师需要拥有足够的耐心、丰富的经验、先进的教育观点[①]。

思考探究

在融合教育开展的过程中,教师需要注意对于特殊儿童的关注。对于特殊儿童来说,他们的心理问题是尤为重要的。因此在开展特殊教育的时候,教师不能够因为自己观点和儿童不同就急于纠正,而是需要去理解他们的想法,与特殊儿童的思维同步,从而才能更好地理解和教育他们。

结合以上案例,请你思考以下问题:第一,教师可以如何帮助特殊儿童更好地适应和融入集体?第二,开展融合教育时对普通学生和特殊学生在教育方法有哪些异同?第三,根据特殊儿童的特点,教师可以采取哪些教育方法来满足学生的兴趣和需要?

教学短论

本节主要从教育平等与其他教育思想(夸美纽斯泛智教育思想、斯普朗格的文化教

---

① 任钟印.西方近代教育论著选[M].北京:人民教育出版社,2001,620.

育学思想、苏霍姆林斯基的个性全面和谐发展教育思想)两个方面介绍融合教育的教育学基础。教育平等包括教育权利、教育机会和教育资源等方面的平等。保障特殊需要儿童拥有平等受教育的权利,让特殊需要儿童在普通的班级中获得满足他们需求的教育,是理想的融合教育状态,也是特殊教育的理想。泛智教育思想包含"泛智论"和"教育适应自然"两个基础,其集中表现是"把一切事物教给一切人",每个个体都应该有受教育的机会,不论富贵贫贱,都应该进学校学习一切最重要的知识。融合教育的核心观念也正是让所有人,包括特殊需要儿童接受教育。文化教育学思想从文化或精神科学的角度探索人以及人的教育问题,提倡教育应促进"生命个体总体生成",强调人的全面发展。个性全面和谐发展教育思想提出要审慎对待每个学生的优缺点,帮助他们更好地发展潜能,并且要建立丰富多彩的集体生活。

案例学习

随班就读是具备学习能力的适龄残疾孩子与普通孩子同班学习的特殊教育方式。而现实中,这条在我国实施了26年的政策却面临多重困境。一边是部分学校、家长的不理解,另一边是专业资源不足,教师有心而无力教。特殊孩子的受教育品质堪忧,"随班就读"变成"随班就座,随班混读"。教育部发布《关于加强残疾儿童少年义务教育阶段随班就读工作的指导意见》(下称《意见》),强调严禁任何基于残疾的教育歧视。确保随班就读学位,同等条件下在招生片区内优先安排残疾儿童少年入学。有专家指出,此次《意见》改变了过去那种"大水漫灌式"的一般性要求,加强工作的针对性、实效性,可以让残疾儿童少年有实实在在的获得感。

在部分学校,随班就读在落地过程中还曾引起家校矛盾。汪真真就曾遇到这样的现实难题。她班上曾接收过一名特殊孩子,这孩子没有智力残疾等相关证明,但他在心理和精神方面有些问题,汪真真告诉南都,类似这种没有残疾证明的随班就读的孩子也有不少,很多家长都不愿意去做这样的证明。也有老师透露,即使孩子有弱智证,有的家长担心受到歧视也不会拿出来。

在汪真真的观察中,有这种行为和情绪障碍的学生,表现不一,有的可能是很自闭,不搭理人,突然受到刺激会做一些伤害自己的举动,但有一些人会伤害他人。汪真真班上的这名学生就属于后者,据她介绍,该学生的认知能力较低,由于家庭原因也缺乏安全感,同学有时只是无意间碰到了他,都会引起他的暴怒。这也曾引起过一些家长的不满,有家长担心其他孩子安全受到威胁,班级学习秩序会受影响,有些家长认为小孩伤害别的同学,必须把他开除,或者给他一定的惩戒。"其实这些做法对于事情没有任何改善,这样的孩子是需要专业的心理辅导和家庭干预的。"汪真真说。

南都记者关注到,为减少现实中家校争议,此次《意见》提出,用科学的机制确定残疾儿童少年是否适宜随班就读。做好适龄残疾学生的摸底排查,由县级教育行政部门委托县级残疾人教育专家委员会,依据有关标准对残疾儿童少年身体状况、接受教育和适应学校学习生活能力进行全面规范评估,对是否适宜随班就读提出评估意见,县级教育行政部门再根据评估意见建立安置工作台账。

值得注意的是,《意见》还提出要利用中小学生学籍管理信息系统加强监测,对初次安置后确不适应的残疾儿童少年进行再评估,根据残疾人教育专家委员会的意见适当调整教育方式,切实保障具备学习能力的适龄残疾儿童少年不失学辍学。

在教育部特殊教育教师培养教学指导委员会主任顾定倩看来,相对于以往有关随班就读的文件,此次《意见》有许多新提法值得关注。例如,首次出现"应随尽随"的提法,要求县级教育行政部门结合实际"确保随班就读学位,同等条件下在招生片区内就近就便优先安排残疾儿童少年入学。为更好保障随班就读质量,可以选择同一学区内较优质、条件更加完善的普通学校作为定点学校,相对集中接收残疾儿童少年入学[①]"。

思考:

1. 教师要如何在特殊儿童进入普通小学后给予及时的心理疏导?
2. 教师与校方要如何在不伤害到特殊儿童的情况下应对普通家长对待特殊儿童的不满?
3. 怎样才能正确落实随班就读?

资源拓展

《"十四五"特殊教育发展提升行动计划》(以下简称《计划》)指出,要坚持以习近平新时代中国特色社会主义思想为指导,全面贯彻党的教育方针,落实立德树人根本任务,遵循特殊教育规律,以适宜融合为目标,加快健全特殊教育体系,不断完善特殊教育保障机制,全面提高特殊教育质量,促进残疾儿童青少年自尊、自信、自强、自立,实现最大限度的发展,努力使残疾儿童青少年成长为国家有用之才。

《计划》提出了特殊教育发展提升要坚持的四条基本原则。坚持政府主导、特教特办,在普惠政策基础上给予特别扶持;坚持精准施策、分类推进,实现残疾儿童青少年科学评估施教;坚持促进公平、实现共享,让每一名残疾儿童青少年都有人生出彩机会;坚持尊重差异、多元融合,让残疾儿童青少年和普通儿童青少年共同成长进步。

《计划》提出了到2025年高质量特殊教育体系初步建立的主要目标。普及程度显著提高,适龄残疾儿童义务教育入学率达到97%;教育质量全面提升,课程教材体系进一步完善,教育模式更加多样,课程教学改革不断深化,融合教育全面推进;保障机制进一步完善,特殊教育经费保障水平逐步提高,教师队伍建设不断加强,专业水平、待遇保障进一步提升。

《计划》明确了三大任务举措。一是拓展学段服务,加快健全特殊教育体系,持续提高残疾儿童义务教育普及水平,提升特殊教育学位供给和服务能力,增加各学段残疾儿童青少年的入学机会。二是推进融合教育,全面提高特殊教育质量,推动普通教育、职

---

① 吴单.残疾儿童随班就读引家校争议,教育部新规能否破融合教育难题?[N].南方都市报,2020-6-29.

业教育、医疗康复及信息技术与特殊教育进一步深度融合,推动结对帮扶共建、集团化融合办学,研制义务教育阶段融合教育教学指南,开展融合教育示范区示范校创建,完善特殊教育办学质量评价指标体系,促进普特融合高质量发展。三是提升支撑能力,不断完善特殊教育保障机制,改善办学条件,加强特殊教育学校标准化、校园无障碍环境和特殊教育资源中心建设,巩固完善经费投入机制,到2025年将义务教育阶段特殊教育生均公用经费标准提高至每生每年7 000元以上,强化特殊教育教师队伍建设,整体提高教师专业素养。

第五章
融合教育的基本要素

学海导航

本章主要介绍融合教育的结构要素,包括融合教育教师、融合教育学生以及融合教育的教育影响。在特殊教育的改革实践中,没有融合教师的参与,改革实践几乎是不可能获得成功的。近年来,提升融合教育师资队伍建设成为各国推进融合教育发展的共识。那么,融合教师的基本素养包括哪些？融合教师的专业发展及师资队伍建设状况怎样？职前培养与职后培训展开的情况如何？融合教育的教育内容与教育手段又是怎样的？这些问题在本章节中将详细阐述。

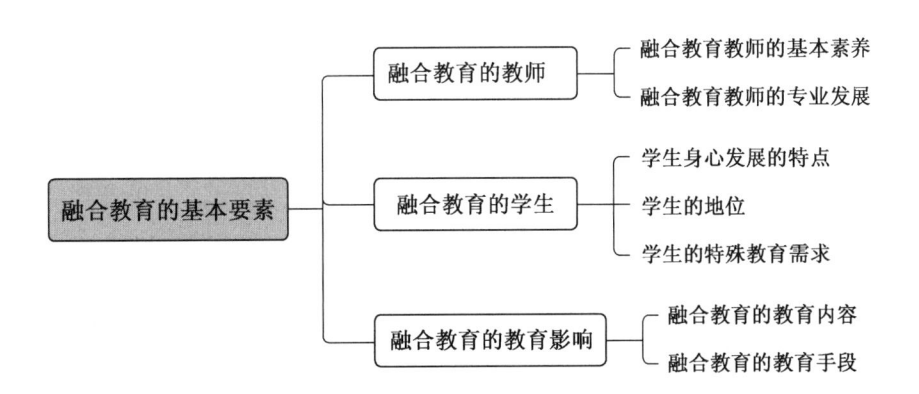

知识导图

```
                           ┌─ 融合教育教师的基本素养
           ┌─ 融合教育的教师 ─┤
           │                └─ 融合教育教师的专业发展
           │
           │                ┌─ 学生身心发展的特点
融合教育的 ─┼─ 融合教育的学生 ─┼─ 学生的地位
基本要素    │                └─ 学生的特殊教育需求
           │
           │                  ┌─ 融合教育的教育内容
           └─ 融合教育的教育影响 ─┤
                              └─ 融合教育的教育手段
```

第一节　融合教育的教师

学习目标

1. 了解融合教育教师的基本素养。
2. 了解融合教育教师职前培养与在职培训。
3. 掌握如何促进融合教育教师专业发展。

知识导入

2001年教育部颁布的《基础教育课程改革纲要（试行）》，提出："关注个体差异，满足不同学生的学习需求"，"使每一个学生都能得到充分的发展"。随后，这一理念在课程标准中得到进一步的体现。2011年《全日制义务教育课程标准》中多次强调："关注学生的个体差异"，"有效地实施有差异的教学"，"用不同层次的问题或教学手段，引导每一个学生都能积极参与学习活动"，"努力使全体学生达到课程目标的基本要求，促使每一个学生在原有基础上的发展"。

2012年，我国出台了《小学教师专业标准》和《中学教师专业标准》，其中要求教师具备多元评价能力、团结合作能力等。《小学教师专业标准》中提出："了解有特殊需要小学生的身心发展特点和规律"，"尊重个体差异，主动了解和满足有益于小学生身心发展的不同需求"；《中学教师专业标准》中提出："尊重个体差异，主动了解和满足中学生的不同需要"，"尊重教育规律和中学生身心发展规律，为每一位中学生提供适合的教育"。尊重学生的个体差异，满足学生的不同需要，这些规定均体现了融合教育的理念和要求。2010年《国家中长期教育改革和发展规划纲要（2010—2020年）》明确提出，要"不断扩大随班就读和普通学校特教班规模"，"教师应注重因材施教，关注学生不同特点和个性差异，发展每一个学生的优势潜能"。2014年，教育部颁布《特殊教育提升计划》，更进一步提出全面推进融合教育，融合教育已成为我国教育改革发展的必然趋势。

正如第48届国际教育大会指出的"高素质的教师是推进融合教育的关键"。当前，融合教育教师的专业素养提升和教师队伍的专业化建设日益受到关注。本文中的融合教育教师指的是在普通学校任教，涉及融合教育领导、融合教育教学及承担特殊学生个别指导、康复训练的三种类型的教师，包括学校的校长、教导主任；班主任、任课教师；资源教师和巡回辅导教师等。特殊学校中的教师及专业的康复训练教师、心理咨询师和社工不在此范围内。与普通学校教师相比，融合教育教师接触到的学生复杂多样，差异显著,需要具备专业素养才能胜任融合教育教学方面的专业工作。

一、融合教育教师的基本素养

融合教育教师专业素养体现了教师专业活动的内在要求与规范,是其从事融合教育工作必备的基本前提[①]。只有具备专业素养,融合教育教师才有可能为同一班级中的普通学生和特殊需要学生共同安排、提供教育教学活动。

在探究融合教育教师专业素养内在结构的过程中,研究者采用的主要方法既包括自上而下的理论构建,也包括自下而上的实践探索[②]。基于融合教育理念,研究者认为"普教"与"特教"之间的分割应该被弥合[③]。融合教育教师应具备的基本素养范围应更加宽泛,囊括普通学校教师具备的基本素养。国内外研究者已经关注到,融合教育专业理念、专业知识、专业技能、专业关怀是教师融合教育素养的重要构成,其中,专业理念是灵魂,专业知识是主体,专业技能是支柱,专业关怀是核心。这里需要特别提到的是专业关怀,这一提法突破了以往仅仅关注教师的知识传授、考试评价等日常教学工作,凸显了教师作为独立个体不应被物化支配,而应该通过开展批判性、创造性的教学活动展现自己的教育灵魂与教育智慧,帮助学生进行自我成长与自我实现的观念[④]。

(一) 融合教育教师基本素养中的专业理念

融合教育教师需要积极地认同融合教育的价值和意义,明白融合教育对普通学生和特殊需要儿童的双重意义。对于普通学生而言,融合教育能够增加其理解、包容、助人等积极心理品质的养成;对于特殊需要儿童而言,融合教育能够增加其与社会互动、与他人互动的机会,丰富其生命经验,此外,到普通学校就读还能开发其学习的潜能,帮助特殊需要学生获得学业的进步。在教学实践过程中,融合教育教师尊重每个学生独特的学习需求,通过对特殊需要学生个人特征、兴趣、能力、思维的了解,深刻认识到其多样性的差异,确保普通学生和特殊需要学生在融合教育的环境中获得自由的发展,得到充分的接纳与尊重。对于特殊教育教师来说,坚定融合教育理念,形成特殊教育情怀,对于其尊重与理解特殊需要儿童具有重要的促进作用。如果对班级中的特殊需要儿童漠然视之,既不让他们参与课堂活动,也不发动班级中的普通儿童和他们沟通,这种物理上的回归只是对特殊需要儿童的有限关照,对其成长与发展毫无益处,最终将导致融合教育理念流于形式。

在国外融合教育教师专业素养的结构中,也有类似的概念与要素。例如,在美国,专业价值在融合教育教师的素养中位列首位,发挥着理论引领的作用。这里的专业价值由六个维度构成[⑤],主要包括:(1)崇尚融合教育的基本理念,坚信融合教育是实现教育机会均等和实现人权的根本保证。(2)坚持教育机会均等原则,意指真正意义上

---

① 冯雅静.随班就读教师核心专业素养研究[J].中国特殊教育,2014(01):4-9+23.
② 王雁.随班就读教师融合教育素养及提升模式研究[J].教育科学研究,2021(08):91-96.
③ 朱楠,雷江华.融合教育背景下免费师范生特殊教育能力培养研究[J].中国特殊教育,2014(02):29-35.
④ 赵雪霞.诺丁斯关心理论对教师素质的全新要求[J].外国教育研究,2003(03):25-28.
⑤ 周丹,王雁.美国融合教育教师素养构成及启示[J].比较教育研究,2017,3:89-95+100.

的融合教育应该对所有学生民主与公正。(3)推崇个人道德与价值观,认为这是个人基本素质的体现,是教师行为的风向标。(4)端正对学习者多元化的态度,要将不同障碍类型残疾学生的存在视为学习者多元化的表现,将他们看作教育的宝贵资源和财富,平等对待每一个学生。(5)重视学生个性与天性的自然发展,对待学生一视同仁,因材施教。(6)将终身学习视为个人责任,认识到终身学习的重要性,不断促进个人的专业发展,并将从事融合教育工作作为终身学习和专业发展的基础。

(二)融合教育教师基本素养中的专业知识

与普通班级相比,特殊需要儿童进入普通班级增加了教师进行班级管理与日常教学的难度,兼顾好班级里的每一位学生并非易事。缺乏特殊教育的相关知识会给教师带来许多困扰。这些要求实际上在《中学教师专业标准》《小学教师专业标准》中均有所体现[1]。因此,融合教育教师需要掌握的专业知识除了普通的教育教学知识,还包括如特殊教育理论、融合教育政策法规、特殊需要儿童身心发展规律、康复治疗等方面的特殊需要教学知识。这些知识储备能够为融合教育教师调整课堂教学策略、制订个别化教育计划、开展心理与行为辅导等活动提供理论支持。

在不同国家,融合教育专业知识的特征与内涵有着各自的特点。比如,美国也非常重视融合教育教师专业知识的掌握,在特殊儿童教育学会第61届年会上通过的《美国特殊教育专业人员的伦理信条及服务规范》中指出:"教师应该重视发展专业知识和专业能力[2]。"相比于我国比较关注融合教育教师对专业基础知识的掌握,美国更加重视融合教育教师对实践知识的把握。这些实践知识均是在融合教育实践过程中需要用到的,包括六种类型:国家及各州的法律政策知识、融合教育发展历程、残疾学生特性知识、心理学与生理学知识、融合教育课程与教学知识以及融合教育实践指导知识。

(三)融合教育教师基本素养中的专业技能

仅仅将特殊需要儿童和普通儿童安置在同一个教室,并非是真正意义上的融合。为更好地应对随班就读课堂中班级构成的差异性,教师需要对班级中的特殊需要儿童进行客观的评价,掌握差异教学的理念、策略与方法,通过通力合作帮助特殊需要儿童获得更有力的支持,最终促进特殊需要儿童的健康发展。因此,融合教育教师需要具有独特的教学能力,如差异教学能力、多元评估能力、合作能力等。差异教学能力指的是教师需要针对班级学生的实际情况,及时调整课程教学的内容、进度和方法,保证班级中所有学生特别是特殊需要儿童能够跟得上班级的教学进度,满足其个性化的学习需求。换句话说,就是具有因材施教的能力。有研究者对差异教学能力进行了要素归纳,包括对学生差异进行测查的能力、对学生进行恰当的教育安置的能力、根据学生差异进行教学设计的能力、根据学生的学习实际对学习内容进行调整和选择的能力、采用多样化教学方法和手段的能力、对多样活动的课堂进行管理的能力、设计可选择的多种类型

---

[1] 冯雅静. 随班就读教师核心专业素养研究[J]. 中国特殊教育,2014(01):4-9+23.
[2] 台湾特殊教育学会. 特殊教育课程与教学[M]. 台北:心理出版社,1987:37.

作业的能力、进行及时有针对性的个别辅导和技能训练的能力等[①]。

多元评估能力指的是教师不仅能够对特殊需要儿童进行学习、个性、行为、家庭及社区资源方面的评估,为其制订个性化的教学计划;还应该在教学过程中进行实时的评估,针对教学效果对教学内容、方式、方法进行调整,力求取得最佳的学习效果[②]。合作能力指的是融合教育教师能够与学校管理者、家长、康复治疗师等相关工作人员进行有效的沟通。尽管各个群体在融合教育方面的工作各有侧重,但也存在交叠之处,高效的沟通合作能力能够帮助融合教育教师提高工作效率,促进教学活动的顺利展开。

此外,对特殊需要儿童进行适当的行为干预也是必不可少的技能。如艺术治疗中的音乐治疗等。还有如行为管理、环境创设、辅助科技等能力在融合教育工作中也时常涉及。这里的辅助科技能力指的是融合教育教师能够借助辅助科技,如创设虚拟教学环境、转换课程信息传输方式等辅助技术满足特殊需要儿童的教育需求。此外,恰当的教育方式也尤为重要,比如在面对特殊需要儿童时,选择积极的反馈(表扬等)会比严格的说教取得更好的教育效果。

(四)融合教育教师基本素养中的专业关怀

一般来说,受到环境影响,特殊需要儿童的心理较为敏感。在教育管理的过程中,融合教育教师需要采用柔性的管理方式,以情感人。融合教育教师需要真正了解特殊需要儿童的需求,以其热心、爱心、耐心和细心去对待特殊需要儿童,支持特殊需要儿童在自然的、正常的、非受限的环境中学习与生活,让他们享有与普通儿童同样的受教育机会、同样的教育环境。这种观念是发自内心的并以真诚的态度表现出来,让特殊需要儿童感受到他们是被接纳的,形成足够的归属感与安全感。在教学评价过程中,融合教育教师需要特别注意评价的方式方法,从行为习惯、适应能力、学习表现等多个方面进行综合性的评价,激发特殊需要儿童的积极性与主动性,让他们树立学习的信心,也让班级中的其他同学看到他们的优点与长处。这种教学评价应该是民主的、发展的,指向未来的,更多体现对学生的关注与关怀。教师所表现出的关怀承载着社会的文明与进步,也反映着教师的道德理念[③]。因此在融合教育的班级中,教师需要时时注意自己的一言一行对学生的影响,特别是对特殊需要儿童的影响。融合教育教师通过与学生和平共处,体会学生的情绪情感的变化,将关怀与关爱传递给学生,最终促进和谐的融合教育班级的形成。

二、融合教育教师的专业发展

融合教育教师属于新兴的师资类型,其定位于为普通学校中的特殊儿童提供教育教学和专业支持。在已有的文献中,融合教育教师也可称为"随班就读教师""全纳教育

---

① 李泽慧,周珉. 对随班就读教师差异教学能力构成的分析[J]. 中国特殊教育,2009(1):25-33.
② 韦小满,余慧云. 运用新的评估方式提高随班就读质量的初步设想——"融合教育"的视角[J]. 中国特殊教育,2006(12):3-8.
③ 彭兴蓬,邓猛. 论融合教育的关怀意蕴[J]. 中国特殊教育,2014(7):6.5-6.

教师""资源教师""巡回指导教师"等。与传统的特殊教育学校教师和普通学校教师相区别,融合教育教师囊括多种类型的教师,突破了以往从学科视角对教师划分类型的惯例,具有跨越传统学科属性的特征。从这一角度看,从团队的层面理解融合教育教师更加恰当。建设好融合教育教师的队伍,才能让融合教育政策得以落实,也才能向社会、学校与更多的教师传递融合教育的价值观念。

由此可见,推进融合教育教师的专业化发展,提升师资队伍建设成为当下特殊教育与融合教育领域发展的重要课题。当前,融合教育教师的师资队伍与融合教育的师资需求之间存在巨大的差距,需要依靠职前培养和在职培训,帮助融合教育教师形成积极的融合教育信念、融合教育情怀,掌握融合教育知识、融合教育技能。

(一) 融合教育教师专业发展的意义

促进融合教育教师专业化发展具有深远的意义,主要体现在以下方面:(1) 提升随班就读的质量。随班就读作为我国融合教育的主要实现形式,旨在为特殊需要儿童提供教育支持。但当前"随班混读"的现象较为明显,大大降低了融合教育的质量。只有依靠专业化的师资力量才能改变这一现状,促进特殊需要儿童真正地融入班集体。(2) 促进资源教室功能的最大化。资源教室的建立是对随班就读工作的有效补充。在资源教室中,教师能够开展各种管理活动,如咨询、测查、评估、建档等;教育活动,如进行学科知识辅导;服务活动,如适应社会性训练等。融合教育教师只有具备专业化的素养,进行专业化的发展,才能为资源教室功能的发挥提供有效保障。(3) 促进特殊需要儿童的发展。融合教育教师是学校环境中对特殊需要儿童影响较大的重要他人,优质的师资力量可以为特殊需要儿童构建更加理想的教育环境,促进特殊需要儿童在普通学校获得更好的发展机会。

当前,融合教育教师专业发展还存在许多不足之处,主要体现在:(1) 融合教育教师需扮演多重角色,易出现角色偏差。融合教育教师需承担多重角色任务,如评估诊断、个别化训练、心理辅导等,这些角色需要融合教育教师将其具体细化并落实到日常的教学实践当中去,多重角色可能会使得融合教育教师出现角色偏差,阻碍其专业化发展的水平。(2) 统一的融合教育教师专业化标准尚未确立,易导致发展目标不明确。融合教育教师需兼备多种相关专业知识,包括教育学、心理学、特殊教育学等。整体上来说,我国融合教育教师的专业化发展水平还无法满足其职业需要,且尚未有统一的融合教育教师专业标准的出台,这对于融合教育教师专业发展是不利的。(3) 融合教育教师专业培养的途径较为单一。融合教育教师职后培养通常是从普通教师或特殊教育教师队伍中选派教师进行短期培训,虽然在一定程度上能够让参与培训的教师尽快拥有特殊教育的知识和技能,但他们在教育理念、教学策略、行为训练、咨询指导等方面距离真正胜任这一岗位还存在一定的距离,在具体的实践活动中也可能存在困难。

(二) 融合教育教师的职前培养

曾有学者指出:"普通教师在融合环境中教育残疾学生能力的培养必须从职前阶段

开始。"融合教育教师接受职前培养对于崇尚融合教育理念、坚定融合教育信念、接受随班就读的学生、采用灵活的教学方式以及满足多样化的学习需求均有裨益。由此可见，在融合教育理念逐渐普及的背景下，融合教育融入教师的职前培养势在必行。首先，职前培养可以帮助融合教育教师形成正确的融合教育信念。有研究表明，接受过职前培养的融合教育教师对融合教育的支持程度更高，他们对融合教育的理解也更为深刻。在接受教师教育之初就接触到融合教育、浸润在融合教育环境中的教师更能接受多样化的班级，更能面对学校与课堂中的教育挑战。他们会更自然地将融合教育作为教师的基本职责，甚至会将班级中学生的多样化视为一种优势。其次，职前培养可以丰富融合教育教师的知识，提升融合教育教师的能力以满足学生多元的学习需求。例如，当融合教育教师掌握有关融合教育课程、融合教育教学、融合教育发展等方面的知识，具备熟练使用差异教学、合作教学的能力，并且拥有能够应对不同残疾类型的学生所需的特定技能时，他们可以顺利地开展教学活动，自如地应对课堂中的各种突发状况。最后，职前培养比职后培训更加高效，更容易改变融合教育教师的态度或者行为。因为教师职前培养的对象大都是师范生，他们在求学过程中通过学习、体验融合教育的方法，相比接受职后培训的教师更能持续地改进融合教育[1]。

相较来说，西方国家融合教育的职前培养开始时间较早且体系较为完善，英、美、德、丹麦、奥地利等国家在融合教育提出之初就已经开展融合教育职前培养了。在西方国家普通中小学教师的职前培养要求中，特殊教育课程普遍以必修或者选修的形式纳入培养课程中。当然，融合教育职前培养的具体形式历经不断变革和探索也在逐步改善之中。以美国为例，早期的融合教育职前培养以"独立设课"的形式为主，即在普通教师的职前培养方案中加入一门与融合教育或特殊教育相关的课程。这一模式的优势是可操作性强，实施较为便利，但存在的问题是技能性内容不足。随后，到20世纪90年代初，历经对早期职前培养效果的反馈与反思，融合教育职前培养的课程定位从"知识补充"转向"技能提升"。由此，融合教育职前培养的课程开始注重实践互动、自主探究。到21世纪，普通教师融合教育素养的变革逐渐打破普通教师培养与特殊教育教师培养的藩篱，主要通过专业整合的方式创办融合教育专业，融合教育的理念、知识和技能融入所有课程。修完课程毕业时，符合要求的毕业生授予"教师资格证书"与"特殊教育教师资格证书"双证，这种模式能够满足融合教育背景下对师资在知识与技能方面的要求[2]。

我国现阶段的融合教育职前培养主要体现在：个别师范院校开设有随班就读专业，培养随班就读教师；其他本科或大专院校开设有特殊教育专业，培养特殊教育教师。为增强普通师范生融合教育的实践能力，普通师范院校已经意识到需要增强教育见习和教育实习的机会和时长，丰富见习与实习的内容与形式，针对普通师范生融合教育的实

---

[1] 王雁,范文静,冯雅静.我国普通教师融合教育素养职前培养的思考及建议[J].教育学报,2018,14(6)：81-87.

[2] 范秀辉,申仁洪.美国教师职前全纳教育能力的培养与启示[J].外国教育研究,2011(6)：61-65.

践能力进行训练和培养。通过切实的实践经历与体验,普通师范生能够了解融合教育教师的工作内容及心路历程,扮演好融合教育教师教学助手的角色,帮助融合教育教师针对特殊需要儿童进行个别化指导。借鉴已有的融合教育教师培养经验,未来融合教育教师职前培养阶段的课程可以采用以下两种方式进行,第一种,单独设置课程。即调整普通教师职前培养方案,将融合教育相关的课程(如,融合教育理论、融合教育实践等)以必修或者选修的方式加入培养方案。第二种,融入式课程设置。即在普通教育课程中融入融合教育方面的内容,将普通教育和特殊教育进行有机的整合。显然,在第二种课程设置模式中,融合教育与普通教育课程的融入程度更加深入。因此,在未来的实践中需继续摸索前行,不断积累与总结教育经验,持续提高融合教育教师的培养质量。

(三)融合教育教师的在职培训

国外融合教育教师的在职培训相对成熟,不仅内容丰富全面,如提供理论、知识方面的讲授;其组织形式也是多样的,如采用个别指导、经验分享、实践参与、自主研究等多种形式展开培训。此外,在教师培训的过程中,还会邀请学生家长、有经验的融合教师等相关人员参与其中。这些举措有力地增强了教师培训的吸引力,激发了教师的积极性,整体上提升了培训的效果和效率[①]。以美国为例,其师资培养目前已经趋于统整,特殊教育教师和普通教师都需要具备特殊教育知识以照顾和指导各类残疾儿童和特殊学生。美国的许多州已经将修习特殊教育学分纳入获取教师资格的必备条件之中。在日本,其教师资格制度也逐渐开始改革,能够同时胜任普通教育和特殊教育的教师获取的是综合性的证书。

尽管不同国家和地区在培训的目标、内容、手段、对象等方面有着各自的特征,但仍可总结出共同的经验。主要表现在:(1)培训主体多样化。大多培训项目不仅邀请高校教师和专家,还会邀请一线教师、残疾儿童家长等融合教育相关人员参与交流。这种多主体的互动不仅能够帮助融合教育教师习得融合教育的知识和技能,还能充分感受融合教育的过程,引发思考和讨论,减少对融合教育的顾虑,提高胜任融合教育的信心和决心。(2)重视教师信念培养。几乎所有的项目都将融合教育教师信念的转变作为核心的任务和目标,促进融合教育教师在思想上接受与认可融合教育,为融合教育教师掌握融合教育相关的知识与技能奠定基础。(3)提供参与融合教育实践的机会。培训项目为融合教育教师提供在真实的教学情境中进行互动的机会,让教师在实践中不断反思与调整自己的信念,以便更好地胜任融合教育工作。(4)将教师合作、共享的能力作为培养和培训的核心能力。除了差异教学、行为管理等日常教学实践中需要用到的能力,国外的培训项目对教师相互合作的能力也非常重视。如在英国 2007 年出台的《教师专业标准》、澳大利亚 2012 年颁布的《国家教师专业标准》中都明确提出,"与同事、家长及相关人员通力合作"是教师的必备素质;在美国为融合教育教师建立的"专业学习学校"中,要求学生接受培训和实习的过程中提高交流合作的能力。(5)注重培训

---

① 冯雅静.国外融合教育师资培训的部分经验和启示[J].中国特殊教育,2012(12):1-4+5.

后的效果评估。多数培训项目会在结束之后收集教师在态度、知识、技能、胜任力、信念等方面的进步情况,并通过观察、访谈、问卷等调查方式获得相应信息[①]。

我国当前也已经在部分地区开展融合教育教师的职后培训,在培训过程中呈现出如下特点:(1)培训对象以负责随班就读的普通学校教师为主,并逐步扩大融合教育培训的对象,将全体教师纳入到融合教育的培训范围中去。(2)培训内容以特殊需要学生的发展特征、学习需求等内容为主,并逐渐针对参与培训教师的岗位角色、应对挑战等内容展开。(3)培训形式以集中讲授、交流互动、动手操作为主,关注培训形式的多样性和灵活性,促进培训形式与培训内容可以更好地匹配。(4)培训目标逐渐清晰,注意区分普通学校教师与特殊学校教师在培训难度、专业性方面的差异,并有意识地将普通教育内容与特殊教育内容相结合。

通过分析国内外融合教育教师职后培训的基本情况,可以从中总结出完善职后培训的实践经验,更好地服务于优质融合教育师资队伍的建立。首先,需要设计具体清晰的培训目标。即每次培训要根据参与培训教师的需求进行具体设计,培训内容需要有可操作性和实用性。其次,要设计个别化的培训课程。从培训需求入手,设计具有针对性的内容才能激发参与培训教师的内部动力。与此同时,培训内容要兼顾知识、技能和情意三大领域,即以知识为中心的知识课程、以技能为中心的活动课程、以情境为中心的情意课程。再次,要拓展融合教育师资培训的形式,发挥教师的主体参与作用。在培训过程中要注重互动与对话,如提问、反馈、总结或分组讨论的方式,多提供能够让主体加入其中的机会。最后,要重视评估培训后的效果,建立完善的支持与保障体系。在培训结束后,通过收集培训的相关反馈进行总结、评价和反思,为后续培训的完善和改进提供参考。此外,任何培训项目的顺利实施离不开资源丰富、健全完备的支持体系,应继续完善与加强对融合教育师资培训的支持力度。

(四)融合教育教师专业发展的实现路径

融合教育真正得以落实需要一大批具有普通教育和特殊教育知识的专业人员,包括融合教育教师和教育管理人员等。通过上述分析可知,我国融合教育教师在职前培养和职后培训阶段均存在着问题,面临着挑战,融合教育的发展水平也在很大程度上受到专业人员不足、专业水平有限等方面的限制。

为提高融合教育教师的专业化发展和师资队伍建设水平,可以从以下方面着手:(1)在职前培养阶段增设实践性课程。当前,我国普通师范生专业正进行课程改革,部分院校已经开设相关课程,但普遍存在课程设置流于形式、缺乏实践操作性等问题。因此,在普通师范生培养的过程中应多提供参与融合教育实践的机会,满足普通师范生亲身体验与感受融合教育实际场景的需求。(2)构建融合教育教师共同体。融合教育教师共同体能够帮助教师共同解决在融合教育实践中遇到的问题,帮助教师改进自身的融合教育实践策略与方法,甚至还可以围绕某个问题或者研究话题开展研讨,形成教学

---

① 冯雅静.国外融合教育师资培训的部分经验和启示[J].中国特殊教育,2012(12):1-4+5.

反思或者科学研究,这对于融合教育教师的专业化发展是大有裨益的。(3)持续开展职后培训与研习。在职业发展与成长的过程中,融合教育教师需要秉持终身学习的理念,保持积极求知的需要,通过开展多样化的教学反思、行动研究监控自我发展,让融合教育教师在融合教育的过程中培养其信任感、责任感。(4)提升融合教育教师课程的执行力。融合教育教师在实践中面对的较大挑战是,如何在容纳普通儿童和特殊需要儿童的班级中满足不同学生的教育需要。这需要教师能够对课程目标和内容进行及时的调整,甚至是自行开发出适合不同学生需求的课程。通过融合教育教师对课程资源的有效整合,对课程内容的有效执行,方能缓解当前教育资源、课程资源不足的困境。(5)构建支持性的学校制度与校园文化。学校的管理制度在很大程度上能够影响教师的工作积极性,例如评价、奖励等制度的建立与落实往往能激发教师的工作动力。校园文化则可以被视为一种隐性的教育资源,每所学校可以根据自身的条件与特征构建属于自己的校园文化,以此更好地帮助师生认同学校的教育理念,并获得校园的归属感。

思考探究

> 谈到融合教育,中国教育发展基金会特殊教育学术委员会主任委员、天津体育学院特殊教育教研室主任戚克敏说,大多数特殊儿童入读普通学校后,总会遇到种种挑战,需要专门的老师提供针对性帮助。不仅需要专业过关的授课教师,还需要对特殊儿童进行个别辅导、补救教学,为普通班教师和家长提供咨询与支援服务的教师,他们是特殊教育和普通教育沟通的桥梁,这类教师被称为融合教育支持教师。结合案例,请你谈谈在融合教育中融合教育教师发挥了什么作用?

教学短论

本节主要介绍融合教育的师资队伍建设,包括融合教育教师的基本素养和融合教育教师的专业化发展。融合教育教师只有具备融合教育的专业基本素养,才能满足特殊需要儿童的教育需求。教师融合教育的基本素养包括融合教育专业理念、专业知识、专业技能和专业关怀四个方面,其中,专业理念是灵魂,专业知识是主体,专业技能是支柱,专业关怀是核心。为了提升融合教育教师的专业素养,国内外已开展系列的融合教育教师培训,包括职前培养和职后培训,旨在促进融合教育教师的专业化发展,提升整个融合教育教师的师资水平。这也是当前在融合教育的发展过程中急需思考和解决的问题。

第二节 融合教育的学生

学习目标

1. 了解学生的身心发展特点。
2. 了解学生的社会地位和教育过程中的地位。
3. 掌握学生的特殊教育需求。

知识导入

美国 IDEA 中关于特殊教育对象的规定

美国 IDEA 规定,共有 13 类障碍儿童可接受特殊教育服务,这些儿童大多在融合教育情境中。这 13 类障碍分别是:(1) 学习障碍;(2) 言语或语言障碍;(3) 智力落后;(4) 情绪障碍;(5) 自闭症;(6) 听觉障碍;(7) 视觉障碍;(8) 聋盲学生;(9) 肢体障碍;(10) 脑外伤;(11) 其他健康问题;(12) 多重障碍;(13) 发展性障碍。

英国特殊教育服务对象

英国将特殊教育服务对象统称为有特殊教育需要的学生,常分为五类学生:(1) 学习困难;(2) 情绪和行为困难;(3) 医疗需求;(4) 言语和语言困难;(5) 感觉困难。

融合教育的对象包括残疾儿童和天才儿童、流浪儿与童工、边远地区及游牧民族的儿童、少数民族儿童以及其他处境不利的儿童在内的所有儿童。

一、学生身心发展的特点

随着年龄的增长,儿童的身心发展正处于不断积极变化的过程中。依据瑞士心理学家皮亚杰的认知发展阶段论,儿童的认知发展经历 4 个阶段:感知运动阶段(0~2岁)、前运算阶段(2~7岁)、具体运算阶段(7~11岁)、形式运算阶段(11岁以上),每一发展阶段都是上一发展阶段基础上的质变。

(一) 幼儿身心发展的特点

幼儿期的儿童身体素质发展十分迅速,特别是在平衡性、柔韧性、速度、灵敏度和协调性等素质方面均能获得较快的发展。但与成人相比,身体素质的发展仍不够成熟。幼儿期儿童的情绪发展较婴儿期出现较大的变化,他们能够用越来越多的情绪词汇来谈论自己和别人,情绪理解水平也有所提高,能够理解情绪发生的原因和后果。在认知能力方面,幼儿期的儿童注意的稳定性和持久性不强,主要依靠无意记忆和形象记忆进行记忆加工,因此在进行思维时,也以具体形象思维为主。

依据皮亚杰的认知发展阶段论,幼儿期儿童的认知发展水平处于前运算阶段。这一阶段的儿童能够以心理图片、声音、表象、单词或者其他形式表征客体或者事件,具备了思考不在当前情境中的客体和事件的能力。在皮亚杰看来,即便前运算阶段的儿童获得了符号思维的能力,但是他们的思维是以自我为中心的,没有认识到其他人具有不同的视角。此外,他们的思维存在缺乏灵活性或可逆性、受知觉外表的支配以及在同一时刻只关注或集中于某一情境的一个方面等特征,因此将这一认知的发展阶段称为"前运算"阶段。

(二)小学生身心发展的特点

处于小学阶段的儿童身心发展处于稳步阶段。他们的大脑重量以及内部结构的发育逐渐成熟,并接近于成人,到十二三岁时,大脑的重量达到1 400 g,这为他们进入学校接受教育提供了生理基础。小学生的情绪表现是外露的,不深沉,也不能保持,常常是"事过境迁";高年级小学生的情绪逐渐内化。但由于刚进学校读书,环境的变化以及学业压力可能会使他们出现情绪问题。

依据皮亚杰的认知发展阶段论,小学生的认知发展水平处于具体运算阶段。这一阶段的儿童形成了可逆性的心理运算能力,并发展了逻辑思维,但仍要借助具体的例子,且尚不能基于抽象的术语进行思考。较前运算阶段,这一时期的具体运算思维能够去中心化,将注意集中于某一客体或事件的几个属性,并认识到这些属性或维度之间的关系。皮亚杰认为,具体运算阶段的儿童,其思维具有三个重要的特征,分别是可逆性、守恒性与传递性。

(三)中学生身心发展的特点

中学生又可以细分为两个阶段:初中生与高中生。初中生处于少年期,年龄在十一二岁到十四五岁之间;高中生处于青年初期,年龄在十五六岁到十七八岁之间。在人的一生中,中学阶段处于身心发展非常快的时期,其体型、内脏和生殖系统发展迅速,是第二个生长发育高峰期。这一时期智力发展的速度明显加快,脑、神经系统的结构与机能逐渐成熟,这为心理的发展奠定了生理基础。与此同时,中学生的个性倾向性(需要、动机、兴趣、爱好、世界观等)与个性心理特征(气质、性格、能力等)也逐步形成。

依据皮亚杰的认知发展阶段论,中学生的认知发展水平处于形式运算阶段。这一阶段儿童的主要特征是:开始能不受真实情境的束缚,将心理运算运用于可能性和假设性情境;既能考虑当前情境,也能够考虑过去和将来的情境;能够基于单纯的言语或逻辑陈述,进行假设—演绎推理及命题间的推理。

二、学生的地位

学生的地位是指学生在社会中的地位以及学生在教育过程中的地位。

(一) 学生的社会地位

学生的社会地位是指他们作为社会成员应具有的主体地位。在融合教育观念提出之前,特殊需要儿童一直被标签化与污名化。他们被认为无法在正常的社会环境中学习与生活,需要被特殊对待。这种带有歧视性的观念损害了特殊需要儿童的发展潜能,侵害了特殊需要儿童的身心健康,甚至可能危及特殊需要儿童的合法权益,使得他们的主体性、独立性在一定程度上被削减。由此,保障特殊需要儿童的权益显得尤为重要。

实际上,世界各国已经开始关注特殊需要儿童的合法权益,并制定了相应的法律法规,出台了相应的政策文件,特别是取消继续使用"残疾"这一概念,消解了原有概念所隐含的歧视色彩,传递着平等的理念。在20世纪70年代,联合国1971年通过的《智力残疾者权利宣言》和1975年通过的《残疾人权利宣言》标志着包含残疾儿童在内残疾人权利主体地位得以确立。英国1978年发布的《沃诺克报告》,主张用"特殊教育需要"替代传统的残疾儿童分类。

联合国1989年颁布的《儿童权利公约》是第一个把"残疾"作为单独条件,与种族、宗教、肤色等歧视理由并列起来规定人权的条约,明确规定每一个儿童都平等地享有公约所规定的全部权利。联合国教科文组织1994年颁布的《萨拉曼卡宣言》以"特殊教育需要"替换了"残疾"概念的使用,"关注有特殊教育需要的学生"在世界范围内被广泛呼吁。

我国有关残疾儿童的相关政策数量也不断增长[①]。新中国成立以后颁布的四部《宪法》(1954/1975/1978/1982)对儿童权利主体地位做出了明确规定,1982年《宪法》规定,国家和社会帮助安排盲、聋、哑和其他有残疾的公民的劳动、生活和教育。1990年颁布的《残疾人保障法》对残疾的概念、政府的责任主体地位进行了界定,更是对包含残疾儿童在内的残疾人社会保障、康复、教育、文化生活、无障碍建设、组织结构等方面做了比较全面而明确的规定,为促进残疾儿童在平等的基础上参与社会生活、共享社会物质文化成果奠定了基础。

21世纪初,我国在残疾儿童权利体系建设方面又有新的进展。通过修订《未成年人保护法》和《残疾人保障法》以及相关法律法规,基本确立了我国残疾儿童权利体系。修订后的《未成年人保护法》明确提出儿童享有生存权、教育权、发展权、受保护权、参与权等权利;国家根据未成年人身心发展特点给予特殊、优先保护,保障未成年人的合法权益不受侵犯。特别重视包含残疾儿童在内的困难儿童和问题儿童的权利保障,将非歧视原则确立为儿童权利保障的基本原则。修订后的《残疾人保障法》进一步提升了残疾儿童权利法律保护的力度和深度,残疾儿童权利保护体系基本形成。

(二) 学生在教育过程中的地位

在西方早期的特殊教育实践中,特殊需要儿童与正常儿童的教育环境是相隔离的。他们被安置在特殊学校和班级中,被视为班级的附属品。特殊需要儿童与正常儿童是

---

① 许巧仙,丁勇.试论残疾儿童权利的形成与发展[J].中国特殊教育,2014,9:14-19.

不平等的主从关系，特殊需要儿童可有可无，并非班级中平等的一员[1]。学校也不为残疾学生做出任何改变，甚至不需要承担任何实质性的责任。伴随着回归主流运动以及融合教育趋势的兴起，人们对待特殊需要儿童的态度和观念发生了转变：每个孩子都是学校中、班级中平等的、不可替代的一员，需要为特殊需要儿童提供高质量的教育，使得学校适应每一个学生，实现教育平等与社会公正。

这里的教育平等体现在同等的权利、同等的环境、同等的地位和同等的教育中。同等的权利是指残疾儿童与正常儿童一样享有平等接受教育的基本权利。同样的环境意味着残疾儿童与正常儿童同班，他们有权在普通教室接受适合自己特点的教育，无须经过自己的努力去争取或赢得在普通教室接受教育的权利。同等的地位是指残疾儿童不仅能进入普通学校就读，而且是班级中平等的一员，具有较强的认同感和归属感。同等的教育是指所有儿童都有学习能力与获得成功的权利，学校应该成为帮助每一个儿童获得成功的地方。

我国的诸多法律法规中也强调对特殊需要儿童教育权利的保护。例如，1986年颁布的《义务教育法》明确规定，凡年满6周岁的儿童，不分性别、民族、种族，应当入学接受规定年限的义务教育，地方各级政府为盲、聋哑和弱智的儿童、少年举办特殊教育学校。2017年修订的《残疾人教育条例》凸显了残疾儿童义务教育的重要地位。在《义务教育法》的基础上，更加明确了残疾儿童义务教育属性，强调保障残疾儿童义务教育，根据残疾儿童身体状况及能力水平等对其入学安排做出规定，表明义务教育对象包括所有适龄残疾儿童，体现了普遍性。2017年修订的《残疾人教育条例》总则指出，"国家保障残疾人享有平等受教育的权利，禁止任何基于残疾的教育歧视"。

三、学生的特殊教育需求

在个体成长发展的过程中，由于种系遗传和外部环境等因素的影响，存在着人与人之间个体的差异，表现为不同素质、不同能力方面的差异，或是智力差异，或是身体缺陷，或是心理障碍，或是行为问题，这些差异逐渐形成教育过程中的个体特殊教育需要[2]。即使是正常儿童，或多或少、或迟或早都有着特殊的教育需求。从这一点来看，特殊需要儿童的教育需求与普通儿童的教育需求不存在质的区别。为更好地了解特殊需要儿童的教育需求，本节将从认知、情绪情感、生理特征等方面介绍特殊需要儿童的特殊教育需求。

（一）与认知相关的特殊教育需求

与认知相关的特殊教育需求指的是学生在接收信息、保持信息以及储存信息方面存在的问题。由于智力发展水平低下、认知发展迟滞，部分特殊需要儿童难以注意、理解、保持与迁移所学课程材料。

---

[1] 邓猛. 融合教育理论指南[M]. 北京：北京大学出版社，2022：8.
[2] 武杰. 普通学校特殊需要教育的对象与教学形式[J]. 教育评论，1992，4：28-29.

1. 注意方面的需求

（1）注意的稳定性问题。学生将注意保持在同一活动或者同一作业上的时间较短，直接影响活动与学习的效果。对于注意力缺陷障碍儿童与自闭症儿童来说，这种症状更为突出。在课堂学习中，他们会关注与学习无关的行为，甚至干扰课堂的学习秩序。教师需要在教学过程中耐心指引。（2）注意的广度问题。学生注意范围狭窄，在同一时间内所能注意到的内容有限。教师一次呈现的内容不能过多，否则会造成学习困难。（3）注意的分配问题。学生在同一时间内不能将注意指向不同的对象，如不能完成边听边记这样的学习活动。针对这种情况，在讲课过程中，教师可以提供讲课内容的复印件，或者只要求尽力完成一件事，认真听或者认真记。（4）注意的转移问题。学生很难将注意从一个活动转移到另一个活动上去。教师在变换或者转移中心任务时，需要较早地提示学生做好下一个任务的准备。

2. 记忆方面的需求

学生难以对所接收到的信息进行编码、存储、检索或提取。特别是对于智力落后或者认知障碍的学生，他们在学习遗忘方面的表现更为突出。如：忘记教师的指令或者任务要求；忘记准备活动或者学习要用的材料或者工具；忘记任务应该如何完成；忘记多学的内容。对于任何一名学生来说，学会任何一项新的知识和技能都需要进行记忆、复述与再认。因此对于记忆这方面的特殊要求，教师需要提供更多复述的机会，比如在不同情境中对同一内容进行复述，巩固学生对这一内容的认识；采用提醒的策略，给予恰当的提示帮助他们记起要做的事情、要准备的物件，有效参与当前的活动或者任务；或者提供有效的记忆策略引导学生进行有意记忆。

3. 迁移方面的需求

学生难以灵活运用已经习得的知识或技能，难以迁移到新的情境中。特别是对于智力落后或者是认知存在障碍的学生来说，迁移问题是他们在认知层面最明显的问题。主要表现这几个方面：（1）老师讲解过的题目会回答，但同一类型的其他题目则无法完成；（2）单个知识点呈现时可以理解，但多个已经学习过的知识点同时呈现在一个题目中时就会出现理解困难；（3）若提供例题，学生可以正确解答，但若没有例题，则无法正确解答；（4）课堂上所学习的知识难以迁移到其他情境中，如课堂外、校园外。教师需要采用多种策略帮助特殊需要学生，使他们能够将习得的知识应用于不同的情境，更好地掌握知识点以及未来更好地适应社会。

（二）与情绪和问题行为相关的特殊教育需求

存在情绪情感障碍和问题行为的学生，他们在学习过程中也可能会遭遇较多的困难，在此方面存在特殊教育需求的学生主要有以下类型：（1）情绪与行为障碍学生。这类学生不能与同伴或老师建立和谐友好的关系；时常处于弥漫性的不快乐或者抑郁中；正常情境下常出现不适当的行为或者情绪。（2）注意力缺陷/多动障碍学生。这类学生时长表现出多动、冲动的行为问题。（3）自闭症谱系障碍儿童。这类学生多存在社会情感沟通问题，会表现出各种重复、刻板的行为和兴趣。（4）学习障碍的学生。这类学生常会因为学习困难以及学业失败而焦虑或者抑郁。

面对这些特殊的教育需求,需要教师提供特殊服务或支持:(1)心理健康方面的服务。需要学校心理健康教师或者校外的心理咨询师提供专业的指导,帮助这类学生控制或正确发泄情绪,在面对负性情绪时采用正确合理的疏导办法。(2)积极的情感支持,处理情感问题的方法指导。需要专业人员或者教师给予他们安慰,帮助这类学生度过艰难时刻,体会到社会支持和情感的温暖。(3)特殊的行为支持或者行为干预。需要特殊的行为支持或者干预帮助这类学生减少学习困难和社会适应问题。

(三)与生理特征有关的特殊教育需求

与生理特征有关的特殊教育需求是指学生在生理上存在障碍或者缺陷,需要教师提供特殊的支持才能解决学习中遭遇的困难。主要包括视觉障碍、听觉障碍、肢体障碍、脑瘫等几种类型。

1. 视觉障碍

视觉障碍儿童由于各种原因导致双眼视力障碍或者视野缩小,难以完成一般人从事的工作、学习或者其他活动。视觉障碍又可以分为盲和低视力两种类型。盲童视力极其低下甚至没有光感;低视力的儿童残余一些视力,可以借助纸质材料进行学习、阅读和写作。由于生理上的缺陷,视觉障碍儿童的心理健康问题也非常需要关注,如视力障碍儿童表现出较多的情绪(如抑郁症状等)和行为问题(如社交回避、社交困难等)。

视觉障碍学生可能需要:(1)使用助视器改善其视觉功能(如放大镜、远视器);(2)调整环境,提供合适的照明(比如,让学生坐在教室的前排位置,黑板不要有反光等);(3)特殊的视觉材料(比如,大字体的课本,纸面要白,字迹要黑,对比明显)或者替代视觉的教学材料(比如,录音资料、盲文资料、触觉材料);(4)促进残余视力使用的训练(比如,追踪移动的物体)。

2. 听觉障碍

听觉障碍是由于各种原因导致双耳听力丧失或者障碍,因而听不到或者听不清周围环境的声音。这类学生的困难在于接收外界的信息困难,在课堂上难以听清教师讲课的内容,跟不上教学的节奏。

听觉障碍学生可能需要:(1)使用助听器。(2)促进残余听力使用的训练,开展唇读、看话技能以及言语沟通技能训练。(3)调整座位安排,在教学过程中保持与学生的眼神接触,让学生看清嘴型。(4)调整环境的噪音水平。(5)采用视觉辅助材料或手势线索支持教学。(6)适当时提供手语翻译。

3. 脑瘫

脑瘫是指因儿童大脑发育成熟前受损伤所致的一种综合征。这类学生常会形成一些不正常的姿势和运动模式,常存在肌肉张力过高或者过低的问题。脑瘫不仅会使学生无法有效运动,甚至会导致长期的畸形,他们在言语表达、认知能力等方面的发展也会受到限制,学习的效果受到影响。

脑瘫学生可能需要:(1)辅助行走的器具(比如,拐杖、轮椅等);(2)矫形器,使身体某些部位(脊椎)维持恰当的姿势;(3)其他辅助器具(比如,翻书装置、固定纸张的装置);(4)粗大动作技能、精细动作技能方面的训练;(5)生活自理能力训练;(6)言语沟通能力训练;(7)认知能力训练。

思考探究

> 特殊儿童有三个特征:1. 心理特征。多以自我为中心,排斥他人,性格孤僻,注意力不集中,情绪紧张、压抑,心理稳定性较差,喜怒无常,缺少一定的自制力。2. 生理特征。特殊儿童骨髓发育相对较为迟缓,会在一定程度上表现出特殊的身形特质。另外,特殊儿童的身体素质及内部机能弱于正常儿童,其神经系统功能及语言表达功能也较为落后。3. 认知特征。特殊儿童相较于正常儿童,其认知能力较低,信息存储量小,理解知识较慢,思维不敏捷,自主学习能力差,观察力不强,学习效率较低。
>
> 请你分析:如果你是特殊儿童的老师,你认为自己可以做哪些教育工作?

教学短论

本节主要介绍融合教育的学生,从学生的身心发展特点、社会地位以及特殊教育需求三个方面展开讨论。融合教育的学生囊括多种类型,不仅局限于残疾儿童,还包括各种类型的处境不利的所有儿童。从个体成长发展的视角,本节依次介绍了幼儿、小学生、中学生身心发展的特点,以及每个阶段对应的皮亚杰认知发展阶段论当中的阶段特征,这些内容能够帮助我们更好地理解学生的特点。

在学生地位方面,从学生的社会地位和教育过程中的地位两个方面展开讨论,所有学生,包括特殊需要儿童,在社会中拥有着主体地位,理应被接纳与尊重;他们具有学习能力,能够对社会做出贡献,均是有价值的个体,只要能够给他们提供平等的、优质的条件,他们均可以在学校和成长道路上取得成功。

在个体成长发展的过程中,由于种系遗传和外部环境等因素的影响,所有儿童均会有特殊教育需求。这里主要介绍了与认知相关的特殊教育需求、与情绪和问题行为相关的特殊教育需求、与生理特征有关的特殊教育需求,希望能够更加清楚地阐释特殊教育需求以及对应的解决方法,为融合教育实践提供更多的参考建议。

第三节　融合教育的教育影响

学习目标

1. 了解融合教育的教育内容;
2. 了解融合教育的教育手段。

知识导入

融合学校的特征

(一) 共享愿景

融合学校的一个突出特点就是全校能够达成共同愿景。在融合学校的愿景中,融合学校力图接纳、支持各种背景的学生,包括不同语言、文化、种族以及有残疾的学生;学校能够对所有学生持有高期待,期望所有学生取得成功;教职工、专家、家庭和社区共同致力于融合学校的创建与发展。

(二) 强有力的领导

校长在塑造融合学校中的校园文化、统筹学校中的改革路线等方面发挥着多重作用。他们不仅要促进学校教职工与家庭以及当地社区之间的积极联系,还要与教职工和当地社区共同努力来确定融合学校建设的愿景和规划,对全体教职工提出高期待,明确任务。通过向教师提供支持与鼓励以提高教师的能力,与教师一起将这种愿景转化为有效的学校政策和实践。

(三) 高标准

在融合学校中,所有学生都有权利接受高质量的、具有挑战性的课程。对于小部分残疾程度比较严重的学生而言,对他们的标准要求可能会有些不同,对他们的教学可能会更多地集中于功能性技巧和有价值的生活经验。

(四) 支持、资源与服务

在融合学校中,有特殊需要的学生能够获得一系列的服务,包括外部支持、班级内支持和特别化支持。其中外部支持包括学业监控和课程与教学的调整;班级内支持包括在普通教师中特殊教师对学生的辅助以及合作教学;特别化支持包括资源教室和自足式特殊班级的安置环境。

(五) 高质量的教学

在融合课堂的实践中,融合教育已经形成了一系列被证明有效的教学策略,即融合教育的最佳实践方式:(1)"个别化",包括"个别化教学""个别化教育计划""个别化转衔接话"三种教学方式;(2)"合作",包括教师间的合作教学与学生间的合作教学;(3)"分层",包括课程分层、教学分层和评估分层三个方面。

(六) 高质量的教师专业发展

好的融合学校的另一个特点就是专注于为教师提供高质量的、以学习者为中心的专业发展机会来培养他们支持融合教育的能力。这种专业发展应该集中于帮助教师使用基于研究证据所获得的技术方法来解决问题。

一、融合教育的教育内容

融合教育的教育内容是融合教育必要的实践元素,是由抽象理念转变为具体实践的渠道。在融合教育学校中,教育内容的主要表现形式是课程和教材。借助于融合教育的课程和教材,融合教育学校可以向学生传授知识技能、思想与观点,培养行为与习惯。融合教育课程和教材的设置可以反映其本身对融合教育的理解程度。在普通学校中,如果课程和教材依旧坚持主流化,是无法落实与坚持融合教育的精神实质的。《全纳教育指导方针》中也指出:所有人都能使用的、灵活的课程是建设"能为所有人提供教育的学校"的关键。

(一)融合教育课程的性质

融合教育课程是指为满足特殊教育需要学生的特殊教育需求,以普通教育课程体系为基础,通过适当调整与变革所形成的面向所有学生的课程[1]。

虽然区别于普通教育课程,融合教育课程仍以普通教育课程为核心。在西方国家进行融合教育课程制定的基本思路中,融合教育课程是整个普通教育课程的组成部分,要以国家课程为基本前提[2]。比如,美国在2001年颁布的《不让一个孩子掉队法案》明确规定"加强地方教育当局的控制权和自由度",这里的控制权包括课程实施的决策权;并且要求提高学业标准,让残疾儿童参与普通教育活动和课程中。英国将融合教育课程定义为一种"共同课程",即国家课程,并且在《英国国家课程框架》明确指出,"国家课程是学校教育当中的基本要素,国家课程的目的在于为教师提供一个需要教授的核心知识概要,给学生提供最基本的教育内容;在结构上,国家课程会指定各个关键学段学校必须教授的知识、技能和教学过程。"澳大利亚在统筹构建基础教育国家课程体系的过程中,将残疾学生在内的所有特殊需要教育对象纳入国家课程统筹考虑的范围内[3]。从融合教育起步较早的西方国家的已有经验来看,融合教育课程以国家课程为基本提前,也已逐渐成为国家课程改革的重要方面。

(二)融合教育课程的内容

融合教育课程具体包括哪些内容呢?目前学者主要围绕学业课程、社会性发展课程、补充课程三个方面,对融合教育课程展开讨论。

学业课程指的是以学生的学业成就为目标导向的课程。与传统的学业课程相区别的是,融合教育课程具有较强的灵活性与可调整性。调整的课程要依据特殊需要儿童的具体情况,比如,如果特殊需要儿童存在肢体残疾,需要做的是为他们提供调整教室的布置,提供适当的无障碍设施;如果特殊需要儿童存在听力障碍,则需要为他们提供听力复制设备,这两类情况在课程内容上基本不需要做出调整。如果特殊需要儿童存在听力、智力、肢体等多重障碍,这时就需要对课程内容进行较大幅度的调整,并且需要

---

[1] 李拉.融合教育学[M].南京:南京大学出版社,2022:162.
[2] 邓猛.融合教育理论指南[M].北京:北京大学出版社,2022:153.
[3] 李拉.澳大利亚融合教育的课程调整及启示[J].中国特殊教育,2019(7):15-21.

提供专门的设施设备等。对学业课程内容的修改与调整不仅有助于特殊需要儿童的学业,对于普通学生也有助益,他们可以体验到多元化的课程、作业呈现方式,理解个体间的差异性,形成包容、耐心等积极的心理品质。所以说,融合教育的积极成果可以助益班级中所有学生的成长发展。

社会性发展课程指的是以学生的社会适应与发展性能力为目标导向的课程。对于特殊需要儿童来说,这类课程有助于他们个性、人格的形成,对于人际关系的建立、社会参与的增强至关重要。与学业课程不同的是,社会性发展课程并不是以一门独立的课程形式加以呈现,而是通过学业课程的讲授或学习过程来获得。比如,在课程讲授过程中,教师通过小组合作的形式发布作业任务,在合作的过程中,融合教育班级中的所有学生可以学会互助。在进行社会性发展课程的设计时,一定要考虑到特殊需要儿童在学校环境中的被接纳程度以及他们自身的归属感,最为理想的状态是为他们营造无歧视的、相互帮助、相互尊重的环境,能够让他们高度地参与学校的各类活动。

补充课程指的是以生活技能和社会转衔任务为主要目标的课程。普通儿童与特殊需要儿童在生活技能、卫生习惯、自理能力等方面的习得方式是不一样的,普通儿童可以在家庭或者在校外通过观察、模仿等方式进行这方面的探索、学习与掌握,但特殊需要儿童则需要提供专门的课程帮助他们掌握这方面的技能。当特殊需要儿童步入高年级之后,还需要为他们适应成人生活、掌握职业能力等提供专门的支持。这也契合了融合教育背景下教育服务多样化的特征[1]。

(三) 融合教育课程的设置

融合教育课程的课程立意不应局限于其能力范围内,而应该是与个人需求匹配,是一种开放式的、体现儿童人生价值的课程[2]。正如国际教育委员会提出的明确要求:融合教育课程必须满足残疾学生的不同特征与需求,并且不是一成不变的,是弹性化的、可以调整的。要坚持以学生为中心,帮助学生获得全方位的发展。

整体上看,目前主要存在的两种课程设置方式:(1)让所有学生适应统一的课程目标、内容和标准,不考虑是否有特殊教育需要的存在,类似于用一种"融合"的口号、"纳入"的手段把特殊需要学生套入"百搭"的主流课程中。并且,在学习的过程中,特殊需要儿童需遵循主流的学习方式,努力向评价标准靠近。(2)课程设置关注特殊需要儿童的教育需求,通过对课程的调整适应特殊需要儿童的需求。这一做法能够真正领会融合教育的真谛,在教学实践中切实履行融合教育的理念,渗透了融合教育的基本精神和原则。采取后一种做法的教师能够敏锐地察觉到"主流化"教学手段的谬误,用一般的或一律的教学内容和教学方法去应对特殊需要学生的特殊需求显然是行不通的。为了使得课程与教学具有高水平的"生态效度",他们会结合特殊需要学生的特征进行施

---

[1] 赵勇帅,邓猛.西方融合教育课程设计与实施及对我国的启示[J].中国特殊教育,2015(3):9-15.
[2] 朱楠,王雁.融合教育背景下特殊教育学校职能的转变[J].中国特殊教育,2011(12):6.4+7.

教[1]。这种课程调整并不会完全改变普通教育课程，而是在原来的基础上根据特殊需要儿童的发展特点，对课程的目标、内容、评价方式等方面进行相应的调整或修正。

（四）融合教育课程的开发

从20世纪80年代开始，我国已在政策层面关注融合教育相关课程开设的问题，倡导和鼓励开设融合教育相关课程。1989年，教育部等部门联合发布的《关于发展特殊教育的若干意见》提出："高等师范院校应有计划地增设特殊教育选修课程"。2018年，教育部发布《普通高等学校本科专业类教学质量国家标准》，要求所有教育学类专业在专业基础课程中开设"特殊教育概论"。实证研究已经证实，只要教师适当地对课程内容加以调整，特殊需要儿童便可以从普通的课程中获得收益。对于大部分普通学校中的特殊需要儿童来说，他们可以跟上调整后的普通课程的学习，只有一小部分的学生由于生理障碍程度较高才难以跟上班级的进度[2]。但在现实的教学情境中，大多数国家并未建立共同课程框架，特殊教育与普通教育课程体系间的连接也并未打通。即便普通学校要求教师照顾特殊需要儿童特殊的学习需求，倡导教师让特殊需要儿童与普通学生一起充分且平等地参与学校课程学习及活动，但多数普通学校教师没有依据特殊需要儿童的具体情况进行课程内容的调整。

为挖掘出适合我国融合教育课程改革的最佳实践模式，学校和教师均需要开展融合教育课程调整的实践，满足特殊需要儿童的教育需求，最终使得特殊需要儿童从融合教育中获益。首先，需要转变教师融合教育的态度，提高融合教育课程调整的意识与能力。逐渐建立起融合教育教师合作团队，必要时邀请特殊教育教师、巡回指导教师等专业人员为融合教育的课程调整提供专业指导和支持[3]。其次，需要重视融合教育课程本土化的问题，打破普通教育和融合教育之间的藩篱，实现平等、多元、尊重差异的融合教育。最后，研究者、教育管理者、学校领导者、融合教育教师应组建融合教育支持系统，提供人力、物力、技术、制度层面的支持，多层级联动与组合形成融合教育课程改革坚实的基础。

二、融合教育的教育手段

融合教育的教育手段是指融合教育教师将教育内容传授给学生所借助的各种形式和条件的总和，主要包括物质手段和精神手段。物质手段是指在进行融合教育活动时需要的一切物质条件，包括融合教育的活动场所和设施、教育媒体以及教育辅助手段等。精神手段主要是指进行融合教育活动时所运用的各种非实质性手段，包括教育方法、教育途径等。本节主要针对融合教育场所、融合教育教学法、融合教育教学组织形式、融合教育辅助途径进行介绍。

---

[1] 卢乃桂. 融合教育在香港的持续发展——兼论特殊学校的角色转变[J]. 中国特殊教育, 2004(11):10.84+86-90.

[2] 王振德. 教育改革、九年一贯课程与特殊教育[J]. 特殊教育季刊, 2002, 82:1-8.

[3] 韩文娟, 邓猛. 融合教育课程调整的内涵及实施研究[J]. 残疾人研究, 2019(2):70-76.

(一) 融合教育场所

融合教育的主要场所是融合学校。说到融合学校，人们不禁要反思，什么是融合学校？融合学校与普通学校的区别在哪里？为什么要建立融合学校？如何建立高质量的融合学校？

融合学校这一概念最早被提出是在1994年联合国教科文组织在西班牙召开的世界特殊教育大会上，《萨拉曼卡宣言》在向全球介绍融合教育的同时，提到了融合学校："融合学校是反对歧视、创造欢迎残疾人的社区、建立融合社会和实现人人受教育的最有效途径；进而言之，他们为绝大多数的儿童提供了一种有效的教育，提高了整个教育体系的效率，并从根本上改善了教育的成本——效益比。"关于融合学校的概念，《特殊需要教育行动纲领》中曾进行较为细致的描述："学校应该接纳所有的儿童，而不考虑其身体的、智力的、社会的、情感的、语言的或其他任何条件……学校必须寻找到成功地教育包括处境非常不利儿童或残疾儿童在内的所有儿童的方法。"可见人们对于融合学校怀有美好的憧憬。在众多学者给出的融合学校定义中，苏珊·坦贝克和威廉·斯坦贝克的观点认同度较高，他们认为："融合学校是一个每个学生都有归属感、每个学生都被接受认可、每个学生的教育需要都被了解而且都能尽可能得到满足的地方。在融合学校中，每个人都在被人提供支持并且也能得到别人的支持。"在这一概念描述中，融合学校是一个充满爱的地方，成员彼此互助、相互扶持。还有学者对融合学校的价值观进行归纳，包括ABC（接纳、归属、共同体）和3Rs（阅读、写作、人际交往关系）。

融合学校是在普通学校变革的基础上产生的，特别是针对学校组织管理、课程设置等方面的千篇一律进行的重构。从国内外的融合教育实践经验来看，普通学校会顺应融合教育的发展理念，其转型发展的方向也是朝着融合学校迈进[1]。融合教育的实践实际上是普通学校发展和管理的整体性问题，并不是特指特殊需要儿童适应普通学校的教育问题。从学校的层面来看，将融合教育的理念融入学校的改革发展，也是学校追求均衡与公平教育的关键内容[2]。一般来说，普通学校更欢迎有能力或者成绩优异的学生，而对于学习存在困难或者在身体、智力、情感、语言等方面存在障碍的学生持有排斥的态度。这是基础教育领域发展的常见现象。但随着教育公平理念与融合教育思想的提出，特殊教育的研究者开始从学校变革的角度思考特殊需要儿童的发展和学业问题。破除传统的普通学校对特殊需要儿童的排斥是融合教育需要去努力破解的问题。融合学校更是在原有普通学校基础上的转型升级，这些学校能够真正接受特殊需要儿童，并为他们提供优质的教育服务。

国外学者曾对融合学校的特征进行概括，融合学校包括四个基本要素[3]：(1) 以社区为基础。融合学校面向这个社区，人人都是受欢迎的、积极的、不同的，不存在筛选、排斥或拒绝。(2) 无障碍的。包括物理环境和教学环境的无障碍设计，所有学生不仅

---

[1] 李拉.融合教育学[M].南京:南京大学出版社,2022:103.
[2] 昝飞.融合教育:理想与实践[M].上海:华东师范大学出版社,2021:12.
[3] 李拉.融合教育学[M].南京:南京大学出版社,2022:126.

能够顺畅地进入学校中,也能一起学习课程。(3) 促进合作。融合学校不仅注重学校内部教职员工与家长、专业人员之间的合作关系,也注重与其他学校和周围社区的合作。(4) 促进平等。融合学校是一个民主的场所,所有的成员都有权利和责任,都有同等的机会从教育中受益并且能够参与教育活动中①。我国的学者也陆续在融合教育实践的基础上围绕融合学校开展研究。黄志成认为,在全纳学校中,全纳教育的理念和实践举措是得到支持的,所有学生进入全纳学校中都是受到欢迎的,学生之间的个体差异是得到承认与赞同的②。邓猛曾总结融合学校的特征,将其归纳为四点,分别是:(1) 物理环境上的接纳;(2) 文化上的包容;(3) 资源的共享;(4) 教学的有效③。李拉将理念与价值、环境与文化、师资与管理、教学与运行四个方面作为评价一所学校是否可以成为融合学校的标准④。

(二) 融合教育教学法

伴随着随班就读的普及,传统的教学方法可能已经不大适用于普通学校中融合教育的课堂教学。有效的教学方法能够促进课堂教学质量的提升,在此,总结融合教育实践的已有经验,选取四种在融合教育中使用频率和认可程度较高的教育方法进行介绍。

1. 差异性教学

差异性教学的核心问题是,教师如何在教学过程中针对学生在学习准备、兴趣爱好、智力倾向和学习风格等方面的差异,通过调整教学目标、内容、方法与进度等,适应学生不同的学习需求,实现每个学生在原有基础上的充分发展和最佳发展⑤。差异性教学的实施需要借助于正式评估、非正式的课堂观察等方式,在认识和了解学生能力水平、认识风格、学习风格、学习速度、学习准备等方面的基础上确认学生间的差异。在拟定差异性教学计划时,需要面向所有的学生确定教学目标,力求让所有的学生能够在自身水平上参与课堂教学活动。在学习结束之后,教师要考虑如何对学习结果进行考核和评价,即学生表现出什么样的学习结果才算是达成教学目标。

2. 融合教学法

融合教学法(inclusive pedagogy)是关于教与学的思想转变,即从关注多数或一些学习者到关注每一个学生的转变。与其他融合教育教学方法相比,融合教学法的独特性体现在以下方面:(1) 融合教学法的目的是通过创造一个丰富的学习环境,保障所有学生的学习机会。(2) 与不断重申普通教师的融合教育意识薄弱、缺乏照顾特殊需要儿童的专业知识和专业技能的观念不同,融合教学法关注教师如何利用好已经具备的知识和技能去解决学习者正面临的学习困难。(3) 融合教学法注重教与学双方在特定教学情境中的相互建构,尊重和接纳学生的个体差异,避免将特殊需要学生标签化与污

---

① Thomas G, Walker D, Webb J. The Making of Inclusive School[M]. London: Routledge, 1998: 15-16.
② 黄志成. 全纳教育、全纳学校、全纳社会[J]. 全球教育展望, 2004(12): 67-70.
③ 邓猛. 融合教育理论指南[M]. 北京: 北京大学出版社, 2022: 125.
④ 李拉. 融合教育学[M]. 南京: 南京大学出版社, 2022: 109.
⑤ 夏正江. 一个模子不适合所有的学生: 差异教学的原理与实践[M]. 上海: 华东师范大学出版社, 2008: 1.

名化[1]。

3. 小步子教学法

小步子教学法是指根据特殊需要儿童身心发展的特点,在必要时把教学内容分解成若干个步骤或若干个小组的组成部分,然后一步一步进行教学的一种方法。这种教学方法主要用于矫正和补偿特殊需要儿童,使得学习内容逐步化解,贴近他们的认知过程和接受能力。在开展小步子教学的过程中,需要确立小且集中的教学目标,教师在深入钻研教材的基础上有机地将知识点进行分解,开展有层次的教学[2]。小步子教学能够将具体的知识迁移到抽象的知识,实现由易到难、由浅入深。在具体实施的过程中,具体分解为几步、步子的大小要根据教学内容的难易和学生的特征来确定。

4. 结构教学法

结构教学法是"为儿童营造一个具体、清晰的学习环境,利用简单的程序表协助他们建立常规,又利用特意的视觉安排设立合适的工作系统,并以视觉作为教学的主导,使儿童对环境和事物有较好的掌握,减少他们对环境的混淆感,从而减少其行为问题的一种操作思想或方法"。结构教学法的核心目标是帮助特殊需要儿童适应班级环境。结构教学法里面的结构,侧重于教学情境方面的结构,旨在通过组织与安排教学情境(时间、空间、教材、教具、教学活动)服务于教学目标的完成。通常来说,班级中学生差异的大小、教学目标的复杂程度会影响结构的多少:学生差异程度越大,教学目标越多样,所需结构越多;反之,学生差异程度越小,教学目标越单一,所需结构越少[3]。

(三)融合教育教学组织形式

在融合教育教学实践的过程中,教学组织形式在传统班级授课模式的基础上进行了相应的变革,旨在帮助特殊需要儿童融入集体活动,推进特殊需要儿童的发展。在此选取分组教学与分层教学、合作教学、走班制等几种教学组织形式进行介绍。

1. 分组教学与分层教学

分组教学与分层教学是目前普通学校普遍使用的教学组织形式,指的是教师根据学生现有的知识、能力水平和潜力倾向,将学生科学地分组或分层。教师可以将能力相近或能力差异较大的学生分为同组,让他们进行交流与协助,共同完成学习任务。在融合教育的课堂教学中,教师根据教育内容的难易程度将学生分为同质组和异质组,让特殊需要儿童在同伴的帮助下参与到课堂教学中[4]。在分组或者分层的过程中,教师需要适当关注特殊需要儿童的要求,更要鼓励小组成员共同完成学习任务。分组教学与分层教学的优势是,各小组可以完成不同的学业任务,如学业水平或能力较强、学得较快的小组可以完成较难的任务;学业水平或能力较差、学得较慢的小组可以完成较容易的任务。教师还可以根据不同的学业任务提供不同的指导,为学业水平或能力较强、学

---

[1] 徐素琼.国外融合教育视野下的课程探究及启示[J].现代特殊教育,2021:74-79.
[2] 马达良.小步子教学一得[J].现代特殊教育,2001(5):31.
[3] 邓猛.融合教育理论指南[M].北京:北京大学出版社,2022:186.
[4] 李拉.融合教育学[M].南京:南京大学出版社,2022:197.

得较快的小组补充较深的内容。

2. 合作教学

在融合教育教学中,合作教学是一种教学理念的革新。合作教学是两个人或者更多的人一起在一间教室中承担部分或所有学生的授课任务,包括共同承担制订计划、教学以及评估学生的任务。合作教学需以学科教师为主体,资源教师、巡回专业教师等可以作为学科教师的教学助手。由学科教师组织集体教学,教学助手为学科教师提供教学帮助,学科教师与教学助手共同为特殊需要学生提供专门支持。合作教学的优势是,由两名或者两名以上的专业教师协同合作完成课堂教学,打破了一个教师掌控一个课堂的固有模式,能够极大地提高教学的效率和效果,有针对性地兼顾差异。合作教学是学生从两个或更多的、有不同思考问题或教学方式的人那儿学习的一种有趣方式。

3. 走班制

走班制是根据特殊需要学生不同科目的学业水平存在的差异性,制定的将特殊需要学生灵活安置于不同年级及不同班级的教学制度。走班制是以走班为形式,流动到自己需要的班级进行学习的一种组织形式。比如,对于一名五年级的轻度智障的学生来说,语文学科可以跟得上班级进度,但数学学科的学业水平仅处于三年级,这种情况可以考虑以走班制的形式进行学习,在数学学科学习时将其安置到三年级的班级中。走班制的优势是,将学生的教学安置与学业水平进行匹配,能够极大地提高学生的学习积极性、学习自信心,促进其学习的适度发展。当然,走班制中存在的一些问题需要进一步探索,例如,准确地评估学生的学业水平的标准是什么?以什么为依据?走班的具体形式是什么?

(四)融合教育教学辅助途径

个别化教育计划的制定与实施或许是辅助融合教育教学的可能路径。个别化教育计划对教师的要求较高,强调教师要提供系列的教育服务,如提供一对一教学,提供兼具生活性、功能性和生态性的课程等。为了使特殊需要儿童能够更快、更好地适应在普通班级的就读,教师需要在班级的环境设置和教学策略方面进行相应的调整。这里以美国和日本在接收视力障碍儿童到普通学校就读为例。在美国,当视力障碍的儿童准备进入普通班级进行学习时,教师需提前做好课堂环境、教学材料和教学方法方面的改变。比如,教师需要向视力障碍的儿童介绍学校的布局、班级的布置,安排光线充足、靠近黑板的位置;由资源教师提前准备好盲文教材、课文、作业及测试的录音;提供方位训练、动作训练等。这些举措在一定程度上弥补了视力障碍儿童在生理发展上的不足,能够减少视力障碍儿童在学习过程中的阻碍,促使他们更好地适应与普通学生共同学习。在日本,如果普通学校招收视力障碍儿童,他们也会提前在教室环境、技能训练和学习内容等方面进行教学准备,特别是会根据视力障碍儿童的社会适应程度和心理状态及时调整学习内容。

我国也已经开始将视力障碍儿童纳入到普通班级中,践行着随班就读的模式。部分学校开始尝试在班级环境等方面进行相应的调整,通过改变教室的布置、提供辅助设备等途径更好地帮助视力障碍儿童开展学习活动;针对高年级视力障碍儿童学习内容的改变已经卓有成效,围绕低年级视力障碍儿童学习内容的改变仍在摸索中;在教学方法方面的改进则集中在寻找普通教育和特殊教育之间的平衡点,以便能够满足同一课堂中普通儿童和视力障碍儿童的学习需求。

通过以上举措我们会发现,为了尽可能帮助特殊需要儿童在融合教育学校中获得更好的发展,学校和教师会进行资源的调整,甚至会提供比普通儿童更多的资源去支持特殊需要儿童的发展,这种资源的配置虽然看似不公平,但其实做到了实质性公平,符合"最有益于最少受惠"的原则[①]。如果融合教育学校中的教师在授课过程中能做到调整与简化课程内容、适当延长考试时间等,这些举措都是有助于特殊需要儿童跟上班级进度的。

思考探究

请想想以下问题:第一,融合教育的学校环境主要由哪两方面构成? 第二,学校可以如何在人文方面为特殊学生提供帮助? 第三,特殊教育是如何与普通学校的设施建设相结合来实现融合教育的?

教学短论

本节主要讨论融合教育的教育影响,包括融合教育的教育内容与融合教育的教育手段。融合教育的教育内容主要指的是融合教育的课程与教材,是融合教育必要的实践元素,是由抽象理念转变为具体实践的渠道。融合教育课程必须满足残疾学生的不同特征与需求,因此在教学实践中,教师应适当地对课程内容加以调整。融合教育的教育手段包括融合教育场所、融合教育教学法、融合教育教学组织形式、融合教育教学辅助途径等。融合教育场所主要是指融合教育学校。融合教育需要创建融合学校来具体落实教育目标,融合学校的完善是融合教育改革的关键所在。融合学校通常由普通学校重塑而来,在环境、教学、师资、管理等方面具有特定的标准和特征。以融合教育理论为指引,成为当代普通学校转型的普遍方向。融合教育的教学法与教学组织模式更加适用于融合教育的情境,特别关注到个体的差异性,在教学过程中更加具有指向性。作为融合教育教学辅助途径的个别化教育计划,其在融合教育的实施中发挥着关键性的统领作用。个别化教育计划的实施能够满足特殊需要儿童的教育需要,并且能促进融合的总体教育方案的落实。

---

① 张国清.罗尔斯难题:正义原则的误读与批评[J].中国社会科学,2013(10):22-40.

案例学习

这是一堂英语课,老师教完新内容让同学们做随堂练习,做完之后以小组为单位,老师核对答案,同学交换批改。小叶做题速度比较慢,遭到同组同学小声催促,可能是担心自己成了全组做得最慢的,他有些着急,催促之下小叶显得有些无措,Z老师见状走到同学身边说:"没关系,不着急,老师说过,小叶同学的速度要稍微比我们慢一点,她已经非常努力在做了,我们要更耐心一些,老师会等所有同学都完成之后再开始核对的。"然后转过去对小叶说:"没关系,还有一点时间,你马上就要做完了,加油。"小叶又高兴起来,低下头继续做习题,并在两分钟之后完成。核对答案时,Z老师先请同学说出自己的答案,再和全班同学一起核对正误。遇到比较容易的一道题,老师请小叶起立回答并鼓励她大声说出来,小叶有些紧张,犹豫了一下小声说出自己的答案,答案正确,Z老师很开心地对全班同学说:"小叶同学的表现非常好,勇敢地说出了自己的答案,大家掌声鼓励。"全班掌声响起,小叶坐回座位,满脸高兴,听得更认真了。

思考:
1. 上述案例表达的主要观点是什么?请简要概括一下。
2. 案例中,Z老师采用了什么策略成功解决了问题?
3. 学习案例后,你有哪些收获?

资源拓展

对特殊需要儿童的评估

对特殊儿童进行评估是特殊教育中的重要环节,不仅能够帮助特殊儿童及其家庭选择适合自身实际情况的教育,而且有助于正确理解和解决特殊需要儿童各阶段身心发展的困难,提高教育干预成效,促进特殊儿童在教育体系内顺利转衔,对特殊儿童的教育和发展具有重大现实意义。对特殊儿童进行评估既可以采用定量的方法,例如智力量表、适应行为量表、问题行为量表、语言能力测验、成就测验和感觉动作统合测验等各种测验,也可以使用观察、访谈等方法将收集到的数据进行定性评价。通常来说,特殊儿童心理评估以测验法为主,其他方法为辅。这些传统评估方法一般是由受过训练的评估人员,在特定的场所,按照标准化的程序,通过个体施测或一对一访谈,获得评估所需资料。然而,由于评估对象本身的特殊性,这些方法在实际使用中也存在一些问题。首先,听力障碍儿童、智力障碍儿童、脑瘫儿童、孤独症谱系障碍儿童以及特定性语言障碍儿童等特殊儿童,由于智力、听力、精神等原因,通常存在某种程度的沟通障碍。这可能导致他们在评估过程中难以用流畅的语言表达自己的需求,或按照评估者的要求进行配合,因此很可能导致评分偏差。其次,由于特殊儿童情绪控制能力不足,在测试过程中可能会受外界事物的干扰造成情绪波动,或出现测试焦虑,从而导致能力水平被低估。例如,研究发现,特殊儿童在家中能准确地说出物体的颜色,但在测验时却由于紧张、恐惧而答不出问题。再次,某些特殊儿童,例如智障儿童,在感知觉方面缺乏应有的好奇心,缺乏深入观察与体验的意愿,因此参与测验作答的动机较低。同时,由于"不专注行为"在特殊儿童中普遍存在,他们往往在测试过程中注意力涣散,致使测试结果不能反映其真实水平。最后,现有测量工具的理论模型大多注重评定行为样本的反应结果,不注重评定其反应过程的特点,而了解特殊儿童心理过程的特点是对其进行有效教育干预的重要前提。为了应对上述问题,有研究者提出,特殊儿童的评估应该立足真实场景,关注他们在生活、学习、游戏等背景下的需求和表现[①]。

评估1:智力障碍儿童的表现

智商以数理、逻辑等方面的智能为主,因而,智商低,并不代表其他方面的智能也低。以多元智能视角来看,智障学生尽管智商不高,但不排除他们在音乐、身体、动觉等其他智能方面有优势,故应当将问题视角改为优势视角。例如,上海市长宁区初级职业学校的智障学生王某,经过刻苦努力,考取了国际舞蹈教师协会的银奖证书;又如施某,智商只有40左右,但他酷爱摄影,学习摄影技术进步很快,在学校的帮助下开办了个人摄影展;再如俞某,患有轻度智障和自闭症,但他热爱音乐并坚持不懈地努力,学校也为他创造了许多条件,最终他成功举办了个人演唱会,从他弹出的天籁般的琴声中,听众简直无法相信他有智力障碍。

评估2:孤独症儿童的表现

通过对家长、幼儿园老师以及小朋友的访谈和实地观察记录,对A在幼儿园的初期表现评定如下:语言方面,A从不主动与人说话,被老师问急了会鹦鹉学舌般地重复老师的原话。如问她:"我是谁?"她会答:"我是谁?"经常自言自语,且特别爱说一些广告词。社交方面,A从不主动与人交往,老师和她说话时,她东张西望,对老师的问话置之不理,和其他小朋友也努力保持一定的身体距离。感知觉方面,对周围环境漠不关心,性格比较急躁,稍不如意就会通过哭闹、叫喊宣泄情绪,不能够理解别人的解释,不能体谅他人。行为方面,A经常乱扔东西,有自虐现象,喜欢咬自己的手,不敢和人目光对视,喜欢旋转,自己能够转很长时间。上课的时候,她也经常大喊大叫,或者大声唱歌,喜欢一个人跑出教室玩,喜欢被老师拥抱,听到嘈杂的声响喜欢用手捂耳朵。

评估3:自闭症儿童的表现

小雨(化名),男,5岁,就读于小太阳幼托园(化名)中二班,入园已有一年时间,上午到某私立特殊教育机构接受训练,下午在幼儿园。小雨的妈妈在怀孕期间,未出现任何异常,并积极进行胎教。小雨一直都很顺利地成长,直到两岁的时候,家人见他还不会说话,到市儿童医院检查,早期诊断为自闭症伴智力发展迟缓。小雨的主要表现:自我刺激,行为刻板,如反复玩雪花片;不与人交往,眼神不与人对视;沟通障碍,能说少量的模糊不清的几个字,有"鹦鹉学舌"的表现;分不清人称代词之间的关系;有一定理解力,能听懂日常指令性语言,具有一些功能性的沟通语言,表达需求时会拉成人手请求帮助;害怕陌生环境,不想参与幼儿园活动时会大叫。

---

① 李一茗,杨上琦,黎坚.基于游戏的评估:特殊儿童心理评估的新方向[J].中国特殊教育,2021(12):7.

第六章
融合教育的主题选择

学海导航

你知道特殊需要儿童的类型都有哪些吗,你知道如何针对不同类型特殊儿童开展教育吗?本章内容主要围绕融合教育的三个特殊群体展开,分别是孤独症儿童、智力障碍儿童、身体残疾儿童。三类特殊儿童分别代表了特殊障碍儿童的三个主要群体:精神障碍、智力障碍和身体障碍。围绕三个特殊的群体,每一节先从对于该群体儿童的内涵进行介绍,在此基础上再介绍该类儿童的教育干预的具体方法。针对孤独症儿童群体,本章介绍了音乐疗法和行为疗法两种方法。针对智力障碍儿童群体,本章介绍了游戏疗法和感统训练疗法。针对身体残疾儿童群体,本章从视力残疾和听力残疾两个群体分别介绍了其教育转化的方法。通过本章内容的学习,能够了解融合教育的三个主要群体的教育特点和要求,掌握三个特殊类型儿童教育转化的具体方法。

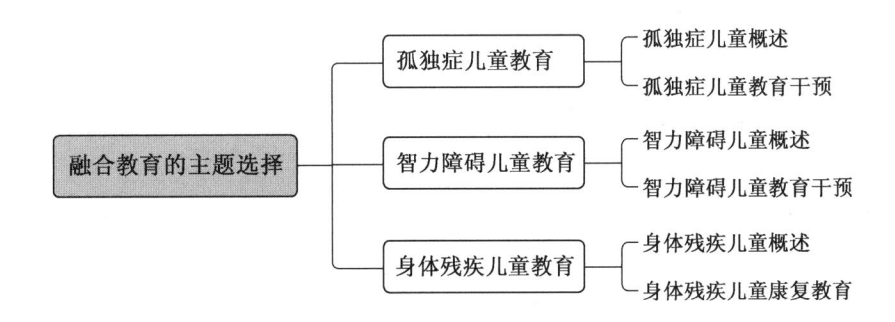

知识导图

```
                            ┌─ 孤独症儿童教育 ─┬─ 孤独症儿童概述
                            │                  └─ 孤独症儿童教育干预
                            │
融合教育的主题选择 ─────────┼─ 智力障碍儿童教育 ─┬─ 智力障碍儿童概述
                            │                    └─ 智力障碍儿童教育干预
                            │
                            └─ 身体残疾儿童教育 ─┬─ 身体残疾儿童概述
                                                 └─ 身体残疾儿童康复教育
```

第一节　孤独症儿童教育

学习目标

1. 能够说出孤独症儿童的概念，了解孤独症儿童研究的基本历程，理解孤独症儿童的临床表现。

2. 掌握孤独症儿童音乐治疗的内涵，理解音乐治疗基本做法，尝试在实践中运用音乐治疗对孤独症儿童进行教育干预。

3. 掌握孤独症儿童行为治疗的内涵，理解行为治疗基本做法，尝试在实践中运用行为治疗对孤独症儿童进行教育干预。

知识导入

"孤独"，往往是人们在描述常人的性格特征时用到的词语，有的时候也说成"孤僻"。"孤独症"只是借用了"孤独性格"的某种外在表现，但是，"孤独症"却与这种性格有着完全不同的内在含义。典型孤独症之"孤独"的意义主要有三个。其一，自我迷恋。孤独症使孩子顽固沉迷于自我感觉器官刺激带来的快感，抑制了他们对他人和其他事物的关注。他们高度抗拒外界介入，在自我封闭状态中无法自拔。其二，严重的自我中心化思维。即便是高功能孤独症患者，绝大多数也是按照自己的角度、自己的方式、自我的理解去看待事物。其三，"孤独症"还有一个显著特点，那就是很难被本人自觉意识。因而，大多数孤独症患者没有自主调节能力，或自我调节能力薄弱。与其说"孤独症"是一个医学名词，不如说"孤独症"就是心理学意义上的命名[①]。

一、孤独症儿童概述

孤独症儿童是一个特殊的群体，据《2021年度儿童发展障碍康复行业蓝皮书》显示，我国0～18岁孤独症儿童数量保守估计约300万。孤独症属于精神障碍性质儿童发育疾病，孤独症儿童作为特殊儿童的一个群体，有着典型的行为特征。

（一）孤独症儿童的基本内涵

1. 孤独症儿童的概念

孤独症，又称为自闭症或者孤独性障碍，是广泛性发育障碍的代表性疾病。广泛性

---

① 甄岳来.孤独症儿童社会性教育指南[M].北京：中国妇女出版社，2022.

发育障碍是一组起病于婴幼儿期的全面性精神发育障碍。主要表现为人际交往障碍、交流沟通障碍以及兴趣和行为方面的异常。不同个体之间症状严重程度差异较大。精神症状常在5岁以内明显,以后可有缓慢的改善,多数患儿伴有精神发育迟滞。广泛发育障碍一般包含5种:孤独症障碍、雷特综合征、童年瓦解性障碍、阿斯伯格综合征和未特定的广泛性发育障碍,其中以孤独性障碍与阿斯伯格综合征较为常见。

孤独症根据其致病原因及表现的差异,可以分为真性自闭症和假性自闭症两种类型。真性自闭症也称为器质性自闭症,是患者由于自身基因突变造成大脑思维功能缺失,失去或严重缺失思维功能。这些儿童由于先天的基因突变影响其神经发展,先天缺少对于事物的认知、总结、归纳、分析、判断等逻辑思维能力,表现出智力低下的状态并且是持续终身的。假性自闭症也被称为功能性自闭症,是指儿童大脑思维区域无器质性病变,具有正常的思维能力,他们智力的缺失是由于后天某项能力的发展不平衡所引起的,我们一般所接触到的孤独症儿童多为假性自闭症儿童,占到了自闭症儿童总数的99.8%以上。

2. 孤独症儿童的认知

孤独症疾病是随着现代医学的发展逐渐被人们所认知。临床上最早描述孤独症疾病的是在20世纪40年代,至今有80年的疾病发现史。1943年,美国医生Kanner报告了11例患者,他当时描述这个类群的患者特征如下:严重缺乏与他人的情感接触;怪异的、重复性的仪式性行为;缄默或语言显著异常;高水平的视觉——空间技巧或机械记忆能力与在其他方面的学习困难形成对比;聪明、机敏且具有吸引力的外貌表现。最初,Kanner报告的这类患者被认为是儿童精神分裂症的一个亚型而未受重视,后来随着类似病例逐渐被发现,才被正式命名为"早期婴儿孤独症"(early infantile autism)。

随着人们对孤独症认识的不断加深,人们对儿童孤独症的认识也在逐渐发生着变化。在20世纪50至60年代,孤独症被广泛认为是早发型儿童精神分裂症,是根植于父母—儿童精神动力学的情感障碍,当时流行的精神分析师认为孤独症代表了一名婴儿对情感冷淡母亲的反应,所以孤独症是一型心理退缩病症的表现。至20世纪70年代,孤独症的心理起源范式逐渐向神经生物性本质过渡,人们才逐渐认识到儿童孤独症的产生主要源自儿童生物性的神经病变。其中代表性的观点如Rutter的研究,他指出,孤独症的行为如果被认为是从出生到童年早期的发育障碍所致则更为合情合理。由此,孤独症逐渐被看作一种躯体性的、与父母抚育方式无任何关联的发育障碍。

20世纪80年代以来,关于孤独症的研究进入全新阶段,人们逐渐从生物学领域探索孤独症的病因,并在临床症状的识别和临床诊断方面将孤独症与精神分裂症彻底分开。1980年出版的《精神障碍诊断与统计手册》(第三版)(DSM-Ⅲ)首次将童年孤独症视为一种广泛性发育障碍。之后,随着对孤独症研究的深入,人们逐步认识到孤独症是一种在一定遗传因素作用下,受多种环境因子刺激导致的弥漫性中枢神经系统发育障碍性疾病。在此认识的基础上,人们开展了从分子遗传到神经免疫、神经解剖和神经化学等多方面的研究,试图从这些研究中找到孤独症的致病原因。然而,时至今日,儿童孤独症的发病原因,仍然是一个有待进一步研究的问题,尚未出现对于孤独症发病原因完全科学的解释。

(二) 孤独症儿童的临床表现

根据不同的调查方法,人们对儿童孤独症的患病率报道表现不一,一般认为孤独症的患病率约为儿童人口的 2~5/万人,且有升高的趋势。男孩的发病率是女孩的 3~4 倍。该病症一般起病于 36 个月以内,主要表现为四大类核心症状,即社会交往障碍、言语理解和表达障碍、生活自理障碍、刻板和非典型行为。

1. 社会交往障碍

孤独症儿童一般缺乏与人交往的兴趣和能力,他们几乎是将自己封闭起来,完全生活在自己的世界里,身边的人和事难以引起他们的兴趣。他们很少主动与别人交往,即使有人主动过来与他们交往,他们也总是表现出冷漠和拒绝的态度。在与别人交往的过程中,孤独症儿童一般表现出呆板和缺少表情反应的状态,他们很少与人有眼神的交流和互动,与他人之间很难建立起依恋关系。一般在幼儿期,孤独症儿童对父母难以产生依恋,父母呼之常无反应,缺乏与同龄儿童交往或玩耍的兴趣,不能与同龄儿童建立伙伴关系。进入学龄期,孤独症儿童仍明显缺乏主动与人交往的兴趣和行为。虽然部分儿童愿意与人交往,但交往方式仍存在问题,他们对社交常情缺乏理解,对他人情绪缺乏反应,不能根据社交场合调整自己的行为。

2. 言语理解和表达障碍

孤独症儿童普遍存在语言表达和理解的障碍,有研究显示,大约有一半的孤独症患者终身沉默[①]。在一些语言发育稍好的儿童身上,也普遍表现出言语理解和表达的问题。首先,孤独症儿童的语言理解能力存在问题,有些孤独症儿童难以正确理解别人的语言表达,容易对他们的语言形成一种表面和歪曲的理解。其次,孤独症儿童的语言表达能力存在问题,有些孤独症儿童的语言表达表现出刻板和重复的现象,总是围绕着同一个话题重复固定的言语或句子。有些孤独症儿童在语言表达方面存在模仿性言语,常用错人称代词,存在用熟悉的称谓称呼陌生人的现象,如错误地称呼别人为"爸爸"或者"妈妈"等。在与人语言交流的过程中,孤独症儿童一般表现出语言表达的单调性,处于语言互动之外,较少与他们形成表情和眼神的互动。

3. 生活自理障碍

孤独症儿童多数存在精神发育迟滞的问题,部分儿童表现出智力水平低下的特点,由此带来孤独症儿童在生活自理方面存在一定的障碍。有些儿童可能难以应付日常生活中的具体问题,如洗脸、刷牙和穿衣脱衣等事情。他们可能分不清楚衣服的前后,或者分不清楚鞋子的正反。饮食方面,孤独症儿童往往缺乏必要的饮食技能,即使煮个面条对于他们来说也具有较大的难度。同时孤独症患者还带有不良的饮食习惯,缺乏规律的饮食习惯,如有的患者表现出长时间内只愿意吃少数几种食物等问题,需要对其进行长期的训练和引导。

---

① 李雪荣.现代儿童精神医学[M].长沙:湖南科学技术出版社,1994:177.

4. 刻板和非典型行为

孤独症儿童多数存在兴趣狭隘和刻板行为,他们关注的目标比较狭隘,不能对身边的环境产生广泛且多样化的反应。行为中表现出刻板和重复的特征,如他们常用同一种方式做事或玩玩具,一种玩具的同一种玩法可以重复很久。他们可能要求物品放在固定位置,并且不断地摆弄物品直到最后满意。他们出门可能主要走同一条路线,即使这条路线并非是最优路线。这种行为上的刻板和重复,是孤独症儿童内心世界的封闭状态的外在行为体现。除了上述刻板行为外,孤独症儿童还会表现出一些其他非典型行为,如孤独症儿童的行为反应有时较为强烈,如当他们的要求被拒绝或被要求做某事时,他们可能会当众大哭大闹或乱扔东西以示抗议。他们遭遇挫折时可能会无端地辱骂身边的行人,冲他人扔杂物或掐别人。他们的问题行为也经常会指向自身,表现为一些自伤行为和自我刺激行为。一小部分孤独症儿童在智力低下的同时可能出现"孤独症才能",如在音乐、计算、推算日期、机械记忆等方面具有超常的表现。

思考探究

> 1. 孤独症儿童是一个特殊的群体,你以前是否接触和了解过孤独症儿童,你第一次听说孤独症儿童这个词语是在什么时候,你对孤独症儿童是如何认识的?
> 2. 孤独症儿童有一些典型的行为特征,你是否能够辨别?你认为应该如何判断一个儿童是否是孤独症儿童,孤独症儿童都有哪些典型的行为表现?

二、孤独症儿童教育干预

孤独症儿童的治疗分为两个方面,一个是从现代医学的角度,通过药物和现代医学手段对孤独症儿童进行医学治疗。另一方面是通过教育手段,对孤独症儿童进行教育干预。下面所提及的音乐疗法和行为疗法是属于教育手段的干预方法,现有研究反映,对孤独症儿童开展音乐疗法和行为疗法,具有一定的干预作用。

(一) 音乐疗法

1. 音乐治疗的内涵

音乐具有重要的育人价值,柏拉图说过,音乐是一种天赐的能力,促使我们内部运转的不和谐趋于次序与平衡[①]。音乐之所以能够促进个体内部的和谐发展,是因为音乐是一种情感表达的艺术存在形式,音乐能够直接作用于人的情感表达,引起人的情感变化和共鸣。音乐对人的影响可以体现在生理和心理两个方面。首先,生理方面,音乐主要是通过节奏和旋律的变化对人的生理产生影响。音乐能使皮层下中枢植物神经产生相应活动,稳定情绪,消除心理紧张、焦虑、忧郁、恐怖等不良状态,协调全身各系统的

---

① 惠琳.我国音乐治疗的形成及前景[J].音乐大观,2013(3):30-31.

功能,从而能使人消除疲劳,提高应激能力。心理方面,音乐是一种社会性的非语言交流形式。在人际交往中,有许多语言是只能意会而难以言传的,音乐则可以成为达到这一目的最适当的手段[1]。

孤独症是一种精神性的发展障碍,多数孤独症儿童同时伴有语言和社会交往障碍,孤独症儿童的听觉往往较为敏感,对于音乐的识别力和辨音能力往往超出常人,因此音乐对于孤独症儿童来说具有重要的教育干预和治疗意义。在孤独症儿童早期的音乐临界期内(一般指12岁之前),孤独症儿童对音乐具有良好的反应能力,丰富多彩的音乐教育活动能够改善孤独症儿童的身心功能,矫正孤独症儿童的不良行为,对于协调孤独症儿童的身心健康发展具有重要的价值。因此,音乐治疗在孤独症儿童的教育干预和治疗中是一种经常性被采用并且证明能够取得实效的有效教育方式。

对于音乐治疗(Music Therapy)的概念,不同的学者表达了不尽相同的看法。有学者指出,音乐治疗是通过音乐反应对诸如生理缺陷、精神紊乱或情绪紊乱患者的生理和心理健康状况进行评估,利用音乐刺激和音乐体验的各种形式,设计、策划和选择治疗方案,实现对患者的帮助和干预,包括治疗、调节、教育和训练等方式的综合性过程,是一门音乐与人本精神和生命科学相融合的新型医疗技术[2]。另有学者指出,音乐治疗是一个系统的干预过程,在这个过程中,治疗师利用音乐体验的各种形式,以及在治疗过程中发展起来的,作为治疗的动力的治疗关系来帮助被治疗者达到健康的目的[3]。综合不同学者的观点,我们认为:音乐治疗从其目的来看,都是指向患者的身心康复,旨在通过音乐的疗法帮助患者的身体和心理获得健康的发展;从其手段来看,主要是指通过音乐干预这一手段对患者进行治疗,充分发挥音乐活动促进人身心健康发展的积极作用。

2. 音乐治疗的方法

用音乐对患者开展辅助治疗迄今有20年左右的历史,作为辅助性的医疗手段,音乐治疗主要被广泛运用于普通人群的心理和精神治疗方面。到目前为止,用音乐辅助孤独症儿童康复治疗的研究工作在我国乃至在全球范围内仍显匮乏,是一个新兴的研究课题。尽管如此,人们也进行了一些有益的探索,其中利用奥尔夫音乐疗法的形式对孤独症儿童开展治疗是一种较为常见的音乐治疗形式,下面主要以奥尔夫音乐治疗为例,对孤独症儿童的音乐治疗进行介绍[4]。

(1) 奥尔夫音乐疗法的介绍

奥尔夫音乐是当今世界最著名,也是最有影响力的音乐教育体系,在儿童早期教育阶段有着广泛的社会影响和应用。奥尔夫音乐最大的特点是关注对孩子内心世界的开发,在这样的学习中,孩子不会把学音乐当成一种负担或功利,而会全身心地投入音乐世界中,用他们肢体、语言、乐器自由地演绎,以独特的方式抒发内心世界。奥尔夫音乐

---

[1] 惠琳. 音乐对儿童孤独症治疗的影响研究[D]. 延边:延边大学,2014(5):15.
[2] 张鸿懿. 音乐治疗学基础[M]. 北京:中国电子音像出版社,2000.
[3] 高天. 音乐治疗导论[M]. 北京:世界图书出版公司,2018.
[4] 王冰. 奥尔夫音乐治疗方法对孤独症儿童的实践研究[J]. 医学与哲学,2017(1):74-76.

具有如下基本特征:首先,奥尔夫音乐强调音乐的本原性特征,主张把人还原到自然之中,从人最为根本的需要出发,以最为直接的方式获得良好的音乐体验。奥尔夫音乐注重音乐的原始表达形式,主张人需要通过音乐的原始表达形式进行表达和抒发情感。其次,奥尔夫音乐强调音乐表达形式的多样性。奥尔夫音乐治疗主张运用不同种类音乐媒介的形式进行多样化的表达,其中音乐媒介形式包含了语言、乐器、运动、舞蹈等多种方式,同时也包含了诗歌、戏剧、哑剧等不同的艺术表现方式。通过多样化的艺术表现形式,引起人们在听觉、视觉、触觉和运动觉上不同的刺激和反应。因此,奥尔夫音乐具有较为广泛的适应性。

(2)奥尔夫音乐疗法的运用

奥尔夫音乐强调多样化的艺术表现形式,主张综合运用歌唱、乐器、动作舞蹈、音乐剧等多种元素开展教育。孤独症儿童在参与这些不同类型的艺术表现形式时,其身心都能获得较好的发展。

第一,奥尔夫乐器在治疗中的应用。奥尔夫乐器的使用对于孤独症儿童的发展具有重要的价值。奥尔夫乐器最大的特点是可以使儿童快速掌握演奏方法,如鼓、沙锤等,即使是略微复杂的音条琴也是能在短期学习后立即掌握,这点对于孤独症儿童来说尤其重要。孤独症儿童一般乐器使用能力较差,太复杂的乐器在使用起来较为困难,通过使用奥尔夫乐器,孤独症儿童能够快速上手,这有利于培养孤独症儿童的自信心,使他们获取成功的体验,这对于他们持续的参与和配合至关重要。孤独症儿童在持续的参与过程中,通过不同乐器的使用,能够提升身体协调能力以及与他人的合作交流能力。

第二,奥尔夫歌唱在治疗中的应用。奥尔夫音乐强调音乐的本真性,主张通过参与者本真的歌唱来抒发自己的情感,表达自己的内心需要。这种歌唱可以是语言式的歌唱,也可以是非语言式的歌唱。可以是有节奏的歌唱,也可以是无节奏的歌唱。无论是哪种形式的歌唱,强调的是通过歌唱来抒发和表达个体内在的情感。这一点对于孤独症儿童来说尤为重要。很多孤独症儿童会表现出诸多无意义的语言,他们经常会无法控制自己发出一些与环境和对话无关的声音。通过奥尔夫歌唱,一方面可以引导孤独症儿童抒发和表达自己的情感,让他们在一种无拘无束的环境中去释放和表达自己。另一方面,通过奥尔夫歌唱,教师会引导孤独症儿童慢慢对自己的语音语调进行有意的觉察,探索利用声音去有序地表达自己的情感,从而激发和发展孤独症儿童的语言功能,最终提升孤独症患儿的语言和情感表达的能力和水平。

第三,奥尔夫舞蹈在治疗中的应用。奥尔夫音乐往往伴随着舞蹈开展,舞蹈有个体舞和集体舞等多种形式。个体舞适合孤独症儿童刚进入群体,由于儿童自我保护意识强,一开始难以融入集体,往往表现出个体的动作和行为。此时,教育工作者可以结合孤独症儿童的个体行为为其即兴创作音乐和节奏,引导儿童跟着音乐的节律做动作,并逐渐引导儿童朝着个体舞蹈的方向发展,引导儿童通过舞蹈抒发自己的情感。集体舞蹈适合经历一定适应过程的儿童,奥尔夫集体舞蹈多采用圆圈舞的形式开展,强调舞蹈的社会交往和互动功能。孤独症儿童在这种非常结构化的舞蹈和音乐中,可以获得安全感,在舞蹈中往往能接受与不同人的肢体接触,并且会产生自发性的微笑和主动的目光接触,从而发展自身的社会交往能力。

(二) 行为疗法

1. 行为疗法的内涵

孤独症是一种儿童行为表现异常的广泛性的发育障碍,针对孤独症儿童的行为紊乱这一特征,通过行为疗法对孤独症儿童的行为进行干预,能够取得较好的干预效果,因此行为疗法也是目前较为普遍采用的孤独症儿童的诊疗方法之一。孤独症儿童的行为疗法基于这样的一种认识:孤独症主要表现为行为过度或不足,尽管这种病症可能有神经生化基础,但是通过小心地控制情境也是可以改变的。行为疗法强调通过后天的教育环境的营造,通过相应行为疗法的安排,能够对孤独症儿童的行为紊乱和行为偏差进行纠正。

行为疗法是基于行为主义心理学的理论提出的一种诊疗方案。行为主义心理学是现代心理学的重要流派之一,其创始人是美国心理学家华生。行为主义心理学派认为,人的心理意识、精神活动是不可捉摸的,是不可接近的。人的行为是内心活动的外在显现,心理学应该研究人的行为,通过研究人的行为来揭示人的心理发展规律。对于人的行为的解释,行为主义心理学认为,人的行为是有机体适应环境变化的身体反应的组合,这些反应外在的表现为肌肉的收缩和腺体的分泌。心理学研究人的行为在于查明刺激与反应的关系,以便根据刺激推知反应,根据反应推知刺激,达到预测和控制人的行为的目的。

为了更好地解释人的行为中刺激和反应之间的关系,行为主义心理学引进了强化、惩罚和消退等概念。行为主义心理学认为,有机体在接受外界刺激之后形成一个特定的行为反应,这个行为反应会导致环境发生某种变化,这种变化对于有机体而言,可能是积极的,也可能是消极的。如果该变化的性质是积极的,能够引起有机体积极的变化,有机体则会倾向于做出同样的行为。如果该变化的性质是消极的,能够引起的是有机体消极的变化,有机体则会倾向于在以后不做出类似的行为。这个过程是一种学习,通过这一过程,有机体"知道"了行为与后效的关系,并能根据行为后效来调节行为。既然人们的行为是由行为的后效来塑造的,那么,有意识地设置一些环境条件,使特定的行为产生特定的后效,就可以人为地控制、塑造行为。

在这个过程中,就会出现强化、惩罚等行为。当个体做出一个行为后,我们认为该行为能够产生积极的反应,希望该行为能够经常性出现,就可以用一个强化物来进行刺激,通过该强化物的刺激,有机体的行为就会更加频繁地出现,从而巩固该行为的发生,这说明有机体的该行为得到了强化。相反,当有机体的某种行为带来了消极的反应,希望该行为发生的频率能够降低以至消失,就可以用惩罚来对有机体的行为进行回应。惩罚是与强化相反的概念,当个体做出一个行为后,出现惩罚物来减少个体以后做出该行为的频率。行为主义心理学认为,我们正是通过强化和惩罚等手段,对人的某种特定行为进行控制,从而调节该行为发生的频率,实现有机体行为朝着预期的目标发展。上述是对于行为主义心理学观点的介绍,孤独症儿童的行为疗法正是建立在行为主义心理学的基础之上的,主要是通过强化和惩罚等手段的运用,来调节孤独症儿童相应的行为,帮助孤独症儿童获得好的行为发展。

2. 行为疗法的方法

孤独症儿童行为疗法主要是利用行为主义心理学理论,通过综合运用强化和惩罚等手段,来调节孤独症儿童的特定行为,帮助孤独症儿童获得行为发展。具体的方法有以下几种:

(1) 强化法

强化是指当孤独症儿童的某种正确的行为出现后,立即通过奖励的方式对孤独症儿童进行强化,提高和巩固正确行为发生的频率。强化可以分为正强化和负强化两种。正强化是指某种期望行为发生时立即给予孤独症儿童相应的奖励,如奖励一个喜爱的小礼物等。负强化是指当某种期望行为发生时,让孤独症儿童摆脱某种不愉快的刺激,从而提升行为发生的频率。如孤独症儿童总是抠自己的手指,运用正强化不好消除其抠手指的行为,即可运用负强化,当孤独症儿童坚持一段时间不抠手指,则免去他每周洗碗的任务。因为洗碗对于孩子来说是不好的刺激,免去了这个刺激,不抠手的行为就会得到强化。从强化的性质看,无论是正强化,还是负强化,都是指通过让孤独症儿童获得某种体验来强化行为发生的频率,进而影响儿童正确的行为。

(2) 惩罚法

惩罚与强化是相对立的处理方式,是指当儿童的某种不被期望的行为出现后,通过惩罚的手段减少该行为后续发生的频率。惩罚也可以分为正惩罚和负惩罚两种。正惩罚是指当儿童的某种不被期望的行为发生时,给予儿童一个厌恶刺激,从而减少该行为以后发生的概率。如当孤独症儿童的抠手行为发生时,对儿童进行言语上的训斥,从而减少孤独症儿童抠手行为的发生概率。负惩罚是指当儿童的某种不被期望的行为发生时,撤销儿童一个愉快刺激,从而减少该行为以后发生的概率。如当孤独症儿童的抠手行为发生时,减少一次儿童看动画片的机会。因为看动画片是儿童喜欢的行为,减少看动画片会让儿童形成不愉快的体验。惩罚从其性质上看是通过给儿童形成不愉快的体验,减少某种不良行为发生的概率。与强化法相比,由于孤独症儿童在情感上较为敏感,惩罚法在运用的时候需要慎重,需要针对儿童的个体特点选择适合儿童的惩罚措施,避免惩罚措施使用不当对孤独症儿童带来情感上的二次伤害。

(3) 示范法

孤独症儿童由于其自身的疾病影响,养成正确的行为需要通过正确行为示范并通过反复练习的方式才能实现。在这个过程中,正确且细致的行为示范对于孤独症儿童来说尤为重要。通过正确的行为示范,让孤独症儿童了解到什么是好的正确的行为,这是养成孤独症儿童正确行为的前提。儿童在观察和学习正确行为的基础上,通过模仿的方式逐渐形成自己的正确行为。由于孤独症儿童学习的特殊性,在运用示范法的时候需要注意如下方面:第一,在向儿童演示正确行为时,尽可能将行为的步骤进行细致分解,把一个复杂的动作分成很多具体的小的步骤,让儿童在学习的过程中按步骤慢慢接受和模仿。第二,在儿童模仿正确行为的过程中,由于正确行为对于儿童来说是陌生的,需要一个接受的过程,因此需要儿童在放松的状态下,安排儿童逐渐地接近或形成正确行为,减少儿童新行为学习过程中的焦虑。示范法是一种能够快速且有效形成孤独症儿童正确行为的学习方法,在示范法运用的过程中,配合使用适当的强化和惩罚手段,则会收到更好的行为干预效果。

思考探究

> 1. 你之前是否了解过孤独症儿童的疗法,你认为音乐治疗对于孤独症儿童治疗是否有用?对于音乐治疗你的态度是什么?
> 2. 行为疗法的理论基础是行为主义心理学,对此你是否了解?你认为行为治疗对于孤独症儿童的治疗是否有效?

教学短论

孤独症是一种儿童广泛性发育障碍疾病,主要表现为人际交往障碍、交流沟通障碍以及兴趣和行为方面的异常。临床上最早的孤独症疾病描述是在20世纪40年代,该病症一般起病于36个月以内,主要表现为四大类核心症状,即社会交往障碍、言语理解和表达障碍、生活自理障碍、刻板行为和非典型行为等。针对孤独症儿童,可以尝试使用音乐治疗和行为治疗等方面进行教育干预。音乐具有重要的育人价值,对于人的身心和谐发展具有重要的作用。以奥尔夫音乐治疗为例,奥尔夫音乐强调多样化的艺术表现形式,主张综合运用歌唱、乐器、动作舞蹈、音乐剧等多种元素开展教育。孤独症儿童在参与这些不同类型的艺术表现形式时,其身心都能获得较好的发展。行为疗法主要是以行为主义心理学为依据,通过综合运用强化和惩罚等手段,来调节孤独症儿童的特定行为,帮助孤独症儿童获得行为发展。行为疗法具体可以从强化法、惩罚法、示范法等方法入手对孤独症儿童进行教育干预,能够产生较好的干预效果。

第二节　智力障碍儿童教育

学习目标

1. 了解智力障碍儿童的基本内容,能够准确说出智力障碍儿童安置变化表现出的特点。
2. 了解游戏治疗的内容以及游戏作为治疗方式的教育价值。

3. 了解角色游戏的概念，掌握教师使用角色游戏治疗智力障碍儿童的注意事项。

知识导入

近20年来智力障碍定义发生了重要的演变，第一次转变是从1983年的定义系统转变为1992年的定义系统，这次转变是将智力障碍从一个人的固有特性转变为一个人能力与环境相互作用的功能状态，并提出了按支持程度分类的新系统。第二次转变是在第一次转变基础上继续强调从5个维度来为智力障碍者提供支持，提供个人功能状态，最终提高他们的生活质量。智力障碍定义的演化改变了人们智力障碍的观念，对智力障碍的分类系统、教育和成人康复实践产生了重要影响。未来的智力障碍儿童的教育，需要关注生活质量导向课程和支持性教育的新模式，以适应目前我国特殊教育多元化的发展局面[1]

一、智力障碍儿童概述

智力障碍儿童是特殊儿童中的一个非常庞大的群体，在各类残疾人群中人数位居第二。据统计，我国现有人口中，因各种先天、后天性疾病引起的智残、智障人数已达1 300万左右，其中未成年群体超过半数，将近700万。对于智力残障儿童的安置，在不同的时期表现出不同的特点。

（一）智力障碍儿童的基本内涵

智力障碍是一个不断演进的概念，在不同的时期人们对其内涵赋予了不同的认识。美国智力障碍协会在1983年较早提出了智力障碍的定义，指出智力障碍者具有显著的智力底下（智力商数IQ低于70或75分），同时在日常社会生活中表现出明显的适应障碍。这一定义指向两个方面，一方面是指智力障碍从量化的角度看是智力商数低于70或75，这一水平是低于正常人平均值两个标准差的水平。另一方面，智力障碍还表现在社会适应方面存在较为明显的障碍，所谓的社会适应，主要是指个体在与社会和他人互动过程中表现出来的交流和交往的状态，这种社会交往的障碍主要表现在无法与他人进行正常交往，难以正确表达自己的思想，甚至可能在个人生活机能和工具使用方面存在明显的问题。

随着社会的发展，人们对智力障碍的认识也在不断更新。美国智力障碍协会在1983年智力障碍概念的基础上，于1992年和2002年分别对智力障碍的认识和标准进行了持续的更新。从2002年的认识看，继续使用了"智力障碍"这一术语，对于智力障碍的认识分别从以下5个方面进行：智能；适应技能（概念的、实践的、社会的技能）；参

---

[1] 许家成.再论智力障碍概念的演化及其实践意义[J].中国特殊教育，2005(5).

与、互动和社会角色；身体健康、心理健康和病因学；相关背景（环境、文化和机会）[①]。在该定义中，智能主要是指个体在参加标准化智商测试过程中获得的结果低于社会平均水平两个标准差。适应技能是指概念、实践和社会三个方面的障碍，概念技能主要是指阅读、表达的问题，实践技能主要是指生活自理、实用工具等方面，社会技能主要包括人际交往、遵守规则等方面。参与、互动和社会角色主要是指在社会互动中扮演特定角色的障碍。身体健康、心理健康和病因学主要是从身体机能的角度对个体智力障碍进行判断。相关环境和文化背景等主要是指个体发展的后天环境对个体智力障碍形成的影响。上述五个方面对于智力障碍的认识，不仅指出智力障碍的生理学因素，也指出了智力障碍的社会学、文化学等方面的因素，是从较为全面和综合的角度认识智力障碍。

从智力障碍概念的演进，我们能够发现近20年人们对于智力障碍的认识在不断变化。人们逐渐认识到，智力障碍不仅仅是生理性的障碍，也是一种功能性的障碍。智力障碍不仅取决于个体内部的生理因素，同时受制于个体和环境的交互作用，社会环境对于个体智力障碍的影响正日益被人们认识到。因此，我们可以通过调节环境、开展恰当的教育等方式帮助智力障碍儿童获得发展。如今，人们逐渐认识到对智力障碍儿童开展特殊的教育引导和帮扶，是现代社会教育的一项重要任务，是帮助智力缺陷儿童获得发展，最终更好融入社会的重要途径。

（二）智力障碍儿童安置的演变

智力障碍儿童的安置情况，随着人们对智力障碍儿童认识的变化也表现出不同的阶段性特点。最早对于特殊儿童的教育是以个别教育的形式出现的，主要是以家庭教育的方式进行。而最早出现的特殊教育机构，收留不同类型的残疾人，是由教会人士出资兴办，此时的残疾人机构被看作是一种社会的善举，对残疾人的收留主要是以隔离的方式对其进行养护。

19世纪初，随着社会的发展，对于残疾人士接受教育的呼声日益增高，单靠教会举办的慈善机构已经无法满足需要，因此由政府出资举办的官方的福利机构逐渐取代了由教会举办的慈善机构，日益成为安置特殊障碍儿童的主要场所，此时的福利机构对于特殊儿童的安置仍然主要是以隔离养护为主。到19世纪中期以后，人们逐渐认识到障碍儿童也应该具有接受教育的权力，因此各国政府逐渐将兼具有福利性质的养育机构逐渐转变为教育机构，此时的特殊教育学校逐渐出现，以为特殊儿童提供专门的教育为目的，教育的目的逐渐取代了养育的功能成为特殊教育学校的主要宗旨，但是这类特殊教育学校和社会上的普通教育机构仍然处于隔离的状态。

进入20世纪后，随着特殊儿童的教育需求进一步提升，特殊教育学校难以完全满足特殊儿童教育的需求，此时很多特殊儿童逐渐进入普通学校接受教育。在这种背景下，人们逐渐认识到特殊儿童教育和普通儿童教育之间不应该再被隔离开，特殊教育和普通教育的融合问题逐渐被人们认识和关注，并日益成为特殊教育发展的主流。20世

[①] 许家成."智力障碍"定义的新演化——以"功能"、"支持"与"生活质量"为导向的新趋势[J]. 中国特殊教育，2003(4)：21.

纪中叶以后,随着回归主流运动的兴起,在一些特殊教育专家的推动下,普通学校接受特殊儿童成为特殊儿童安置的新方式。此时,特殊儿童的安置方式表现出多元化的发展样态,家庭及医院的养护机构、特殊学校、特殊班级、普通班级的资源教室等,成为安置不同类型特殊儿童的多样化方式。

上述是对特殊儿童安置历史的简单梳理,从特殊儿童安置的历史可以发现,特殊儿童的安置变化表现出如下特点[①]:首先,从以养为主转变为以教为主。早期的特殊教育实践主要任务是对特殊儿童进行养护,保证特殊儿童一日三餐以及基本生活需要,这类特殊教育机构发挥着特殊儿童守护所的作用。随着人权思想的兴起,人们逐渐认识到对特殊儿童开展教育的必要性,对特殊儿童开展教育让其更好融入社会逐渐成为特殊教育的主要目的。其次,从单一安置演变为多元化安置。早期的特殊教育安置方式较为单一,特殊障碍儿童只能进入特殊教育机构接受教育,并且该机构与普通教育是相互隔离的状态。随着社会的发展,人们逐渐认识到让特殊儿童回归主流社会接受教育的必要性,至此特殊儿童的教育安置方式逐渐表现出多元化状态。在特殊教育机构接受教育、在普通学校接受教育等多种安置方式满足了不同类型特殊儿童的不同发展需要。再次,从隔离走向融合。早期的特殊教育是一种隔离的教育状态,人们认为特殊儿童无法正常接受教育,只能在一个相对独立和封闭的特殊教育机构接受教育。随着人们对特殊儿童的认识的演进,人们认识到特殊儿童的问题不仅源自自身内部身体的障碍,也由一些社会和文化因素导致。伴随着民权运动的开展,对于特殊儿童的安置,"回归主流"和"去机构化"等思想逐渐成为主流,特殊儿童的教育方式逐渐由隔离转变为融合,特殊儿童和普通儿童接受同样的教育成为特殊教育发展的新趋势。

思考探究

> 1. 你之前是否接触过智力障碍儿童,他们有何表现?你对他们的发展处境有着怎样的认识?
> 2. 你对智力障碍儿童的教育照顾是否了解,他们是如何接受教育的?你认为他们是否能够融入正常社会?

二、智力障碍儿童教育干预

智力障碍儿童的教育是一项艰巨而复杂的工作。说其艰巨,是因为我国的智力障碍儿童人数较多,从事这方面教育工作的人却有限,对现有智力障碍儿童开展教育干预是一件艰巨的工作。说其复杂,是因为智力障碍儿童的教育和我们正常儿童的教育不同,需要通过特别的方式对其进行干预。这里主要介绍游戏治疗和感统训练治疗两种

---

① 朱媛媛.智力障碍概念儿童安置方式研究[D].上海:华东师范大学,2012:9-12.

方式。

（一）游戏治疗

1. 经游戏治疗的内涵

游戏是一个非常常见的词语，从字面理解，游戏包含游玩和嬉戏的意思，是指人们日常的一种娱乐活动和方式。从游戏活动和具体的娱乐方式展开，游戏概念也泛指一种游戏精神和态度，这一点在庄子的思想中体现得较为明显，如其所言"游于天地""游于四海之外"都是指这个意思。

一般意义上，人们从三个方面界说游戏的概念。其一是侧重于游戏活动的外部特征，认为游戏是一种可观察的行为。持这种观点的人认为，游戏是在某个特定主题下的一系列外显的行为组合，包含认知、情感、动作、语言及社会交往等。其二侧重于认为游戏是一种认识性的意向，这种意向反映的是活动的精神特质，并认为非游戏的活动都可能因为当事者的态度而披上游戏的色彩。游戏的这种意向性的态度被认为是一种自由的态度，有了这一态度，人们就不必拘泥于事物的外在形式，而在本质上体验着活动的性质。

游戏的这种意向性活动具有如下几方面的特质[①]：首先，游戏作为一种意向性的活动具有主动性。游戏者在开展游戏的过程中进行的是一种自由状态下的活动，是自由自主的活动，游戏者的主动性得到了最大限度的发挥，游戏的需要是源自游戏者内在的主体需要，儿童在游戏的过程中是一种自发性的、非强制性的、自由的活动。其次，游戏作为一种意向性的活动是以自身为目的，是一种为活动而活动的行为，游戏本身就是活动的目的，儿童在游戏的过程中体验着游戏的快乐，而非通过游戏收获其他的目的。儿童在游戏的过程中，由于不用受到外在目的的影响，便可以全身心地投入游戏活动中，这是一种真正意义上的自由活动，儿童正是在这样的游戏活动中表现真实的自我，使真正的自我得到自由的舒展。当然，游戏的这种自由也绝非绝对自由，游戏活动要想能够延续下去，也需要一定的规则，特定的规则说明了游戏的边界，是游戏活动存在的基本形式。儿童需要遵守游戏的规则，在规则和自由之间保持着适当的张力。

游戏活动的上述特质，彰显着游戏活动的教育和治疗价值。人们对于游戏的治疗价值的认识是在游戏教育价值认识的基础上形成的。游戏活动具有教育价值，这一点已经逐渐被大家所认识，无论是西方社会还是我国，对于游戏的教育和学习价值都有着众多的阐述。游戏治疗作为一种游戏教育的特殊形式，是针对特殊的人群所采用的一种特殊的教育干预的方式，遵循着游戏教育的一般性规则。对于游戏治疗的认识，比较有影响力的是从媒介论的角度，将游戏看作教育治疗的手段。因此，凡是通过游戏的手段对儿童的心理和行为进行教育干预以矫正儿童行为的方法都被看作是游戏治疗。游戏活动作为教育治疗的重要手段，其教育价值体现在两个方面：一是游戏活动自身具有教育价值，儿童在游戏的过程中体验着个体的成长。游戏活动之所以能够具有教育价

[①] 吴航.游戏与教育——兼论教育的游戏性[D].上海：华中师范大学，2001.

值,是由于游戏活动是儿童的一种特殊的活动形式,在这种活动中,儿童作为游戏者体验着自主、自由的活动形式,儿童在自主的状态下真实地体验着游戏的角色认知和社会交往。二是教育者通过游戏这一教育手段可以发现儿童在游戏中存在的问题,并及时通过游戏活动的优化来帮助儿童实现自身的发展。将游戏作为手段,通过创设特定的游戏情景,引导儿童朝着既定的目标发展是游戏治疗教育价值的重要体现。

2. 游戏治疗的方法

游戏作为教育者和儿童之间的一种交流媒介发挥着教育价值,教育者主要通过游戏的情景设置来帮助特殊儿童获得发展,游戏的种类和性质对于游戏治疗的效果具有直接的影响作用,下面以角色游戏为例进行说明。

角色游戏是指儿童运用想象、模仿等手段,通过扮演特定主题活动情景中的相应角色,来创造性地反映个人生活印象的一种游戏形式。角色游戏一般都有特定的主题,围绕某一特定主题中的具体角色进行扮演和想象,这种主题可以是生活中的医院、商店、娃娃家、超市等社会生活情景,也可以是虚拟出来的战争、谈判等社会交往情景,因此角色游戏通常也被称为主题角色游戏。角色游戏在不同的时期都会出现,但是以幼儿时期最为显著。

智力障碍儿童社会性发展普遍较晚,智力障碍儿童在角色扮演的过程中,可以获得多方面的发展[①]。首先,在认知社会技能方面,智力障碍儿童通过不同社会角色的扮演,能够逐渐理解他人的观点,扩充对他人的认识,在此基础上逐渐建构自己对生活世界的认识,从而学会正确地评价自我。其次,在行为社会技能方面,智力障碍儿童通过角色游戏经历"假装",将生活经验迁移到游戏情境中,促进与同伴之间的言语交流,在游戏中得到更多的社会互动刺激,从而引发合作行为,以及合理解决冲突的能力。最后,在情绪社会技能方面,智力障碍儿童通过游戏,把自己当作别人,去体会角色的情绪情感,从而学会解读他人情绪,用语言和动作安慰和照顾他人情绪,从而合理表达个人情绪。

教师在对智力障碍儿童进行游戏治疗时,一方面,需要选择适合促进智力障碍儿童发展的角色游戏活动内容对特殊儿童开展训练。在游戏治疗的过程中,游戏的治疗价值取决于游戏自身的适切性。这里的适切性,是指游戏活动是否符合特殊儿童发展的需要。教师需要结合特殊儿童的个性发展需要,安排和设置个性化的游戏才能满足特殊儿童的需要。游戏的目标不宜太难,大的发展目标可以分解为系列的小目标,游戏目标的设置需要具体明确可操作,旨在帮助特殊儿童发展某种特定的社会技能。游戏的程序需要明确规范,不宜太过复杂,需要考虑到特殊儿童的智力障碍特点,帮助特殊儿童能够快速并且符合要求地进入游戏扮演角色。在游戏的选择和开发的过程中,我们不能采用简单的拿来主义,需要结合特殊儿童的特点,一方面对现有的面向正常儿童的经典游戏进行改造,以满足特殊儿童需要。同时需要结合特殊儿童的特点进行游戏的开发,开发出能够满足智力障碍儿童参与的,并且能够促进其发展的游戏。

---

① 李倩.角色游戏对智力障碍儿童社会技能干预效果研究[D].沈阳:辽宁师范大学,2019.

另一方面,教师需要对智力障碍儿童的游戏参与进行恰当的指导以促进其发展。由于智力障碍儿童的社会交往与活动参与能力均与正常的儿童有一定的差距,为了避免智力障碍儿童游离于角色游戏之外,在对智力障碍儿童开展角色游戏的过程中需要教师进行及时的指导和帮助。一方面教师需要通过耐心的教育帮助智力障碍儿童理解游戏的规则,掌握规则是开展游戏的前提,儿童需要在参与游戏活动之前做好这方面的准备工作。另一方面,智力障碍儿童在参与游戏的过程中教师也需要给予指导,及时发现儿童游戏参与的问题并及时给予指导。当儿童第一次参与某种角色游戏时,建议教师对儿童的游戏参与情况进行全程的指导。等到儿童熟悉游戏规则之后,教师再慢慢地放手让儿童自主参与,直到儿童能够完全自主参与游戏活动。对智力障碍儿童开展的游戏活动需要重复多次进行,以达到自主自由的目的,从而起到更好的教育治疗的效果。

(二) 感统训练治疗

1. 感统训练的内涵

感觉是指人体各器官对外界环境和信息所做出的刺激作用,统合是指感觉形成的刺激作用经过人体大脑所做出的反应,个体只有经过感觉和统合,神经系统的不同部分才能协调整体工作,个体才能与环境顺利地接触并做出恰当的反应。感觉统合作为一种理论是在20世纪70年代由美国南加州大学爱尔丝博士(J. Ayres)首先提出。感觉统合就是人体在环境内有效利用自身的感观,将从外界获得的不同的感觉信息(视、听、嗅、味、触、前庭和本体觉等)输入大脑,大脑对输入信息进行加工处理并做出适应性反应的能力。一般人的概念感觉是指视觉、听觉、味觉及嗅觉,但实际上人类生存需要的最基本而且最重要的感觉却是触觉、前庭觉及运动觉。人体大脑的学习有赖于外界信息对身体各感官的信息刺激输入,接收到信息后的大脑会通过统合能力对身体及感官发出指令。由于大脑、身体及感觉器官的神经体系是非常复杂的,所以需要统合,如果这一能力不足,就会造成大脑、身体及感觉器官的学习混乱,产生感觉统合失常的现象。

针对感觉统合失常的儿童,需要对其进行感觉统合训练,这是提升儿童感觉统合能力的重要途径。所谓感觉统合训练,是指基于儿童的神经需要,引导儿童对不同的感觉刺激做适当反应的训练,训练的目的不在于增强运动技能,而是通过训练改善大脑处理感觉信息的方法,提升大脑处理和整合外界环境刺激的能力,从而提升儿童整体的外部感觉刺激和内部大脑统合的能力。感觉统合训练涉及心理、大脑和躯体三者之间的相互关系,而不只是一种生理上的功能训练,儿童在训练过程中获得熟练的感觉,增强自信心和自我控制的能力,并在指导下感觉到自己对躯体的控制,由原来焦虑的情绪变为愉快。感觉统合训练要用耐心培养孩子的兴趣,建立孩子的自信心,需要让孩子在游戏中体验到快乐,进而培养孩子积极的心理健康状态。

智力障碍儿童由于自身的大脑神经发展的缺陷,脑部神经对于身体感官接收到的刺激反应一般较为迟钝,因此智力障碍儿童多数伴有感觉统合失调的现象。通过感统训练的方法对智力障碍儿童进行干预,能够有效提升智障儿童的感觉统合能力,具体而言,感统训练对于智力障碍儿童的作用表现在如下方面:首先,在运动能力方面,智力障碍儿童普遍存在运动能力缺陷,他们的大肌肉力量比较小,所以动作的协调性和稳定性都比较差,感觉运动技能水平不高。通过感觉统合训练,加强引导儿童使用不同的器材进行锻炼,可以让儿童自主地控制自己的身体,使动作流畅协调。其次,在语言能力方面,智力障碍儿童由于大脑功能发育不全,导致其语言能力发展较弱,较难用语言准确表达自己的意愿。通过感统语言训练的方法,对儿童进行语言矫正,以听故事、唱儿歌等方式,可以较好地促进儿童的语言发展。最后,在交往能力方面,智力障碍儿童由于大脑发育的缺陷,个人交往能力较弱,缺乏足够的交往意识,难以理解交往的规则,同时也缺乏交往的信心。教育者需要通过安排集体游戏的方式,引导智力障碍儿童在集体中学会理解规则,学会与他人交往,从而发展儿童的社会交往能力。

2. 感统训练的方法

第一,丰富儿童与外界环境的联系。智力障碍儿童容易被社会外界环境所孤立,为了促进智力障碍儿童的发展,需要加强和丰富智力障碍儿童与外界社会环境的联系,这种联系越丰富,对于智力障碍儿童的发展作用就越大。因此,一方面,在感觉统合训练的过程中,需要为智力障碍儿童营造丰富和多样化的环境刺激,如在引导孩子玩平衡木游戏的过程中,可以通过规则的讲解和训练、伙伴关系和团队的建立等多种方式,让儿童在集体中体会到规则、合作等社会交往的重要性。另一方面,教师需要在游戏的过程中对智力障碍儿童做出积极的引导。由于智力障碍儿童参与集体活动和游戏的能力较差,需要教师在游戏的过程中对其进行积极的引导和耐心的帮助,同时引导集体中的其他成员也能够与其建立良好的互动关系。只有智力障碍儿童在集体游戏的过程中获得积极的情感体验,才能获得更好的发展。

第二,对不同孩子进行个性化训练。感觉统合训练不是一个特别的方法的名称,而是一系列的感觉统合训练的集合。根据个体感觉统合失调的不同表现,需要对其制定个别化的训练项目,以适应不同儿童发展的需要。不同的智力障碍儿童,在感觉统合失调方面往往表现各异,在对其进行感统训练的安排过程中需要区别对待。如有的儿童爱哭、胆小、情绪化、怕生、怕人触摸等,需要通过按摩球、波波池、平衡触觉板等训练器材对其进行触觉训练,以提升其大小肌肉关节神经感应,辨识感觉层次,调整大脑感觉神经的灵敏度。有的儿童身体灵活度不足、姿势不正、双侧协调不佳、多动、视觉空间不佳、容易跌倒、方向感不明等,则需要通过圆筒、平衡踩踏车、按摩大龙球、滑梯、平衡台、晃动独木桥等器械对其进行训练,以调整前庭信息及平衡神经系统自动反应机能,促进语言组织神经健全、前庭平衡及视听能力完整程度的作用。有的孩子如果多动不安、容易跌倒、脾气急躁、好惹人、语言发展不佳,则需要依靠独脚椅、大陀螺、脚步器、竖抱筒等器械对其进行训练,以调整脊髓中枢神经系统,强化中耳平衡体系,协调全身神经机能,奠定大脑发展基础等。

🔊 思考探究

> 1. 你认为游戏治疗对于智力障碍儿童的干预效果如何？在对智力障碍儿童开展游戏治疗的过程中，需要注意什么？
> 2. 你认为感统训练为什么能够对智力障碍儿童的教育干预起到作用？感统训练在具体实施的过程中需要注意什么？

教学短论

　　智力障碍是指个体具有显著的智力低下，同时在日常社会生活中表现出明显的适应障碍。智力障碍不仅仅是生理性的障碍，也是一种功能性的障碍。智力障碍不仅取决于个体内部的生理因素，同时受制于个体和环境的交互作用。从特殊儿童安置的历史可以发现，特殊儿童的安置变化表现出如下发展趋势：首先，智力障碍儿童的安置从以养为主转变为以教为主。其次，智力障碍儿童的安置从单一安置演变为多元化安置。最后，智力障碍儿童的安置从隔离走向融合。针对智力障碍儿童的教育，可以通过游戏治疗和感统训练治疗展开。游戏活动具有主动性，是一种以自身为目的的活动，儿童在游戏活动中得到自由的舒展，游戏作为教育者和儿童之间的一种交流媒介发挥着教育价值，教育者主要通过游戏的情景设置来帮助特殊儿童获得发展。教师在对智力障碍儿童进行游戏治疗时，一方面，需要选择适合智力障碍儿童发展的角色游戏活动内容对特殊儿童开展训练；另一方面，教师需要对智力障碍儿童的游戏参与进行恰当的指导以促进其发展。感统训练是指基于儿童的神经需要，引导儿童对不同的感觉刺激做适当反应的训练，训练的目的不在于增强运动技能，而是通过训练改善大脑处理感觉信息的方法和能力。感统训练对儿童运动、语言、社交等方面都具有积极的教育治疗意义。教师在对儿童开展感统训练时，一方面需要丰富儿童与外界环境的联系，另一方面需要结合儿童的个性特点为儿童安排个性化训练项目。

第三节　身体残疾儿童教育

📝 学习目标

1. 了解身体残疾儿童的内涵和四种基本类型。
2. 熟知身体残疾儿童康复教育的五大基本内容。

3. 了解视力残疾儿童的基本含义,熟知视力残疾儿童教育干预的基本要求。
4. 了解听力残疾儿童的基本含义,熟知听力残疾儿童教育干预的基本要求。

知识导入

人类的残疾,是生命差异性和多样性的具体表现,是人类文明进程中不可避免的一种现象,无论什么时代,整个社会中总会存在一定比例的残疾人。当前,世界共有6.5亿左右的残疾人,中国则有8 500万左右,残疾人问题也就成了人类社会固有的问题。其中,残疾儿童作为社会中兼具未成年人和残疾人双重身份的弱势群体,全力保障其发展是一个重要而特殊的课题。教育作为促进未成年人身心健康发展的重要途径,是保障残疾儿童权利的重要途径,是促进残疾儿童获得健康发展的基本保障。关注残疾儿童的权利是实现社会公平的基本要求,需要对残疾儿童开展专业化的教育支持。[1]

一、身体残疾儿童概述

我国是世界上残疾儿童绝对数量最多的国家,在众多的残疾儿童中,身体有残疾的儿童占了很大的比重。身体残疾的类型很多,包含视力、听力、言语、肢体等方面的残疾。对于身体残疾儿童开展教育康复,是当下教育活动的重要任务,是推进融合教育的重要内容。

(一) 残疾儿童的含义

残疾是一个广泛使用的概念,根据《现代汉语词典》中的解释,残疾是指肢体、器官或其功能方面的缺陷,以及由于缺陷所带来的社会生活和交往的障碍。这种身体的缺陷可能来自先天遗传,也有可能是后天疾病、损伤等方面的原因所致,是经过现代医学治疗之后仍然无法完全治愈所留下的长期或永久性的身体功能障碍。构成残疾的要素一般有三个:一是由于疾病或外伤所导致的一种现代医学条件下尚无法使之完全"复原"的器官或组织的"终局状态"。这种终局状态的存在,是残疾的病理要素,又称病理损害。这是残疾的必备要素。二是指由于病理损害导致的躯体生理功能或精神心理功能的低下或丧失。这是残疾的生理功能障碍要素。三是由于生理功能障碍或病理损害造成的在完成与其年龄、性别、文化相适应的社会角色方面的困难,这是残疾的社会角色障碍,又称社会功能障碍。

广义上的残疾人一般是指生理功能残疾的人士,按照残疾的性质、程度和影响,可以分为残损、残疾和残障三个类型。残损指各种原因所导致的身体结构、外形、器官或系统生理功能以及心理功能的异常,干扰了个人正常生活活动,对日常生活和工作的速

---

[1] 丁勇,陈韶峰.残疾儿童权利与保障[M].南京:南京师范大学出版社,2020.

度、效率、质量产生一定影响,但实际操作能独立完成。残疾指由于身体缺陷造成的按正常方式进行的日常独立生活活动和工作能力受限或丧失,是身体器官的某一个方面或整体方面形成障碍。残障指残疾人由于身体缺陷造成的社会活动、交往、适应能力的障碍,包括工作、学习、社交等,个人在社会上不能独立,是社会水平的障碍。狭义的残疾人主要指同时具备上述三个要素的或以社会角色障碍为主的残疾者。

(二)残疾儿童的类型

根据残疾儿童身体损害的部位和性质进行区分,可以将残疾儿童分为身体残疾、精神残疾、智力残疾和多重残疾四种类型。

身体残疾主要是指由于儿童身体特定部分的机体障碍形成的残障,包括视力残疾、听力语言残疾、肢体残疾等。精神残疾主要是指儿童患精神病的病情持续一年以上,其社交能力和在家庭、社会应尽职能上出现不同程度的紊乱和障碍的情况。精神残疾包括脑器质性、躯体疾病伴发精神障碍,中毒性精神障碍,精神分裂症,情感性、偏执性、反应性、分裂情感性、周期性精神病等造成的残疾等。智力残疾指人的智力活动能力明显低于一般人的水平,并显示出适应行为的障碍。智力残疾包括:在智力发育期间(18岁之前),由于各种有害因素导致的精神发育不全或智力迟缓;智力发育成熟之后,由于各种有害因素导致智力损害或老年期的明显衰退。智力残疾一般参照世界卫生组织和美国精神发育迟滞协会的智力残疾分级标准,按智力商数(IQ)及社会适应行为来划分智力残疾的等级。多重残疾又称"综合残疾",是指儿童存在上述五种残疾类型中的两种或两种以上,程度随各项残疾表现状态而定,通常情况较为严重。前述所指的孤独症儿童和智力障碍儿童分别属于精神残疾和智力残疾两个类型,本节主要是针对身体残疾儿童的教育情况。

(三)残疾儿童的教育康复

由于残疾人存在特定的身心缺陷,为了更好地让残疾儿童回归社会,最大限度地适应社会生活,需要对残疾儿童开展教育康复。康复是对于特殊儿童教育使用的一个专业化的概念,世界卫生组织在1993年曾提出:康复是一个帮助病员或残疾人在其生理或解剖缺陷的限度内和环境许可的范围内根据其愿望和生活计划,促进其在身体上、心理上、社会活动上、职业上、业余消遣上和教育上的潜能得到最充分发展的过程。根据康复的技术手段差异,康复活动主要包括医疗康复、教育康复等方式。教育康复主要是以教育和训练手段改善或恢复受损害的机体功能,使受损害的个体重返社会、适应社会的活动。教育康复主要是依托学校、社区和家庭等机构,在专业教育人员引导和帮助下,以特殊教育的理论为指导,对残疾儿童受损害的机体或功能进行康复训练,帮助残疾儿童的受损机体发挥最佳的功能水平,最大限度地发挥残疾儿童的个体潜能和补偿能力,帮助其最大可能地参与社会生活。

康复的内容方面,根据世界卫生组织的规定包括五大领域[①]:一是机体康复,主要

---

① 邱卓英,李多.现代残疾康复理念、政策与社区康复体系研究[J].中国康复理论与实践,2011(7):604.

是指借助现代的教育和医疗服务体系,帮助残疾人获得身体健康和最大限度的功能恢复。二是教育培训,主要是指通过多种形式的教育方式,帮助残疾人获得学习的机会,最大限度地帮助残疾儿童实现其潜力、尊严和自我价值。三是职业发展,主要是指通过教育和培训的方式,帮助残疾儿童获得生活技能和职业技能,以提高残疾儿童参与社会的能力,帮助其脱离贫困,实现自身的人生价值。四是社会融合,主要是指通过多种方式的教育和培训帮助残疾儿童更好地融入社会,学会与他人正常交往,最终能够像其他正常儿童一样在社会中生活。五是自我管理,主要是指在残疾人康复教育过程中,鼓励残疾人积极参与当地的残疾人康复教育事业,改变只是单纯地为残疾人提供医疗康复服务,而不要求残疾人积极参与和做贡献的现状,倡导残疾人既是康复教育服务的接收者,也是康复教育的积极参与者和贡献者。

思考探究

1. 你身边是否有身体残障儿童,你了解到的身体残障儿童都是什么样的,他们是如何生活和接受教育的?
2. 你认为身体残障儿童应该如何接受教育融入社会?学校教育应该如何为身体残障儿童提供服务?

二、身体残疾儿童康复教育

身体残疾的儿童种类较多,其中视力残障和听力残障属于人数较多的群体,占到了肢体残障儿童的多数。限于篇幅,这里主要针对视力残疾和听力残疾两类儿童,介绍两类儿童的发展概况,同时简要介绍两个群体的教育干预。

(一)视力残疾儿童的教育

1. 视力残疾儿童的概况

视力残疾是指由于各种原因使人体的视觉器官或大脑视中枢的构造或功能发生部分或完全病变,导致双眼不同程度的视力损失或视野缩小,视功能难以像一般人一样在从事工作、学习或进行其他活动时应用自如,严重的视功能损害可能最终导致视力完全丧失。我国法定的视力残疾是指儿童的最佳矫正视力低于 0.3(不包括 0.3)或视野半径范围小于 10°。根据患者的视力残疾严重程度,可以将视力残疾分为全盲和视力低下两种情况。视力残疾是残疾人群体中的一个重要类型,根据中国盲人协会的统计数据显示,我国有 1 731 万视力残疾人,相当于平均每 80 人中就有一位,可见其数量极其庞大,是一个亟待教育关注的重要群体。随着我国特殊教育事业的发展,视力障碍儿童的教育问题日益受到人们的重视。政府层面也出台了相关的文件,鼓励采用融合教育的方式,普通学校接收视力残疾儿童开展教育。即便如此,我国视障学生的融合教育无论在理论研究还是实践探索方面仍比较薄弱。保障视障学生融合教育质量、推进视障教育有序发展,仍是当前以及今后一个阶段应当努力的工作方向①。

2. 视力残疾儿童的教育

视力残疾儿童由于视力受限,在其认知方面表现出与正常儿童不同的特点。总的来说,感觉经验不足是影响视障儿童认知发展的根本原因。认知发展过程中,视障儿童与明眼儿童相比,确实存在发展滞后的现象。许多研究都发现,科学的教育与训练可以在一定程度上促进视障儿童的认知发展,逐渐缩小他们与明眼儿童的差距②。因此,结合视力残疾儿童的发展特点,及早对视障儿童开展教育干预,是帮助视障儿童获得认知和社会性发展,提升视障儿童融合社会的能力以及个人成就感的重要保障。在对视力残疾儿童开展教育时需要注意如下几点。

第一,加强对视障儿童的早期教育干预。儿童早期的发展主要是通过身体各感官与外界环境的互动所形成,其中视觉是所有身体器官与外界互动过程中最为重要的一个,儿童正是通过视觉感官对外部世界进行探索,在此基础上获得认知、情感和社会性的发展。视力障碍儿童由于视觉受损,无法通过视觉获得外部世界的信息,阻碍了儿童与外界环境的互动,致使他们动作发展缓慢,从而影响认知发展。因此,需要对智力障碍儿童及早进行教育干预,扩大其感知世界的范围。通过教育干预,视障儿童可以通过其他感官与环境发生充分的互动,这是一种补偿性教育。其他感官教育的补偿,能够在一定程度上对儿童视觉损害带来的大脑神经回路发展滞后现象进行干预,帮助儿童更好地获得神经回路的发展,以便较早实现"以手代目"和"以耳代目"的效果。视障儿童的缺陷得到补偿的时间越早,他们与客观环境相互作用的范围就越大,早期的感性经验就越丰富,其认知得到正常发展的可能性也就越大。

第二,运用教育技术辅助开展教学活动。现代教育技术为学校教育的发展带来了重大的机遇,对于特殊教育而言,由于特殊儿童身心发展的独特性,现代教育技术的开发和使用能够在一定程度上帮助特殊儿童的身心发展创造条件,为特殊儿童的发展提供便利。对于视力残疾儿童而言,现代教育技术和其他科学技术的融合,能够通过声音模拟技术、实物模型技术、视频图像技术等手段的使用,把视障儿童学习对象通过现代技术的手段具象化和形象化。这样一方面可以帮助低视力的视障儿童轻松看到并感知到许多事物,形成对于事物的感性认知。另一方面,通过认知对象模型化等手段,展示实物模型和教具,可以帮助全盲的视障儿童通过声音、模型等多样化手段形成对事物的多样化感知。虽然视障儿童在视力方面的感性认知受限,但是现代教育技术的使用和直观教具的应用,可以帮助儿童对事物形成最大限度的认识,以促进视障儿童的认知获得更好的发展。

(二) 听力残疾儿童的教育

1. 听力残疾儿童的概况

听力残疾这一术语最早见于中国1987年开展的首次残疾人抽样调查。2006年全

---

① 佘丽,田澜,向光富. 我国视障儿童融合教育研究的现状与思考[J]. 现代特殊教育,2016(14):28-33.
② 贺荟中,方俊明. 视障儿童的认知特点与教育对策[J]. 中国特殊教育,2003(2):43.

国第二次残疾人抽样调查中提出的定义是:由于各种原因导致双耳不同程度的永久性听力障碍,听不到或听不清周围环境声或言语声,以至影响日常生活和社会参与。听力障碍按照发生的时间分,可以分为先天性的听力障碍和后天性的听力障碍。先天性的听力障碍主要来自母亲妊娠期间的药物滥用,或者父母近亲结婚,或者生产过程中的出现的难产、外伤等。后天性的听力障碍主要来自各类身体疾病,如噪声、高烧、药物不当使用导致的耳聋,中耳炎,头部外伤,及其他疾病和不明病因等。

我国使用的听力残疾分级标准,主要从结构、功能、活动和参与、环境和支持四个方面,根据严重程度将听力残疾依次划分为四级。听力残疾最轻的为四级听障,表现为听觉系统的结构和功能中度损伤,在无助听设备帮助下,能听到言语声,但辨音不清,在理解和交流等活动上轻度受限,在参与社会活动方面存在轻度障碍。听力残疾最重的为一级听障,表现为听觉系统的结构和功能方面极重度损伤,在无助听设备帮助下,几乎听不到任何声音,不能依靠听觉进行言语交流,在理解和交流等活动上极度受限,在参与社会活动方面存在严重障碍。据调查,在我国有听力语言障碍的残疾人2 057万人,占全国6 000万残疾人总数的1/3。目前,我国现有117万聋儿,其中七岁以下聋儿有80多万。对听力残疾儿童及早开展教育是我国特殊教育事业发展的重要内容,是现代融合教育发展的基本趋势。

2. 听力残疾儿童的教育干预

对听障儿童开展早期融合教育,是听障儿童教育干预的重要方式。早期融合教育强调如下特点:其一,从时间上看是早期,强调对于听障儿童要早发现、早诊断和早干预。一般而言,从幼儿园教育阶段,就应该对听障儿童进行教育干预,让其在身心发展的各个方面尽早获得帮助。其二,从形式上看是融合教育,强调打破传统的隔离式特殊教育的封闭状态,主张听障儿童在与健听儿童一起玩游戏、一起学习和交往的过程中接受教育,从而尽早培养听障儿童的人际交往、合作能力等。听障儿童在融合教育的环境中能够接收到丰富的语言刺激,听障儿童在与健听儿童的交往过程中学习和模仿健听儿童的语言表达,从而能够更好地刺激听障儿童语言功能的发展,促进听障儿童的表达欲望的提升和表达能力的发展。听障儿童早期融合教育对其发展非常重要,为了做好听障儿童的早期教育,需要做好如下几点[①]。

首先,做好听障儿童的综合评估。听障儿童的听力水平有个体差异,不同的听障儿童在听力损失时间、听力损失程度、使用助听辅具时间、进行康复训练的时间、家庭环境等方面都各不相同,做好听障儿童的评估工作是对其开展融合教育的前提,是制订符合听障儿童发展的个性化教育方案的基础。听障儿童的评估工作要以听觉能力评估为中心,同时积极关注听障儿童的语言发展能力和心理发展水平。听觉能力评估方面,主要是通过评估了解儿童实际的听力发展状况和水平,以便判断儿童听力的具体受损情况,在此基础上为儿童的听力康复制订个性化方案。语言发展评估方面,主要是运用评估工具,对听障儿童的语言能力进行鉴别和诊断,主要针对语音、语义、语法、语用几个方

---

① 许蓉.听障儿童早期融合教育策略[J].现代特殊教育,2019(12).22-25.

面。通过评估，教师可了解听障儿童的语言发展水平，衡量听障儿童的语言能力发展是否平衡。心理发展评估方面，由于听障儿童的听力受损，同时存在言语障碍，传统的心理评估工具涉及语言方面的需要经过改造才可使用，需要开发出符合听障儿童发展特点的心理测量工作和方法，同时综合运用非语言的心理测量方法来对听障儿童心理发展进行观测。

其次，做好听障儿童的听能管理。听能管理是指对听障儿童的听觉能力进行设备的调试和环境的管理，以便帮助听障儿童获得更好的听觉体验。听障儿童的听能管理包括两个方面，一是听力辅助设备的管理和调试，多数听障儿童需要配套助听器或者人工耳蜗来辅助提高听力水平，助听器或者人工耳蜗需要根据听障儿童的听力水平定期进行专业调试，使设备处于最佳的使用状态，才能最大限度地帮助听障儿童提升听力水平。二是听力环境的管理方面。听障儿童对于听力环境有较高的要求，他们一般比健听儿童需要有更高的信噪比。教室环境中的噪声如果过大，会给听障儿童正常语言交流带来障碍。语言交流的信息混杂在嘈杂的环境中，会给听障儿童接收语言信息带来障碍。因此，听障儿童需要优质的听能管理，有条件的学校，可以在教室中使用无线调频设备进行语音传输。没有条件的学校，可以通过铺设地板、对墙面进行处理、将听障儿童安置在专用的位置等方式提升听障儿童的语言接收能力。

最后，做好听障儿童的教育训练。由于听障儿童的语言交流水平和健听儿童相比较弱，在融合教育的环境下，听障儿童往往表现出较为沉默的状态，容易被教师所忽视。然而从实际的发展需求来说，听障儿童由于自身的特殊性，需要老师给予更多的关注才能获得更好的发展。因此，在融合教育环境下，教师需要更加关注听障儿童的教育工作。具体而言，一方面，在日常的教育工作中，教师需要更加关注听障儿童的日常学习和交往状态。教师需要对听障儿童的听力发展以及听力设备的使用情况有所了解，为听障儿童做好听能管理。同时教师需要关注听障儿童的人际交往和心理发展情况，给予听障儿童更多的关注和鼓励，帮助听障儿童建立学习和交往的信心。另一方面，对于听障儿童的听力和语言状况，还需要提供个性化的评估和帮助。以听力干预、听觉言语训练、言语矫治等专项技术为支撑，坚持医教结合，实施综合干预。在专业康复机构的帮助和指导下，需要为听障学生制订个性化的训练计划，并及时为听障儿童提供个性化的康复训练，才能真正解决听障儿童的听力、语言及沟通障碍问题。

思考探究

1. 你身边是否有身体残障儿童，你了解到的身体残障儿童都是什么样的，他们是如何生活和接受教育的？

2. 你认为身体残障儿童应该如何接受教育融入社会？学校教育应该如何为身体残障儿童提供服务？

教学短论

残疾是指肢体、器官或其功能方面的缺陷,以及由于缺陷所带来的社会生活和交往的障碍。构成残疾的要素一般有三个:一是由于疾病或外伤所导致身体器官的病理损害,二是由于有病理损害导致的生理功能障碍要素,三是由于生理功能障碍或病理损害造成的在完成与其年龄、性别、文化相适应的社会角色障碍。儿童残疾可以分为身体残疾、精神残疾、智力残疾和多重残疾四种类型。残疾儿童教育康复的内容包括五大领域,分别是机体康复、教育培训、职业发展、社会融合、自我管理等。视力残疾是指由于各种原因使人体的视觉器官或大脑视中枢的构造或功能发生部分或完全病变所导致的残疾,在对视力残疾儿童开展教育时需要注意加强对视障儿童的早期教育干预,运用教育技术辅助开展教学活动。听力残疾是指由于各种原因导致双耳不同程度的永久性听力障碍,听不到或听不清周围环境声或言语声,以至影响日常生活和社会参与的残疾,为了做好听障儿童的早期教育,需要做好如下几点:一是需要做好听障儿童的综合评估,二是需要做好听障儿童的听能管理,三是需要做好听障儿童的教育训练。

案例学习

案例 1

1. 个案基本情况

儿童 A,女,2001 年 8 月生,出生时未见异常,2 岁时被确诊为孤独症儿童,2004 年入幼儿园小班,父母均为高校教师,积极配合幼儿园对孩子进行融合教育。对幼童 A 进行干预之前,A 的发展情况如下:语言方面,A 从不主动与人说话,被老师问急了会鹦鹉学舌般地重复老师的原话。社交方面,A 从不主动与人交往,对老师的问话置之不理,和其他小朋友也努力保持一定的身体距离。行为方面,A 经常乱扔东西,有自虐现象,喜欢咬自己的手,不敢和人目光对视。上课的时候,她也经常大喊大叫,或者大声唱歌,喜欢一个人跑出教室去玩,听到嘈杂的声音喜欢用手捂耳朵。

2. 教育干预过程

教育干预主要通过对 A 实施融合教育的方式进行,让她大多时段都和普通儿童一起生活、学习和活动,部分时间接受专业教师的干预训练。干预之前,对所在班级老师进行简单的孤独症教育培训,同时增加一名特殊教育教师,对孩子进行指导。干预过程分为如下阶段:

阶段一:主要干预目标是与 A 建立亲密关系,通过和她一起玩耍,引逗她发出声音,逐步训练 A 与人交往,与 A 建立情感依恋关系。教师发现 A 的优点——绘画,鼓励其进行绘画,并对 A 的绘画作品进行鼓励,通过鼓励、拥抱等方式,让 A 慢慢接受老师并逐渐对老师产生好感。

阶段二:主要是通过训练,纠正 A 不良行为习惯。具体做法:一是对 A 进行语言表达训练。根据孩子的语言发展水平,给孩子提供丰富的语言刺激,如重复学习简单的儿歌、故事,就 A 感兴趣的事情主动与之对话,帮助她积累语言素材。二是针对 A 的问题行为,通过强化、塑造、消退和惩罚等多种方法来纠正。当孩子做出正确反应时,及时给予积极的正强化,反之,给予负强化。如当看到 A 咬手的时候就说:"你再咬手老师就不爱你了。"这时,A 会马上停止咬手,次数多了,A 就会在"老师不爱自己"和"咬手"之间建立一个负强化反应,慢慢咬手的习惯就有所改变。

阶段三:主要是进行情感和社交训练,目的是让 A 能够理解他人的行为,同时也能和他人分享自己的情感,并学会与他人交往。具体做法:一是努力提高 A 对情感的认知能力。通过讲故事,引导 A 加强对故事隐含的情感内容的理解,如提高对想念、讨厌、喜欢等情感的认知能力。二是运用游戏疗法进行干预训练,增加 A 和同伴的交往次数,提高交往质量,增强其自我效能感。通过有意识地安排 A 与其他小朋友一起玩角色扮演游戏,鼓励 A 扮演她喜欢的角色,在游戏的过程中培养 A 与其他小朋友相互合作的意识,培养 A 谦让、合作的能力,并通过积极的鼓励和正面的反馈,鼓励 A 更好地参与游戏。

3. 教育干预结果

通过近两年的教育干预,A 在各个方面的发展都取得了较好的发展。运用孤独症治疗评估量表(ATEC)对 A 实施了后测,发现 A 在语言、社交和行为方面均有较大的进步,最终能够初步回归正常儿童的生活。教育干预后发现,融合教育是治疗和改善孤独症儿童症状,帮助其回归生活主流的有效方式;教育者要以多方联合的方式对孤独症儿童进行教育。

思考:

1. 请结合案例中儿童 A 的发展情况,谈谈你对孤独症儿童临床表现的认识。

2. 请结合案例中儿童 A 的教育干预过程,谈谈案例中的老师都分别用到了哪几种教育干预的方法。

3. 请结合案例,谈谈教师在对孤独症儿童进行教育干预时,需要注意哪些方面。

案例 2

1. 个案基本情况

儿童 B,女,9 岁,身高、体重都在正常范围,轻度智障,并伴有癫痫病。父母均为大学毕业生,教育程度较高,对孩子教育问题的关注度也较高。B 是家中的独养女,父亲对她的教育期望较高,认为她可以和正常孩子一样学习。母亲性情较为急躁,在教育时缺乏耐心,动不动就用武力来教训。孩子从小多由爷爷奶奶喂养,爷爷奶奶非常溺爱,不太懂教育,早期教育缺乏针对性和有效性。B 在正常的幼儿园接受过三年学前教育,2005 年 9 月入某普通小校就读,B 智力测验分数在 65 左右,上课期间难以理解老师的语言,也无法完全看懂书本内容。在课堂行为方面,她无法长时间安静坐在座位上,有时在教室来回走动,常常重复刻板的动作,嘴里自言自语,活动要有老师领着。与其他同学交往比较困难,难以融入群体正常交流。

2. 教育干预措施

措施一:正强化。在开展正强化的过程中,需要了解 B 的兴趣点,并以此确立相应的强化物。B对物质奖励比较感兴趣,尤其喜欢老师用的粉笔,于是可以用粉笔作为强化物对该生进行强化。如语文课上,该生读书声音很响亮,但是一听到要进行写字等书面作业,就假装听不见,不愿意完成老师的任务。这时,老师就用奖励粉笔的方式来激励该生,对B说如果能够按照要求完成写字训练,就奖励一支彩色粉笔。经过多次强化,B在课堂教学的过程中基本能够完成书面作业。

措施二:游戏教学。具体做法:在小学语文的课堂教学中,结合课文的具体内容组织学生对课文内容的情节进行情景剧扮演和故事创编等活动,在安排此类教学活动的时候,老师一般都会安排B参与此类教学活动,并在此过程中扮演一个特定的角色。教师在教学安排的过程中一般需要提前和B沟通游戏的内容并进行详细的指导。在游戏的过程中由于B理解能力有限,游戏的参与一开始并不顺利,此时老师提醒其他同学需要主动关心和帮助B。在游戏的过程中老师也会更加关注B的认知和情感的发展,同时也会关注B与其他同学的互动与交往。在语文课堂上基本能保证B每周至少都能参与一次这样的游戏教学。同时也会和体育老师沟通,让体育老师在体育课堂的游戏教学过程中更多关注B的游戏参与和指导。经过一段时间的训练,B在语文课程和体育课程中参与游戏教学的能力得到明显的提升,B在参与游戏的过程中认知、情感和社会交往能力等方面都获得了较好的发展。

措施三:提供正确示范。B在课堂学习的过程中有在教室来回走动的行为,无法长时间安静地坐在座位上,并且离开座位的时候有时还会去拿别的同学的学习文具,对别的同学的正常学习产生影响。教师关注到B的这一行为之后,通过示范正确的行为对B进行教育。一方面,教师向B展示班级内其他优秀同学认真听课的榜样,同时让榜样同学主动和B联系,帮助B树立好的学习习惯。另一方面,教师联合家长在网上找来一些优秀同学的学习视频,让家长指导学生在家进行学习观摩。同时在B课堂违纪行为发生时教师会给予及时的负强化,如扣留一次B喜欢的彩色粉笔。经过一段时间的榜样同学的正确行为示范以及负强化的影响,B的课堂违纪行为逐渐得到改善。

措施四:争取家长的教育配合。特殊儿童的教育并非是一蹴而就的,需要学校和家庭的长期配合才能取得效果。因此在特殊儿童的教育过程中,争取家长的配合至关重要。B作为一个智力障碍儿童,在教育的过程中,争取家长的配合至关重要。B家长的教育文化水平较高,家长对孩子的教育较为关注,这一点为家长教育能力的提升奠定了良好的基础。学校在对B开展教育的过程中,需要和家长积极沟通,让家长协助学校开展教育工作。班主任将B的教育干预计划对家长进行了详细的介绍,同时教师也详细列出了需要家长注意的事项,并告知家长如何配合学校开展工作。由于有了家长的积极有效的参与,B的教育转化效果也取得了较好的成绩。

3. 教育干预结果

通过多位教师的参与以及家长的积极配合,一个学年下来,B的教育干预取得了较好的效果。在行为习惯方面,B能够做到按时上下课,上课过程中随意离开座位的现象也减少了,注意力集中的时间较以前也有了较好的改变。在情感表达方面,B通过积极的人际互动以及游戏教学的参与,能够初步融入其他同学,和其他同学能够产生一些积极的互动。在与老师和同学们交往的过程中,能够主动地表达一些自己的想法,同时在互动的过程中脸上的表情较以前也丰富了很多。总的来说,通过一个学年的融合教育的干预,B在各个方面都获得了较好的发展,取得了预期的教育效果。

思考:
1. 请结合案例中儿童B的发展情况,谈谈你对轻度智力障碍儿童行为表现的认识。
2. 请结合具体教育干预措施中的任意一种,谈谈你对于这种方法运用方法和成效的认识。
3. 请结合案例,谈谈轻度智力障碍儿童在开展融合教育过程中需要注意哪些方面。

资源拓展

在融合教育理念的推进下,我国特殊儿童随班就读工作虽然取得了很大进展,得到了快速发展。但是,由于各种原因,在实际的随班就读过程中,教师对随班就读特殊儿童的关注仍是不足的或不平等的,一些特殊儿童得不到专业服务,这使特殊儿童在课堂学习中长期被忽略甚至放弃,教育需求无法得到满足,他们的发展状况是被排除在主流教育之外的,从而造成许多特殊儿童随班坐读或随班混读的现象。通过自编问卷调查,对深圳市福田区有特殊需要儿童的学校师生进行调查,从教师层面了解教师对特殊儿童接纳态度、辅导状况、特殊儿童在班级的机会、特殊儿童同伴关系、特殊儿童行为问题。从学生层面重点了解普通儿童对特殊儿童的接纳态度、普通儿童与特殊儿童交往等方面的问题。

调查结果显示,普通学校的多数普通教师对于特殊儿童的发展规律了解不多,普遍缺乏教育、指导特殊儿童的专业知识和技能。在"特殊儿童的教育最好由特殊教师而不是由普通班教师承担"一题的回答中,28.6%的教师表示"比较同意",58.6%的教师表示"非常同意",回答"非常不同意"和"不太同意"的教师只占0.7%和2.9%。对特殊儿童随班就读态度方面,教师们普遍认为,特殊儿童给教师和班级带来了一定的麻烦和不便,在普通班级里,特殊儿童影响课堂秩序,如果可以,特殊儿童安置在特殊学校更适合他们的学习。在教师辅导特殊儿童方面,在"我不知道在教学中怎样帮助特殊儿童"一题的回答中,43.6%的教师表示"比较同意",18.6%的教师表示"非常同意";在"教师能够为随班就读特殊儿童制定个别教育计划"一题的回答中,只有13.6%和5.7%的教师表示"比较同意"和"非常同意"。

从调查中可以看出,普通学校的教师普遍缺乏教育指导特殊需要儿童的能力。推进融合教育,需要进一步提升普通学校教师的特殊儿童教育素养,这是融合取得成功至关重要的条件之一。融合教育的推进,在实践中可谓任重道远[1]。

---

[1] 吕庆燕.小学随班就读特殊儿童学校适应现状调查——以深圳市福田区为例[J].生活教育,2019(10).

第七章 融合教育的模式建构

学海导航

融合教育模式是指在特定融合教育思想的指导下,融合教育各要素按照特定的基本规则和运行方式相互组合在一起的有机体。融合教育在理论上有较为激进的完全融合模式和较为缓和的部分融合模式之争。那么何为完全融合教育,何为部分融合教育? 融合教育在实践推进中形成了资源教室模式和资源中心模式两种比较具有代表性的实践模式,那么何为资源教室模式,资源教室有何特点,资源教室该如何建设? 何为资源中心模式,资源中心有何特点,资源中心又该如何建设,这些都是本章要探讨的问题。

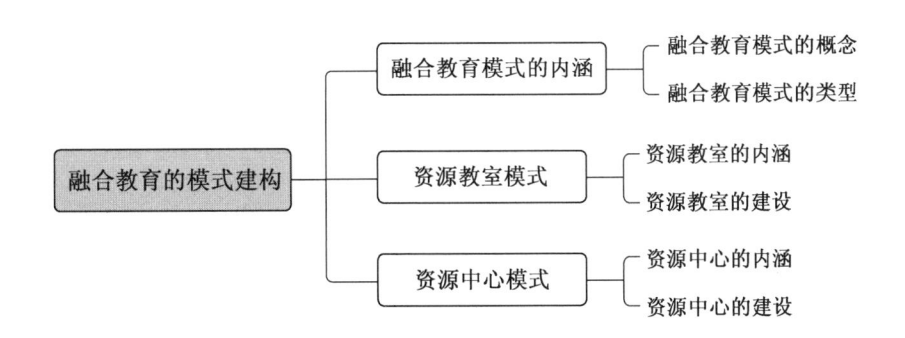

知识导图

- 融合教育的模式建构
  - 融合教育模式的内涵
    - 融合教育模式的概念
    - 融合教育模式的类型
  - 资源教室模式
    - 资源教室的内涵
    - 资源教室的建设
  - 资源中心模式
    - 资源中心的内涵
    - 资源中心的建设

第一节　融合教育模式的内涵

学习目标

1. 理解融合教育模式的概念，掌握融合教育模式分类的基本依据。
2. 掌握完全融合教育三种类型的基本内涵和主要特征。
3. 掌握部分融合教育三种类型的基本内涵和主要特征。

知识导入

融合教育的基本理念包括如下方面：第一，融合教育主张特殊儿童应与普通儿童一起在普通教室接受教育。融合教育的出发点即每一个人都享有平等的受教育权利，通常的做法是，让特殊儿童就近入读于居住地附近学校的普通班级，与年龄相近的普通学生一起学习，并提供必要的支持和服务。第二，融合教育主张特殊儿童应与普通儿童一样在普通班级中获得充分发展。要让特殊儿童与普通儿童一样地在普通班级中获得充分发展，主要是通过尊重差异和开发潜能来实现。第三，融合教育需要多方参与、合作与支持。尽管融合学校为实现平等机会和全面参与提供了有利的环境，但它的成功不仅仅需要教师和学校其他人员的努力，而且还包括同伴、家长、家庭和志愿者的共同努力。第四，融合教育的终极目标是建立融合的社会。融合教育不仅仅在于它能向所有儿童提供有质量的教育，而且其存在是帮助改变歧视性态度，创造受人欢迎的社区和建设一个全纳性社会的关键一步。[1]

一、融合教育模式的概念

"模式"一词由"模"和"式"两个字构成，从字面上理解，"模"是指模仿之意，"式"是指范式、样式的意思，模式合在一起即为"可供模仿的范式"之意。范式是一个集合体的概念，一般是指符合某种特别要求的多种关系的集合体。因此模式从概念上看也是指一个集合体的概念。在《辞海》中，模式被解释为"依照一定的榜样做出类似动作和行为的过程"。英国学者麦奎尔从传播学的角度将模式看作是"用图像形式对某一事项或实体进行的一种有意简化的描述。一个模式试图表明任何结构或过程的主要组成部分以

---

[1] 邓猛.融合教育理论指南[M].北京:北京大学出版社,2017:12-20.

及这些部分之间的相互关系①"。这一定义凸显出教育模式的三个基本特征：一是教育模式是由多种教育要素组合而成的集合体，这种要素包含了构成模式的基本要素单元，如教师、学生、课程内容、教学方法等。二是教育模式还包含了不用要素组合在一起的基本规则和运行方式等，这种基本规则和运行方式将模式中的不同要素串联起来，使得模式中的各要素能够变成一个有机的整体。三是上述基本规则和运行方式的呈现，需要在特定的教育思想的指导下才能形成，因此特定的教育模式总是在特定的教育思想的指导下形成的。教育模式不是一堆教育要素的简单集合体，而是在特定教育思想指导下的教育不同要素的有机集合体。

根据上述对于教育模式的认识，我们认为融合教育模式的指导思想是融合教育思想，融合教育模式的建立是在特定的融合教育思想的指导下形成的。融合教育模式的构成要素包含了融合教育中的教师、学生、教学内容及方法等要素及其组合在一起的基本规则和运行方式等。基于上述理解，我们将融合教育模式界定为：在特定融合教育思想的指导下，融合教育各要素按照特定的基本规则和运行方式相互组合在一起的有机体。由于融合教育主要处理普通教育和特殊教育之间的相互融合的关系，因此融合教育模式从其构成要素看主要处理的是普通教育和特殊教育的融合问题。这种普通教育和特殊教育的融合问题指向多个方面：一是方向的问题，即普通教育和特殊教育如何融合的问题，关于这一点，目前普遍认为融合教育是通过将特殊教育群体融入普通教育之中的形式开展融合教育，对于这一点一般没有争议。二是程度的问题，即普通教育和特殊教育在多大程度上融合，是部分融合还是完全融合。对于这一点，目前还存在较大的争议，由此也形成了融合教育的不同模式。"随着融合教育在各种游说活动以及政治推动下的迅猛发展，融合教育争论的焦点从原来的'特殊教育能否被融合'转向'特殊儿童应该如何融合'：特殊儿童应该以比较激进的方式完全容纳进普通教室（完全融合），还是以比较缓和、渐进的方式进行有选择的融合（部分融合）？特殊教育专业人士和相关社会团体也因此被划分为相互对立的两大派别②。"

思考探究

你是否了解过融合教育开展的模式，你所见到的融合教育学校，对于特殊需要儿童是如何开展融合教育活动的？你认为学校教育对于特殊需要儿童应该如何开展教育活动会比较好？

二、融合教育模式的类型

由于特殊需要儿童教育的特殊性，普通学校在融合教育理念的引导下如何安置特

---

① [英]丹尼斯·麦奎尔.大众传播模式论[M].祝建华,译.上海:上海译文出版社,1987:2-3.
② 邓猛.融合教育理论指南[M].北京:北京大学出版社,2017:20.

殊需要儿童,是一个十分重要的问题。普通学校在安置特殊需要儿童的过程中,形成了不同的安置模式,其中代表性的有完全融合教育模式和部分融合教育模式。

(一) 完全融合教育模式

完全融合教育模式是一种相对激进的融合教育模式,认为不应该根据特殊儿童的残疾情况来单独安排他们的学习,主张特殊儿童应该完全容纳进普通教室,和其他正常孩子一样接受教育。完全融合教育认为普通学校应该为不同的孩子提供多样化的教育服务,满足不同孩子的教育需求。完全融合教育模式主张特殊儿童和普通儿童应该完全融合在一起进行学习和交往,平等接受教育,具有崇高的教育伦理追求。由于特殊儿童和普通儿童接受教育的方式存在一定差异,这种完全融合的教育形式大致又可分为以下几类:

1. 完全由普通教师负责,对特殊儿童实施教育

在这种模式中,普通教师要负责特殊儿童的所有教育处置,普通教师除了需要对特殊儿童开展日常教育活动之外,还需要负责对特殊儿童进行教育评估、个别指导以及个别化教育计划的制订和落实等。必要的时候会有巡回指导教师提供指导,但是这种情况下的巡回指导教师一般负责的是一个教育辖区范围内的特殊教育指导工作,他不直接面对学生,只向一线的普通教师或特殊教育教师提供指导和帮助。这种模式下的特殊学生障碍程度一般较轻,能够在普通班级较好地开展学习活动,需要额外辅助的不多。这种模式对普通教师提出较高的素养要求,要求普通教师需要具备一定的特殊教育素养和能力,能够认识到特殊儿童的特殊性,并且能够对特殊学生提供专业化和个别化的指导和帮助。教师需要有能力处理好普通学生和特殊学生共同学习的关系,使得普通学生和特殊学生都能够受益。教师需要善于利用小组合作学习的方式,将普通学生和特殊学生以合作学习的形式组合起来,形成相互帮助的学习小组,营造普通学生帮助特殊学生的学习氛围。通过教学方法等活动方式的安排,促进普通学生和特殊学生在相互理解、相互支持、相互合作的过程中增进理解和友谊,这一点对于实现融合教育的普特融合的目的非常重要。

2. 以普通教师为主,巡回服务人员为辅,对特殊儿童进行教育

在这种模式中,普通教师主要负责特殊学生的正常教学工作,由巡回服务人员对特殊学生进行更加专业化的特殊教育评估、特殊教育康复以及个性化指导等工作。巡回服务人员是一支专业化的特殊教育团队,主要由特殊教育专家、儿童特殊教育病理学专家、心理学专家、特殊儿童康复师以及医生等人员构成。巡回服务人员不是固定在某个学校或班级,而是在一个学区或几个学区之间提供巡回服务。与前一种服务模式相比,这种模式下巡回服务人员直接服务特殊学生。普通教师和巡回服务人员各司其职,同时也密切合作。这种模式的优点是减轻了普通教师的工作负担,同时由于巡回服务人员直接服务特殊学生,提升了特殊学生特殊教育指导的专业性。缺点是这种模式需要普通教师和巡回服务人员密切合作,需要经常性地和巡回服务人员沟通班级内特殊学生的发展情况,并决定是否需要巡回服务人员提供帮助。

3. 以普通教师为主,助教为辅,对特殊儿童进行教育

在这种模式中,普通教师对全体学生开展正常的教育教学工作,学校内会为普通老师配备具有特殊教育专业资质的老师作为助教辅助普通教师开展特殊儿童教育工作。助教会进入特定的班级,对班级内的特殊学生进行专业化的评估、个性化的指导和帮助。这种模式下助教一般会进入班级坐在特殊学生旁边,或者往返于不同的特殊学生之间,及时了解特殊学生的发展和学习情况,并采取个别辅导的方式帮助特殊学生理解课堂所学知识。这种模式在美国称为助教服务模式(Aide service),在日本称为助教模式,这种模式的优点是能够为普通学校的特殊学生提供更加专业和细致的特殊教育指导和服务,能够较好地保证特殊学生受教育的质量。缺点是由于需要为每个学校或班级配备专业化的助教,对助教的数量提出了较高的要求。同时,助教需要为学校或班级内的不同特殊儿童提供专业化的服务,需要助教具有较高的专业素养才能将教育工作做好。

(二) 部分融合教育模式

部分融合教育是一种相对温和的融合教育模式,其支持者认为特殊儿童和普通儿童有着不同的教育需求,在普通教室中接受学习并不适合所有的特殊学生,应该为特殊儿童提供更加多样化和专业化的教育服务。部分融合教育模式主张普通班级和其他形式特殊教育的组合,在这种模式中,特殊儿童与普通儿童一起接受普通教育,但是在有特殊教育需要的时候,特殊儿童需要抽出部分时间到另外的教室或地方接受个别辅导和特殊教育的专业化指导。这种另外的教室或地方可能是普通学校内的资源教室或者特殊教育班,也可能是根据实际情况采用普通学校之外的特殊教育学校。根据普通教育和特殊教育的不同组合形式,这种模式可以分为以下几个类型:

1. 普通班级加资源教室(中心)模式

在这种模式中,特殊儿童大部分时间在普通班级与其他正常儿童一起接受普通教育,特殊儿童会根据自身的发展情况抽出一部分时间来到资源教室或者资源中心接受特殊教育方面的专业化辅导。资源教室或资源中心是与普通教室相对独立的特殊教育机构,其独立性既表现在教室或中心的位置独立,也表现在其教育资源和教师力量的独立。资源教室是在普通学校中独立于普通班级之外设置的特殊教育辅导室,资源教室配备特殊儿童训练所需要的各种辅助设备、教材、器械等,并且由专门受过特殊教育专业训练的资源教师专门负责。资源中心可以看作是资源教室的拓展和延伸,只不过资源教室设置在普通学校内,是为一所专门的学校服务。资源中心一般是由特殊教育机构发展而来,是独立在普通学校之外,为一个学区内的不同学校提供服务。

这种资源教室(中心)与普通班级并非是简单的附属关系,而是并行和平行的关系,资源教室(中心)与普通班级共同为特殊学生的发展提供差异化的教育服务。与普通班级发挥普通教育的工作不同,资源教室(中心)的功能主要表现在如下三个方面:其一是物质资源中心。资源教室或中心要配置重组教学设备、特殊教育教材、教具以及图书资料、评估工具等,以供学校或学区的师生使用。其二是教学资源中心。资源教室或中心的教师,要负责所有特殊学生的部分时间的单独教学或训练,并配合普通教师共同开展

教学活动,提高教学效果。其三是咨询、培训、支持的资源中心。资源教室或中心除了直接提供教学及相关服务之外,还要为普通教师和家长提供咨询和支持,帮助普通教师进行专业发展,对特殊教育教师进行职后培训[①]。资源教室或中心能够为特殊学生提供专业化的指导和服务,相应地也对资源教室和中心的教师提出了较高的专业素养和要求,资源教师需要负责特殊学生多个方面的工作,包括对特殊学生进行鉴定和评估、为特殊学生制订个别化教育方案并提供教学指导和帮助、为普通教师和家长提供特殊教育的专业咨询等。有学者提出资源教师的职责体现在 6 个方面 30 多种工作[②]。

2. 普通学校加特殊班级模式

前述的普通学校加资源中心的模式适合残障程度一般的学生,如果特殊学生的残障程度较重,资源教室无法满足特殊学生的发展需要,在融合教育理念下,就可以采用在普通学校设置特殊班的形式来进行。特殊班与资源教室一样是设置在普通学校内,专门针对残障程度较重的学生的。特殊班人数一般 10~15 人为宜,需要配备具有特殊教育专业资质的教师。在具体运作的过程中,特殊班的学生多数时候在特殊班级学习,其文化课的学习与普通班级也是分开的。有些情况下根据特殊儿童的实际情况,会与普通学生一起学习音乐、美术、体育类的课程。学校安排的其他活动,如晨会、运动会类活动,则主张特殊儿童与普通学生一起开展,以实现特殊学生与普通学生融合的目的。融合教育理念是主张普通学生与特殊学生融合在一起学习和成长,因此这种模式也是主张在特殊儿童允许的情况下尽可能创造条件实现普通学生和特殊学生在一起学习。

特殊班模式与资源教室或中心模式的区别在于,特殊班的学生由于障碍程度较高,几乎所有教学活动都在特殊班进行,只有少部分活动与普通学生在一起进行。而资源教室或中心模式主张学生大部分时间都在普通教室与正常学生一起接受教育。之所以做出这样的区分,其根本原因还是在于特殊学生残障程度的不同。有学者对特殊班与资源教师做出了系统的区分,指出:服务对象方面,特殊班主要服务有残疾证明的残障程度较高的特殊儿童,资源教室模式则主要服务有特殊教育需要的残障程度相对较低的儿童。课程设置方面,特殊班的课程设置与特殊学校类似,用的也是特殊学校的教材,资源教室的课程设置则是根据学生需要设置课程,一般也是用自编和改变的教材。课时安排方面,特殊班学生采用独立编排课程的形式进行,主张学生用全部在校时间开展学习。资源中心模式则是以一种抽离式的方式安排学生学习,同时学生在资源教室的时间不超过在校总时间的一半[③]。

3. 普通学校加特殊学校模式

在这种模式中,普通学校和特殊学校都为特殊学生提供教育服务,特殊学生根据自己的情况可以选择在两地灵活接受教育,在普通学校和特殊学校之间相互切换。这种模式有多种组合形式,特殊学生可以以普通学校为主、特殊学校为辅的形式进行教育,

---

① 邓猛. 融合教育理论指南[M]. 北京:北京大学出版社,2017:24.
② 王和平. 随班就读资源教师职责及工作绩效评估[J]. 中国特殊教育,2005(7):37-41.
③ 改编自徐美贞,杨希洁. 资源教室在随班就读中的作用[J]. 中国特殊教育,2003(4):13-18.

即特殊学生多数时间在普通学校就读,少部分时间在特殊学校接受特殊教育。也可以是以特殊学校为主、普通学校为辅的形式进行教育,即大多数时候特殊学生在特殊学校接受教育,少部分时间在普通学校就读。前者以普通学校为主、特殊学校为辅的形式和前述的普通学校加资源班的形式较为接近。后者以特殊学校为主、普通学校为辅的形式和前述的普通学校加特殊班的形式有点接近。无论是哪种形式的组合方式,需要根据特殊学生实际发展的情况而定。同时,特殊学生采用这种模式接受教育时,随着康复情况的变化也可以随时进行调整。如有些特殊学生由于残障程度较重的缘故一开始采用的是特殊学校为主、普通学校为辅的模式,平时多数时候在特殊学校接受教育和康复训练,偶尔在普通学校和同学们一起开展融合教育活动。随着特殊学生的康复程度逐渐提高,后期可以慢慢转变模式,采用普通学校和特殊学校各占一半的模式,并逐渐过渡到普通学校为主、特殊学校为辅的模式。

这种普通学校和特殊学校相互结合的模式,优点是可以充分发挥普通学校和特殊学校的各自教育功能,为特殊学生的发展提供相应的教育服务。特殊学生既可以在特殊学校接受到专业的康复训练和个性化的教育指导,又可以在普通学校接受到普通教育的内容,能够在普通学校中增进与普通学生的相互理解和认识。这种模式的缺点是,一方面特殊学生在两个独立的机构之间相互转换,对于特殊学生来说需要有一个适应新环境的过程。另一方面,普通学校和特殊学校之间需要做好密切的配合工作,结合特殊学生的实际发展情况及时进行特殊学生教育方案的动态调整,以最大限度地做好特殊学生的教育工作。

上述几种融合教育模式中,无论是完全融合模式,还是部分融合模式,其主导思想均为融合教育思想。也就是说,实现普通学生和特殊学生的相互融合是融合教育开展的最终目的。因此在实践操作层面,特殊学生具体采用哪种方式开展教育,既需要考虑到普通学校和特殊教育资源的实际情况,也需要考虑到特殊学生的实际发展情况。具体的模式是灵活多变的,但是有一点是不变的,那就是最终都指向普特融合,通过融合实现教育平等的追求。融合教育思想的发展使传统对特殊学生的隔离式教育体系受到公开的质疑和挑战,使残疾人进入普通学校接受普通教育成为现实,也成为未来特殊儿童教育安置的主要形式。从世界各国的融合教育发展实际看,西方各国的传统的隔离式的特殊教育机构体系已经崩溃,融合教育,尤其是完全融合教育,即在普通学校教育残疾学生已经成为各国特殊儿童教育的主要选择,并且在完全融合教育和部分融合教育之间,完全融合教育也逐渐被更多的国家和地方所接受。很多之前还普遍存在的为特殊需要的学生提供服务的全日制特殊学校和特殊班级逐渐淡出人们的视野,取而代之的是融合的教育形式[①]。

---

① 邓猛.双流向多层次教育安置模式、全纳教育以及我国特殊教育发展格局的探讨[J].中国特殊教育,2004(4):1-7.

> **思考探究**
>
> 1. 通过上述对于两种融合教育模式的介绍,你认为完全融合模式和部分融合教育模式的区别是什么,你认为哪种融合教育模式更好,为什么?
> 2. 结合你的观察,你认为哪种融合教育模式在实践中更容易被采用?

教学短论

融合教育模式是指在特定融合教育思想的指导下,融合教育各要素按照特定的基本规则和运行方式相互组合在一起的有机体。融合教育模式从其构成要素看主要处理的是普通教育和特殊教育的融合问题,这一问题指向多个方面:一是方向的问题,即普通教育和特殊教育如何融合的问题,目前普遍认为融合教育是通过将特殊教育群体融入普通教育之中的形式开展教育。二是程度的问题,即普通教育和特殊教育在多大程度上融合,是部分融合还是完全融合,对于这个问题还存在一定的争议,但是从主流观点来看是主张完全融合。完全融合教育模式是一种相对激进的融合教育模式,认为不应该根据特殊儿童的残疾情况来单独安排他们的学习,主张特殊儿童应该完全容纳进普通教室,和其他正常孩子一样接受教育。完全融合教育模式可以分为三种不同类型:一是完全由普通教师负责,对特殊儿童实施教育。二是以普通教师为主,巡回服务人员为辅,对特殊儿童进行教育。三是以普通教师为主,助教为辅,对特殊儿童进行教育。部分融合教育是一种相对温和的融合教育模式,其支持者认为特殊儿童和普通儿童有着不同的教育需求,在普通教室中接受学习并不适合所有的特殊学生,应该为特殊儿童提供更加多样化和专业化的教育服务。部分融合教育模式可以分为三种不同类型:一是普通班级加资源教室(中心)模式,二是普通学校加特殊班级模式,三是普通学校加特殊学校模式。无论采用哪种融合教育模式,其最终目标都指向普通儿童和特殊儿童的融合,通过融合实现教育平等的追求,进而为融合社会的形成奠定基础。

第二节　资源教室模式

学习目标

1. 了解资源教室的基本内涵,理解资源教室的三个基本性质。
2. 掌握资源教室建设的三个基本原则,能够运用资源教室建设的相关内容开展资源教室的建设工作。

知识导入

资源教室是在融合教育理念推动下,在普通学校对于特殊需要儿童的安置措施。随着我国特殊教育事业的发展,随班就读的融合教育实践对于资源教室建设提出了客观的要求。2014年,教育部等七部委联合发布的《特殊教育提升计划(2014—2016年)》指出:"扩大普通学校随班就读规模,尽可能在普通学校安排残疾学生随班就读,加强特殊教育资源教室建立。"这是在政策层面第一次明确提出开展资源教室建设。随后我国各地便开展了资源教室建设的探索工作,取得了一定的成绩。2016年1月20日,教育部在汲取各地具体经验做法的基础上出台了《普通学校特殊教育资源教室建设指南》(下文简称《建设指南》),以规范资源教室的建设工作。这是我国教育部第一个出台的专门针对资源教室建设的指南。该指南后面还附上了《普通学校特殊教育资源教室配备参考目录》(以下简称《参考目录》),《建设指南》以及《参考目录》的颁布,说明我国的资源教室建设从初步探索的自发阶段发展到具有政策支持的规范阶段。从当下的融合教育发展的基本趋势看,资源教室模式是融合教育诸多模式中非常重要且具有代表性的模式,在融合教育发展的过程中将会发挥着更加重要的作用[1]。

一、资源教室的内涵

资源教室是普通学校安置特殊需要儿童非常重要的一种模式。资源教室经历了近百年的发展历程。随着融合教育的推进,资源教室越来越被更多的人所熟知和采用。资源教室是一种暂时性的特殊儿童支援系统,它强调对特殊儿童开展个别化教学指导,同时需要发挥特殊教育资源平台的管理作用。

---

[1] 李静郸.地方规范资源教室建设的政策文本分析[J].现代特殊教育,2017(2):7.

(一) 资源教室的由来

资源教室是一个外来的概念,资源教室概念最早是在 1913 年由美国教育家欧文(Irwin)提出的。欧文提出资源教室的教育方案是用来帮助学校中的视觉障碍儿童在普通学校学习所用。由于当时学校教育条件不完善,再加上当时的融合教育理念还没有深入推行,残疾学生进入普通学校就读的人数较少等缘故,资源教室方案后来没有被继续使用。

图 7-1 特殊儿童安置模式图

进入 20 世纪 50~60 年代,随着美国回归主流教育运动的兴起,越来越多的残障儿童进入普通学校学习,资源教室理念再一次被人们提出并受到关注。1962 年,雷诺(Reynolds)等人提出了特殊儿童安置的组织架构模式。他们认为在特殊儿童回归主流的教育环境中有 6 层不同的由重到轻、由上到下的教育设施,分别是① 全日制特殊班。② 部分时间制特殊班。③ 普通班级附设资源教室。④ 普通班级附设补充教学或治疗。⑤ 普通班级附有咨询服务。⑥ 多数问题在普通班级中解决(见图 7-1)[1]。这六种特殊儿童的安置模式是一个连续体,从①到⑥分别是从限制最多的全日制特殊班到限制最少的普通班级,体现的是特殊儿童安置不断从隔离走向融合。在具体的安置实践中,结合儿童的实际情况,要求遵循尽可能回归一般正常环境的原则,让特殊儿童在条件允许的范围内尽可能在普通学校开展学习和接受教育。从上述六个组织架构的模式看,资源教室处于这一连续性教育安置方式措施的中间,起着承上启下的中介作用。此时的资源教室是作为安置特殊儿童的方式之一在普通学校中被采用,是众多安置形式的一种。

进入 20 世纪 70 年代,随着美国融合教育理念的不断深入以及融合教育实践的不断推进,围绕资源教室的研究越来越多地受到人们的关注。人们逐渐认识到,资源教室的建立,对于残障儿童的融合教育发展起到很好的作用。如 1977 年的一项研究表明,经过资源教室学习之后的特殊儿童回到普通班级学习,适应情况比之前好很多[2]。进入 20 世纪 90 年代之后,随着融合教育的国际化发展,资源教室作为一种普通学校中为特殊儿童提供专业支持和服务的安置方式,越来越多地受到世界各国的关注,资源教室的概念和做法也在世界各国被普遍学习和采用。如我国台湾地区早在 20 世纪 70 年代开展了资源教室方案的探索,其目的在为学生及教室提供教学的支援。

我国的大陆地区有关资源教室的探索和建设与随班就读运动是紧密结合的。20 世纪 80 年代,我国政府开始了特殊儿童随班就读的教育探索,随着随班就读的残疾儿童日益增多,如何为普通学校残疾儿童提供更专业的特殊教育服务就成了必须解决的现实问题。20 世纪 90 年代,山东一些地方开始了资源教室的探索,随后北京、上海等地区也开始自发建立资源教室,尝试在普通学校为残疾儿童提供特殊教育专业服务。

---

[1] 徐美贞,杨希洁.资源教室在随班就读中的作用[J].中国特殊教育,2003(4):13-14.
[2] 徐美贞,杨希洁.资源教室在随班就读中的作用[J].中国特殊教育,2003(4):13-18.

总的来看,此阶段的资源教室的探索处于自发的初步尝试阶段,还缺少理论支撑和政策支持。进入 21 世纪初,我国资源教室的实践不断增加,同时,围绕资源教室建设的相关政策也逐步发展起来,资源教室建设开始被写入政策文本之中。如 2001 年教育部颁发的《关于'十五'期间进一步推进特殊教育改革和发展的意见》中明确指出,"支持随班就读学生较多的学校建立资源教室,配备指导教师,为残疾学生提供教学指导"。这是资源教室概念首次被写入我国政府层面的教育政策之中。2005 年,北京市教委专门发布《北京市随班就读资源教室建设与管理的基本要求(试行)》,该文件是国内较早专门关于资源教室建设的区域性政策文件,说明资源教室的建设已经在该区域得到了政府部门的高度重视,标志着我国资源教室的探索进入制度化发展阶段。进入 20 世纪的第二个十年,我国资源教室建设进入快速推进的发展阶段,2016 年,教育部专门印发《普通学校特殊教育资源教室建设指南》,指南的内容同时附上了《普通学校特殊教育资源教室配备参考目录》。这是我国第一次从国家政策层面对于资源教室建设做出了政策的规定。《建设指南》和《参考》目录的颁布,说明我国普通学校资源教室建设进入规范化和标准化发展阶段。

(二) 资源教室的概念

资源教室是现代融合教育思想和实践推动下形成的新生事物,虽然资源教室的实践探索已经有近百年的发展历史,对于资源教室的概念的认识却仍不尽相同。总的来看,对于资源教室概念的理解,需要注意以下几个方面:

第一,资源教室从其设置的目的看,主要是为了解决普通学校中特殊学生的个性化发展问题。由于特殊学生的身心发展具有区别于普通学生的特殊性,在融合教育理念的实践中,特殊学生在普通学校就读,需要受到额外的关注和特别的帮助。传统普通学校的教育资源主要面向普通儿童,对于特殊儿童的发展而言,普通学校普遍缺少应对的教育资源,无论是从教师队伍特殊教育素养的配备,还是从特殊儿童教育发展的设施设备的配备,普通学校在软硬件方面都难以完全满足特殊儿童教育发展的需要。因此,资源教室的设置,就是为了解决普通学校特殊儿童的个性化发展需要的问题,从而实现特殊儿童在普通学校接受高质量的教育。

第二,从资源教室设置的位置看,主要是在普通学校内部单独设置一个独立的教室(或部门、中心、方案等),以支持和应对特殊儿童发展的需要。该教室虽然独立设置在学校之内,但是教室的功能并非是封闭的,而是开放的。资源教室主要是为学校中所有特殊儿童的教育服务,为特殊儿童在正常班级开展学习提供辅助性的支持和帮助。资源教室具有学校教学资源中心的含义,对于学习上及行为上有困难的学生(不论是法定的特殊儿童或正确儿童),提供支援性的协助[1]。当然,对于服务对象方面,也有学者认为资源教室首要为特殊教育需要学生服务,不是面向全体学生[2]。但是无论如何,资源教室作为学校内的一个组织是为特殊儿童提供特殊教育方面的专业指导和服务使

---

[1] 王振德.资源教室的理念与实施[J].中国特殊教育,1997(3):23.
[2] 李拉.融合教育学[M].南京:南京大学出版社,2022(5):129.

用的。

第三,从资源教室设置的资源看,包含软硬件两个方面。软件方面主要是指资源教室的运行和使用需要由资源教师来开展。资源教师是资源教室实际使用的专业人士,资源教师需要具备特殊教育专业的能力,能够对特殊儿童的发展提供专业的指导和服务。从某种程度上看,资源教室功能发挥好坏主要取决于资源教师的专业素养。硬件方面,资源教室需要配备对特殊儿童开展教育的相应设施设备。如资源教室一般需要配备特殊儿童教育方面的图书资源、特殊教育专业教具、特殊儿童发展评估设备、特殊儿童专业康复仪器等。具体需要结合学校特殊儿童的发展实际情况进行有选择的配备。资源教室的功能要想得到有效的发挥,需要资源教师使用资源教室中专业的设备才能实现。

第四,从资源教室设置的功能看,其基本功能是为了促进普通班级内特殊儿童的健康发展,为其提供专业的服务,具体的服务内容包括为学校内的特殊儿童进行鉴别和筛选,评定特殊儿童发展的实际情况;结合特殊儿童的发展情况,为特殊儿童的发展制订个性化的教育方案;对特殊儿童在普通班级的学习进行辅导和帮助,帮助其顺利完成普通班级的学业任务;为特殊儿童的发展提供专业化的康复训练,提高特殊儿童的身心健康水平等。特殊儿童发展需要全体教师和家长的共同努力,为了做好特殊儿童的教育工作,资源教师还需要对普通班级内的教师以及特殊儿童家长开展相应的教育服务工作,以便为特殊儿童教育的发展寻求支持,这些可以看作是资源教师的派生功能。具体而言,资源教师需要为其提供特殊教育方面的专业培训,提升普通教师的特殊教育素养;资源教师还应该为普通教师的日常教学活动提供特殊教育方面的教育技术和信息等方面的支持,帮助普通教师更好地教育特殊儿童。对于特殊儿童家长而言,资源教室同样起着教育培训、教育技术和信息支持等功能[①]。

上文分别从资源教室设置的目的、位置、资源、功能四个方面对资源教室的内涵做出了分析,根据前述分析,可以初步对资源教室做出如下界定:资源教室是指为了促进普通学校中特殊学生的个性化发展问题,在普通学校内设立的一个具有辅助性质相对独立的特殊儿童教育中心,该中心由专业化的资源教师负责,并配备相应的特殊儿童教育的专业器械设备,主要发挥着特殊儿童教育指导、学校教师和学生家长的培训指导等多方面的功能。

(三) 资源教室的性质

1. 资源教室是一种暂时性的特殊儿童支援系统

在传统特殊教育与普通教育分立的系统下,特殊教育的安置措施通常是一种永久性的安排。被安置于特殊班或特殊学校的学生,要回归到普通教育似乎不太可能。这种模式下特殊儿童是被固定在特殊班或者特殊学校的。在融合教育理念下,强调特殊儿童从特殊学校或特殊班向普通学校和普通班流动,资源教室的建立为特殊儿童从特

---

① 许家成,周月霞.资源教室的建设与运作[M].北京:华夏出版社,2006:22.

殊学校和特殊班向普通学校和普通班的流动起到了过渡和中转的作用。特殊儿童在这个流动的过程中,需要结合自身实际发展的情况,经过专业的评估之后确定去留问题。因此资源教室对于特殊儿童而言,实际上起到了一个中转站的作用。如果特殊儿童残障问题不严重,儿童自身发展较好,则安置在资源教室的时间就相对较短。如果特殊儿童的残障问题较重,需要更多的资源教室活动介入,则安置在资源教室的时间就稍长一些。总的来说,特殊儿童在资源教室的安置是流动的,具体根据特殊儿童的发展情况决定。

2. 资源教室强调对特殊儿童开展个别化教学指导

普通学校一般是通过集体教学的形式对学生开展教育,由于我国普通学校的班额较大,一个班级都在四五十人左右,教师在教学的过程中难以照顾到学生的个体差异。特殊儿童在普通学校中与正常儿童一起学习,由于特定班级中特殊儿童的数量较少,普通教师在开展教学的过程中很难照顾到特殊儿童发展的差异性需要。资源教室作为特殊儿童在普通学校发展的支持系统,其设置目的在于为特殊儿童的发展提供差异性和个性化教育服务,因此资源教室对特殊儿童开展的教育是一种个别化教学。资源教师需要评估特殊儿童发展的实际情况,根据特殊儿童发展的特点制订符合特殊儿童发展需要的个性化教育方案,对不同类型的特殊儿童提供差异化的教育服务。资源教师对特殊儿童开展教育的过程中,需要充分利用小组合作、个别辅导等形式开展教学,以满足特殊儿童的个性化发展需要。

3. 资源教室需要发挥特殊教育资源平台的管理作用

资源教室作为学校内的一个独立设置的机构,其目的在于为学校的特殊学生提供专业的指导和服务。资源教室为特殊学生提供专业化的特殊教育指导表现在两个方面,一方面是资源教室通过资源教师自身的专业素养,利用资源教室的相关资源为特殊学生提供服务,这种服务可以称为直接服务。另一方面是有些特殊学生的类型较多,一个资源教师有时难以胜任不同类型特殊学生的教育指导,尤其是一些残障程度较重的特殊学生,资源教师需要寻求区域内其他特殊教育服务机构的帮助。从外部的视角来看资源教室,它仅是整个随班就读支持保障体系中的一个组成部分。资源教室解决不了的问题,需要以其他支持手段来合作、支撑。在各种专业支持手段进入普通学校、面对残疾学生发挥作用的过程中,资源教室应是一个平台与中介,它需要有效促进各类专业资源合理进入普通教育系统并充分发挥其功能[①]。因此,资源教师的工作除了需要对特殊学生开展教育指导服务外,还需要联络和协调区域内其他特殊教育资源,起到组织区域内特殊教育资源服务特殊学生的管理作用。

---

① 李拉. 融合教育学[M]. 南京:南京大学出版社,2022:132-133.

> 🔊 **思考探究**
>
> 什么是资源教室模式？为什么会出现特殊儿童资源教室安置模式？如何认识资源教室模式在特殊需要儿童安置过程中的作用？

二、资源教室的建设

资源教室的建设是融合教育推进中的实践问题，在建设的过程中需要以特殊儿童的教育为宗旨，注意做到与普通班级的教育相融合，同时做好软件和硬件建设两个方面。资源教室的建设不仅要考虑教室环境的布置，同时也要考虑教室使用制度的建设以及资源教室的建设等问题，从而让资源教室更好地发挥作用。

（一）资源教室建设的原则

1. 资源教室建设应以特殊儿童的教育为宗旨

资源教室作为特殊儿童在普通学校学习的辅助机构，主要是对特殊儿童进行教育的机构。此处的"教育"有两方面的含义，一是针对特殊儿童发展的特殊性，资源教师通过资源教室的相关资源对特殊儿童开展专业化的特殊教育和康复训练，弥补特殊儿童因为生理原因造成的发展障碍。二是针对特殊儿童在普通班级接受教育的情况，对特殊儿童在普通班级的学习情况进行有针对性的辅导和支持。资源教室以教育为宗旨，指向特殊儿童身心的全面发展。在实践中我们发现，近些年随着医教结合思想的深入，资源教室的医疗康复功能越发受到人们的重视，治疗师和医疗康复设备进入资源教室建设似乎成了必然选择。资源教室在实践中也演变成了康复教室之用，窄化了资源教室的教育范畴，实际上是将资源教室的教育窄化为康复教育之目的。我们认为，康复训练只是资源教室建设的作用之一，资源教室除了需要对特殊儿童进行必要的康复训练之外，还需要对特殊儿童进行更加全面的教育。特殊儿童的康复训练需要医学专业知识，学校通过资源教室对其进行适当的康复训练是必要的，更多的康复训练还需要寻求专业的医疗机构的帮助。

2. 资源教室建设应与普通班级的教育相融合

资源教室方案是在融合教育的背景下出现的，是当代融合教育发展的一种具体举措，因此资源教室建设应遵循教育融合的理念。资源教室作为普通学校内部的独立机构，需要与普通学校和班级相互融通，避免资源教室建设成为普通学校里的一个孤岛，陷入普通学校中的二次隔离的误区[①]。实践中，资源教室建设的康复训练倾向，导致其服务对象仅限于某几类特殊需要儿童，资源教室成了远离普通群体的"孤岛"，将进入资

---

① 王琳琳，马滢. 我国融合教育资源教室建设与运作的思考[J]. 残疾人研究，2019(3)：26 - 31.

源教室的人视为"有问题的人"或"残疾人",其他学生不敢随便踏入[1]。这势必造成资源教室在学校中扮演着特殊班的作用,成为普通学校中的"孤岛"。这种资源教室在实践中被孤立的倾向,往往容易造成特殊儿童的心理压力,进入资源教室就意味着与别的同学不同,意味着残疾人的标签再一次被提起,许多特殊儿童因为心理压力而不愿意接受资源教室的帮助,从而削弱了资源教室帮助特殊儿童的作用。因此,资源教室在建设的过程中需要处理好与普通学校和班级的融合关系,扩大资源教室的开放性程度,真正发挥资源教室作为学校的教学资源中心的作用,以实现为学校的所有学生,重点是特殊学生提供服务。

3. 资源教室建设需要从软硬件两方面入手

资源教室作为特殊儿童在普通学校接受教育的辅助机构,要想发挥好其教育功能,需要从软件硬件两方面入手。软件方面,主要是指资源教师的遴选和聘用,并加强资源教师的专业水平和业务能力。资源教室的使用是一个专业性非常强的领域,无论是对特殊儿童进行甄别、诊断,还是对特殊儿童进行教育、指导,都是专业性很强的工作。资源教师作为资源教室的主要操作者和使用者,需要熟悉特殊儿童教育的基本规律,掌握特殊儿童教育、诊断、咨询等方面的专业能力,才能胜任资源教室的工作。硬件方面,资源教室建设需要注重与特殊儿童教育、康复训练相关的各类图书资料、评估工具、杂志光盘、训练器械、教学用具等的购置。由于特殊儿童的特殊性,资源教室建设还需要结合不同类型特殊儿童的实际购置符合特殊儿童需要的相关仪器设备,如为视力障碍儿童购置盲杖等设备,为听力障碍儿童购置助听设备等。实践中我们发现,有些学校只注重资源教室硬件方面的投入,对于资源教师的聘用和培训却显得不足,部分资源教室的教师专业能力不强,教师不熟悉资源教室设备的运用,从而造成资源教室的浪费。因此资源教室建设需要在软硬件建设两个方面双管齐下,发挥资源教室软硬件的有效配合,从而最大限度地发挥资源教室的教育功能。

(二) 资源教室建设的内容

1. 资源教室的环境建设

资源教室环境建设是指资源教室的物理环境的创建,它是资源教室的物态呈现。资源教室环境建设需要考虑到资源教室的选址、环境布置、功能区划、硬件设施等方面的内容[2]。关于资源教室的选址与环境布置方面,《建设指南》中指出:资源教室应有固定的专用场所,一般选择教学楼一层,位置相对安静、进出方便。其面积应不小于60平方米,若由多个房间组成,应安排在一起。有条件的普通学校,可以结合需要适当扩大。所附基础设施要符合《无障碍环境建设条例》《无障碍设计规范》《特殊教育学校建筑设计规范》中的有关规定。这是政策文件中对普通学校进行资源教室建设提出的明确要求。各普通学校可在《建设指南》文件的规范下,结合自己学校的实际情况进行建设。

关于资源教室的功能区划方面,根据《建设指南》的要求,资源教室一般需要设置学

---

[1] 刘瑞霞.资源教室最大化利用的实践尝试[J].现代特殊教育,2015(11):67-69.
[2] 李拉.融合教育学[M].南京:南京大学出版社,2022(5):133.

习训练、资源评估和办公接待等基本区域。学习训练区主要用于以个别或小组形式对学生进行学科学习辅导,以及相关的认知、情绪、社交发展方面的训练。根据学生的需求,对学生进行动作及感觉统合训练、视功能训练、言语语言康复训练等。资源评估区主要用于存放学生教学训练计划、教师工作计划,以及教具、学具、图书音像资料。还可用于对学生进行学习需求测查和各种心理、生理功能基本测查和评估等。办公接待区主要用于教师处理日常工作事务及开展相关管理工作,接待校内学生、教师、家长等来访者。在不影响资源教室基本功能的情况下,资源教室各功能区域可以根据实际需求相互兼容。有条件的学校还可以适当拓展。需要注意的是,不同学段、不同学校的资源教室功能区划在政策文件的指导下也有所区别。如幼儿园和小学阶段,感觉统合训练对于部分特殊儿童而言较为重要,需要在规划的时候多留出感统训练的空间。到了中学阶段,感统训练的必要性降低了很多,学习训练的需求则会相应增加。另外,功能区划需要结合学校特殊儿童的实际进行安排,如视力障碍儿童较多的学校对视功能训练区域要进行着重设计。

关于资源教室的硬件设备方面,除了一些常规的资源教室的办公设施之外,主要围绕特殊儿童教育需要进行配置。在《建设指南》的《普通学校特殊教育资源教室配备参考目录》中,将资源教室的硬件设备配置分为基本配备与可选配备。基本配备是指满足基本需要的教育教学和康复训练设施设备、图书资料等。可选配备是指根据残疾学生的残疾类型、程度及其他特殊需要,选择配备的教育教学和康复训练设施设备、图书资料等。需要注意的是,《参考目录》中具体列出了很多类硬件设施,如肢体运动辅助类设施、听觉及沟通辅助类设施、视觉辅助类设施,每一类里也进一步列出了诸多的详细器具名称。各学校在进行资源教室器械选配的过程中需要结合学校自身特殊儿童的实际情况来确定,避免配置了很多用不上的器械,造成浪费。

2. 资源教室的师资建设

资源教室的师资建设是资源教室建设的灵魂,人的因素永远是教育成功的关键,对特殊儿童开展教育更是如此。《建设指南》中指出,资源教室应配备适当资源教师,以保障资源教室能正常发挥作用。资源教师原则上须具备特殊教育、康复或其他相关专业背景,符合《教师法》规定的学历要求,具备相应的教师资格,符合《特殊教育教师专业标准》的规定,经过岗前培训,具备特殊教育和康复训练的基本理论、专业知识和操作技能。然而从现实来看,由于特殊教育的专业人才短缺,同时特殊教育人才进入普通学校还存在一定的体制障碍,多数普通学校资源教师的配置不得不从普通学校内部选拔产生,多数资源教师缺少特殊教育的专业背景。数量不足与专业化偏低是我国资源教师队伍建设整体上存在的普遍问题[1]。

从普通学校资源教师发展的实际看,普通学校资源教师的发展,需要加强对资源教师的选拔、培训和管理。一方面,要从学校中选拔有爱心、愿意从事特殊儿童教育工作的老师来担任资源教师。同时由于选拔出来的教师多数没有特殊教育专业背景,因此

---

[1] 李拉.论随班就读教师队伍的专业化[J].教育理论与实践,2014(22):21-23.

需要对其进行专业培训，提升资源教师的特殊教育能力。这是在现实的情况下解决资源教师短缺问题不得已而为之的办法。另一方面，还需要寻求教师入职体制和理念的突破，让更多特殊教育专业的老师进入普通学校开展融合教育工作，从源头上提升资源教师的专业水平。

普通学校还需要以资源教师为中心，积极组建学校融合教育专业团队，凝聚团队的力量做好学校的融合教育工作。普通学校融合教育工作的开展以及特殊儿童教育工作，不能单靠资源教师一个人去努力。需要以资源教师为中心，组建学校融合教育团队，这已经成为发达国家普遍的做法。资源教师在这里扮演着重要的角色，一方面，资源教师需要对普通学校的特殊儿童开展诊断、咨询、指导和帮助等服务。另一方面，资源教师还需要承担召集人以及组织者的角色，在寻求学校政策支持的前提下积极联络学校内外的相关人员，组建学校融合教育团队。此时的资源教室需要发挥特殊教育资源平台的管理作用，与特殊儿童教育工作相关的人员在资源教师的组织和管理下，为学校的特殊儿童提供多方面的专业化帮助，从而更大限度地发挥资源教室指导和教育特殊儿童的价值。

3. 资源教室的制度建设

资源教室作为一个新生事物，要想发挥其应有的作用，制度建设非常重要。合理化的制度能够摈弃实践中的随意和无序，使得资源教室活动的开展能够有章可循，进入规范化和有序化的运作。因此，制度建设是保障资源教室在实践中有效运作的不二法门。如果说资源教室的环境建设和师资建设保障了资源教室的形，那么资源教室的制度建设则是保障了资源教室的神。资源教室只有形神结合，才能发挥其应有的价值。

资源教室制度建设从内容上看包括两个方面，一是普通学校中资源教室的管理制度，包括资源教室设备的管理办法、资源教师的管理办法、资源教室课程的管理办法、资源教室教学的管理办法、资源教师评价管理办法等。各类管理办法的制订，能够从制度层面规范资源教室在实践中可能遇到的各类问题，从而使资源教室在实践中变得有章可循，提升资源教室的规范化和有序化运作。在众多的管理办法中，资源教室课程管理办法处于核心地位，课程建设处于教育的核心，几乎所有的教育工作都是以课程的设置、编排、实施与评价为核心来开展的。因此普通学校开展资源教室的管理制度建设，需要以课程制度建设为核心，以课程制度的完善为抓手带动其他相关制度的完善。

资源教室制度建设的另一个内容是围绕资源教室的运行，建立相应的资源教室运行机制和流程图。前述有关资源教室管理制度建设属于静态的内容，这里围绕资源教师运行机制建设则属于动态的内容。普通学校需要从资源教室的运行机制的角度对资源教室的实践运行进行详细的规划和设计。资源教室的运行机制，取决于资源教师的功能和性质定位。从当下对资源教室的功能认识看，资源教室的运作一般包含特殊需要的评估、安置、教育、康复等方面的内容。不同资源教室由于人力和资源的限制，可能在服务内容上会有一些差别。因此普通学校资源教室的运行机制需要因学校而异，制定出符合学校特殊儿童实际和学校资源教室建设实际的运行机制和流程图。

思考探究

如果你所在的学校需要开展资源教室的建设，那么资源教室的建设需要从哪几个方面开展？资源教室在建设的过程中需要遵循哪些基本的原则？如何通过资源教室的建设，让资源教室在实践中能够更好地帮助特殊需要儿童开展教育工作？

教学短论

资源教室是指为了促进普通学校中特殊学生的个性化发展问题，在普通学校内设立的一个具有辅助性质且相对独立的特殊儿童教育中心，该中心由专业化的资源教师负责，并配备相应的特殊儿童教育的专业器械设备，主要发挥着特殊儿童教育指导、学校教师和学生家长的培训指导等多方面的功能。从资源教室的性质看，资源教室是一种暂时性的特殊儿童支援系统，资源教室对于特殊儿童而言，起着中转站的作用。资源教室强调对特殊儿童开展个别化教学指导，资源教师需要根据特殊儿童发展的特点制订符合特殊儿童发展需要的个性化教育方案。资源教室需要发挥特殊教育资源平台的管理作用，需要联络和协调区域内其他特殊教育资源，起到组织区域内特殊教育资源服务特殊学生的管理作用。

资源教室的建设需要以特殊儿童的教育为宗旨的原则，强化资源教室的教育功能。需要遵循资源教室与普通班级的教育相融合的原则，避免资源教室成为普通学校教育中的孤岛。需要坚持软件硬件两手抓的原则，尤其需要做好资源教师的专业发展问题。资源教室在具体建设内容方面，需要重点做好资源教室的环境建设、师资建设和制度建设等方面的内容。环境建设需要考虑到资源教室的选址、环境布置、功能区划、硬件设施等方面的内容。师资建设需要加强对资源教师的选拔、培训和管理，同时需要以资源教师为中心，积极组建学校融合教育专业团队。制度建设方面需要做好普通学校中资源教室的管理制度建设，同时围绕资源教室的运行，建立相应的资源教室运行机制和流程图。

第三节 资源中心模式

学习目标

1. 了解资源中心的由来,理解资源中心概念的三个关键点。
2. 掌握资源中心的基本性质和建设原则。
3. 掌握资源中心建设的基本要求,在实践中能够对资源中心建设表达自己的看法。

知识导入

特殊教育资源中心要加强对区域内承担随班就读工作的普通学校的巡回指导、教师培训和质量评价,大力宣传普及特殊教育知识和方法,为普通学校和家长提供科学指导和专业咨询服务,在推进融合教育中具有重要作用。《特殊教育提升计划(2014—2016年)》实施以来,教育部会同相关部门加大了特殊教育资源中心建设的支持力度。一是推动在新修订的《残疾人教育条例》(以下简称《条例》)和《第二期特殊教育提升计划(2017—2020年)》(以下简称《二期计划》)中增加特殊教育资源中心的有关要求。《条例》第二十六条规定,县级以上地方人民政府教育行政部门应当统筹安排支持特殊教育学校建立特殊教育资源中心,在一定区域内提供特殊教育指导和支持服务。《二期计划》进一步要求,没有特殊教育学校的区县,依托有条件的普通学校,整合相关方面的资源建立特殊教育资源中心。二是将支持特殊教育资源中心建设纳入中央财政特殊教育专项补助资金使用范围,为资源中心配备特殊教育教学和康复设备。三是鼓励支持各地建立了一批特殊教育资源中心,承担区域内特殊教育相关工作。如,北京市海淀区、上海市长宁区独立设置特殊教育资源中心,江苏省南京市依托市聋人学校建立特殊教育资源中心等[①]。

一、资源中心的内涵

资源中心是在融合教育随班就读的实践探索中逐渐提出的特殊需要儿童安置模式,传统的特殊教育学校在融合教育理念下需要转型发展,资源中心模式是融合教育背景下对传统特殊教育学校的转型发展的新形态。从功能上看,资源中心应该承担区域

---

① 关于政协十二届全国委员会第五次会议第1183号(教育类101号)提案答复的函。

融合教育儿童发展中心、行政管理中心、教师发展中心、咨询指导中心等职能。

(一)资源中心的由来

1. 资源中心是随着融合教育随班就读的实践探索逐渐提出的

资源中心也称为特殊教育资源中心,是特殊教育在新时期融合教育理念下,随着我国随班就读实践的探索逐渐提出的。在传统隔离状态的特殊教育中,特殊教育学校承担着特殊儿童的全部教育工作,那时还没有出现资源中心的概念。随着融合教育理念的提出和发展,提倡特殊儿童在普通学校随班就读。为了给在普通学校入学的特殊儿童提供更好的教育服务,资源中心的概念逐渐被提出。特殊教育资源中心最初的定位是通过巡回指导的形式,为区域内开展随班就读的普通学校提供特殊教育方面的专业指导。2001年11月国务院办公厅转发了《关于"十五"期间进一步推进特殊教育改革和发展的意见》,该文件规定:"要加强对普通学校特殊教育班和随班就读教学工作的指导、监控……特殊教育学校要定期派出教师对普通学校特殊教育班和残疾学生随班就读的教学工作进行巡回指导"。这是正式文件第一次提出"巡回指导"的服务方式,并确定以特殊教育学校为提供指导服务的主体。此时虽然没有提出资源中心的概念,但是文件中描述的以特殊教育学校为主体提供巡回指导服务就是资源中心的主要特征,为后期资源中心概念的提出做好了铺垫。2017年修订的《残疾人教育条例》中提出:"县级以上地方人民政府教育行政部门应当统筹安排支持特殊教育学校建立特殊教育资源中心,在一定区域内提供特殊教育指导和支持服务。"这是首次在国家文件中正式提出特殊教育资源中心的概念。可见,特殊教育资源中心是随着我国随班就读融合教育实践的不断探索和推进而提出的,是当下我国随班就读融合教育发展的必然要求。

2. 资源中心是融合教育背景下对传统特殊教育学校的功能转型

融合教育背景下,当代特殊教育学校面临着功能转型的发展要求。当代特殊教育学校的功能转型,首先是世界范围内融合教育改革的必然趋势。融合教育背景下,特殊教育学校面临着生源减少、功能转型的必然要求。很多国家的特殊教育学校都在积极转变角色,成为融合教育的支持或资源中心,为地区的融合教育发展提供支持和服务。如法国、比利时、丹麦、瑞典等国的很多特殊教育学校都转变功能,成为融合教育资源中心[1]。其次,特殊教育学校的转型是我国特殊教育改革和发展的政策要求。随着我国融合教育随班就读实践的不断推进,特殊教育学校需要为普通学校中随班就读的特殊儿童提供专业化的指导和服务。2017年修订的《残疾人教育条例》中提出"县级以上地方人民政府教育行政部门应当统筹安排支持特殊教育学校建立特殊教育资源中心,在一定区域内提供特殊教育指导和支持服务。"可见,特殊教育学校转型为特殊教育资源中心,是我国随班就读实践发展的必然要求。最后,特殊教育学校的转型是当代特殊教育学校发展面临的现实选择。一方面,融合教育的推进使特殊教育学校生源数量和结构发生着剧烈的变化;另一方面,随融合教育的推进,普通学校中进入大量的特殊学

---

[1] 邓猛,杜林.西方特殊教育方式的变迁及我国特殊教育学校功能转型的思考[J].中国特殊教育,2019(3):3-10.

生，对于特殊教育学校的专业支持的诉求也变得越发强烈。在此情况下，来自融合教育实践的发展必然要求特殊教育学校尽快实现功能转型。

特殊教育学校功能转型，即由传统的特殊教育学校转型为当代的特殊教育资源中心。这种功能的转型具体表现在如下几个方面[①]：首先，特殊教育学校需要由封闭走向开放。传统的特殊教育学校，长期以来一直是自给自足又相对封闭的系统，随着融合教育改革的推进，特殊教育学校的老师需要走出校门，深入普通学校提供特殊教育的指导和服务，有时还需要开展送教上门服务，这就需要特殊教育学校需要从封闭的状态走向开放的发展状态。其次，特殊教育学校需要由单一走向多元。传统的特殊教育学校功能较为单一，只是为特殊教育学校的特殊儿童提供教育服务。融合教育理念下的特殊教育学校的功能更加多元，除了需要继续开展特殊儿童教育工作之外，还需要发挥资源中心的作用，为普通学校提供专业发展支持和服务等。最后，特殊教育学校需要由直接服务走向间接服务。传统的特殊教育学校主要是为学校内的特殊儿童提供直接的教育服务。随着融合教育的推进，特殊教育学校逐渐被要求由直接的教育者转变为区域特殊教育与融合教育发展的专业支持者、服务者、政策咨询与建议者、区域特殊教育管理者、融合教育教师培训者等新的角色。

（二）资源中心的概念

融合教育背景下有关资源中心的探索，总的来说是实践探索在先，理论研究相对滞后的状态。在实践中，不同地区在探索资源中心建设的过程中曾使用过不同的表达方式。2006年，《上海市关于加强随班就读工作管理若干意见》中强调要加强特殊教育康复指导中心建设，这里使用的是"特殊教育康复指导中心"这一概念。2015年，南京市获批"国家特殊教育改革试验区"，南京市教育局随即依托市区两级特殊教育学校，成立了多个随班就读资源中心，此时使用的是"随班就读资源中心"概念。总的来说，由于资源中心在实践中的探索具有一定的自发性，因此各地在推进的过程中使用的概念不尽相同，但是都指向现代意义上的"资源中心"这一概念。直到2017年，新修订的《残疾人教育条例》首次明确了"特殊教育资源中心"这一概念，要求"县级以上地方人民政府教育行政部门统筹安排支持特殊教育学校建立特殊教育资源中心，在一定区域内提供特殊教育指导和支持服务"。"特殊教育资源中心"这一概念被正式写入《残疾人教育条例》，被官方采用和推广，至此"特殊教育资源中心"这一概念才真正得到确认。

本研究中所指的资源中心，即《残疾人教育条例》中所规定的"特殊教育资源中心"的简称。它是在融合教育理念的指导下，为了更好地开展融合教育随班就读的实践，在充分利用特殊教育学校的专业资源的基础上，由教育行政部门附设于当地特殊教育学校的，集教育、管理、服务、咨询等功能于一身的专门机构。把握资源中心概念，需要重点注意以下几个关键点：

首先，资源中心多是依托当地的特殊教育学校，附设于特殊教育学校之中的机构。

---

① 李拉. 论随班就读教师队伍的专业化[J]. 教育理论与实践, 2014(22): 142-145.

这一点与上一章多提到的资源教室有着明显的区别。资源教室建设是依托普通学校进行的，其功能主要是为某一普通学校的特殊需要学生提供服务。资源中心则依托的是特殊教育学校，是在特殊教育学校功能转型的基础上设立的机构，其服务对象是某一特定区域内的所有学校的特殊需要学生。资源中心的建立有赖于特殊教育学校的功能转型，他不是一个全新的机构，是在特殊教育学校这一母体的基础上转型升级发展而来。

其次，资源中心是由当地的教育行政部门设立，需要教育行政部门赋予行政权力。传统的特殊教育学校主要发挥的是教育功能，特殊教育学校本身没有行政管理权力。资源中心的职责相比较于传统的特殊教育学校有了较大范围的拓展，除了承担教育、咨询等职责外，还需要负责发挥区域内特殊教育资源的统筹、协调、管理和评价等功能。资源中心行使行政部门的教育管理权力，是资源中心作为区域专业化的特殊教育资源中心的必然要求。特殊教育是一个专业性较强的领域，只有依托特殊教育学校的专业力量进行管理，才能真正做好区域内的特殊教育资源的管理和协调工作。因此，资源中心在建立的过程中，需要政府教育行政部门赋予相应的行政权力。

最后，资源中心从其功能看需要实现功能的多样化。资源中心除了需要对特殊教育学校里的特殊需要儿童开展教育活动外，还需要履行管理、服务、咨询等职能。2017年修订的《残疾人教育条例》对特殊教育资源中心的职能进行了详细的规定，指出："特殊教育资源中心可以受教育行政部门的委托承担以下工作：（一）指导、评价区域内的随班就读工作；（二）为区域内承担随班就读教育教学任务的教师提供培训；（三）派出教师和相关专业服务人员支持随班就读，为接受送教上门和远程教育的残疾儿童、少年提供辅导和支持；（四）为残疾学生父母或者其他监护人提供咨询；（五）其他特殊教育相关工作。"可见，资源中心虽然设置在特殊教育学校之内，但是从其功能看主要是对外的，他面向的是区域内特殊教育事业的整体发展。

（三）资源中心的性质

1. 资源中心是区域融合教育儿童发展中心

资源中心从其本意来看是为了促进普通学校中特殊学生获得更好的特殊教育专业支持所成立的机构，以区域内特殊儿童的发展为中心，促进特殊儿童更好地融入普通学校开展学习，这是资源中心建设的核心目的。为了更好地服务区域内特殊需要儿童的发展，资源中心主要通过以下方式服务特殊需要儿童的发展。首先，资源中心通过资源共享的方式服务区域内特殊需要儿童的发展。资源中心是依托区域特殊教育学校的资源开展建设，特殊教育学校作为区域内特殊教育机构，有着专业化的特殊教育教学资源和设备。传统的特殊教育学校的教学资源是相对封闭的，并不对外开放。特殊教育学校转型为区域特殊教育资源中心后，学校内的相关资源，包括图书资源、仪器设备、辅助器具等，都向区域内的特殊需要儿童开放，从而提升了资源中心教育教学设备的利用效率。

其次，资源中心通过巡回指导，服务于普通学校中的特殊需要儿童的发展。巡回指导是指为了推进融合教育，由资源中心派出专业人员和团队，定期或不定期地深入普通学校，为普通学校特殊需要儿童以及普通学校的教师提供专业指导、咨询与帮助的支持方式。巡回指导的服务团队一般由资源中心的专业人员为主,同时还可以包括语言病理学家、学校心理学家、社会工作人员、物理治疗师以及医生等专业人员。巡回指导工作的开展具有较强的专业性和一定的灵活性,巡回指导工作的内容以及时间安排等,主要依据区域内特殊儿童实际发展的需要,经由普通学校和资源中心工作人员相互协商制定而成。

2. 资源中心是区域融合教育行政管理中心

资源中心依托特殊教育学校转型发展而来,拥有较强的特殊教育专业资源,在资源中心建设的过程中,资源中心需要发挥区域内特殊教育和融合教育的行政管理职责,协助地方教育行政部门开展专业化的融合教育管理活动。当然其前提是需要教育行政部门在资源中心建设的过程中进行行政赋权。资源中心的融合教育管理职责,主要表现在如下几个方面:

第一,资源中心协助教育行政部门制定区域融合教育发展规划及相关政策。融合教育的推进需要各地教育行政部门在国家相关政策的指导下积极谋划,区域特殊教育资源中心在积极关注国家相关融合教育推进政策的基础上,结合区域内特殊教育发展的特点,协助区域教育行政部门积极谋划和制定区域内融合教育发展的相关推进策略。在政策制定的过程中,资源中心应该积极发挥自己的专业力量,从政策资源和建议的角度,为地方教育行政部门的政策制定积极地建言献策。

第二,资源中心积极开展区域融合教育的督导与评价工作。教育督导和评价工作是促进教育良性有序发展的重要手段,开展区域融合教育推进的督导与评价工作,是保障区域内融合教育健康发展的重要行政抓手。资源中心在区域融合教育督导和评价工作开展的过程中,需要积极发挥自己的专业特长和优势,协助和参与区域教育行政部门建立区域融合教育发展或评价指标和体系,从特殊教育专业的视角来审视和衡量区域融合教育发展的情况,并对区域融合教育的发展问诊把脉,做出客观的评价,并提出专业化的发展与改进建议,从而最终促进区域融合教育朝着更好的方向发展。

3. 资源中心是区域融合教育教师发展中心

融合教育的推进离不开一支专业化的融合教育师资队伍,融合教育开展的最有力的保障就是建立一支符合要求的高素质、专业化的融合教育教师队伍。融合教育的师资队伍主要包括普通学校中的资源教师、资源中心的巡回指导教师以及大量的承担融合教育教学工作的普通学校的一线教师。对普通学校以及各类与融合教育相关的工作人员开展融合教育的专业化培训显得至关重要。资源中心作为区域内的特殊教育专业机构,需要承担起区域内融合教育师资培训的组织者、培训者、引领者等角色。首先,资源中心需要做好区域内融合教师队伍培训的组织工作,分层次分类别,有序地组织好区域内各种类型融合教师队伍培训的做工作,确保区域内所有的融合教育工作的从业者都能得到有效的专业支持。其次,资源中心可以利用自身的专业优势成为融合教育的培训者,为区域融合教师的教师队伍提供特殊教育的相关培训。同时,咨询中心还需要主动联系各类师范院校的特殊教育专业,在区域教师培训的过程中积极寻求高等学校的专业力量的支持,提升教师培训工作的质量。最后,由于融合教育师资队伍的广泛性,有时候融合教育需要寻求医学、心理学、康复学等领域专业人士的支持。因此,资源中心在积极培训区域内融合教育师资队伍的同时,还需要积极联络区域内外的其他与特殊儿童康复相关的专业人士,组建更大范围的融合教育师资队伍。这里资源中心更多需要发挥团队组建、团队协调的作用。从而在开展资源中心巡回指导等工作的过程中,能够根据区域内特殊儿童发展的实际需要,及时协调不同类型的专业人员对特殊儿童进行指导和帮助。

4. 资源中心是区域融合教育咨询指导中心

资源中心依托特殊教育学校的专业力量,需要成为区域融合教育咨询服务中心,发挥特殊教育专业咨询的作用。这种专业咨询指导服务表现在两个方面,一方面,资源中心对普通学校特殊儿童的教育工作提供专业的指导,这是资源中心发挥专业优势,帮助普通学校开展融合教育的重要体现。指导的内容非常广泛,包括特殊儿童的诊断与评价工作、特殊儿童的鉴定和安置工作、融合教育的课程与教学工作、特殊儿童的个别指导工作、资源教室的建设与运行工作等。资源中心的指导内容包括但是不限于上述内容,帮助普通学校在实践中解决融合教育推进过程中的各类问题。

另一方面,资源中心需要面向社会发挥对外咨询、宣传、教育等功能。由于融合教育是一个新事物,融合教育在实践推进中还存在较大的阻力,阻力很主要的一个来源是社会的不理解和不支持。很多家长限于传统教育观念的影响,认为普通学校安置特殊需要儿童会影响到孩子的健康成长,因此社会上多次出现过家长联名驱逐特殊儿童事件,这些都说明融合教育缺乏政策宣传和舆论引导。咨询中心要想较好地推进区域融合教育的发展,需要利用自己的专业特长对外积极开展融合教育的咨询和宣传工作,通过举办各类活动,积极宣传国家及区域的融合教育政策,帮助家长和社会认识到融合教育的价值,从而积极寻求家长和社会的支持,为融合教育实践的推进营造良好的社会氛围。

思考探究

> 你熟悉"资源中心"这个概念吗,你是否了解过特殊教育资源中心这一特殊的机构?认为特殊教育资源中心和特殊教育学校是何种关系?你认为资源中心在特殊需要儿童的教育过程中应该发挥怎样的作用?

二、资源中心的建设

资源中心的建设工作需要以促进特殊儿童更好的发展为宗旨,在建设的过程中,一方面需要按照相应的规范开展建设工作,避免随意性;另一方面需要提倡资源中心职能任务的多样化,充分发挥资源中心在融合教育发展中的多重作用。从建设内容上看,需要从行政赋权、资源整合和队伍发展等方面进行。

(一) 资源中心建设的原则

1. 资源中心建设应该遵循规章制度规范化

资源中心作为新时期融合教育发展的重要模式,虽然从认识层面已经逐渐被人接受,但是由于资源中心建设是一个新事物,缺少可借鉴的经验参考,在实践中缺乏统一的规范指导,存在一定的无序情况。资源中心的软硬件购置和建设情况在各地存在较大的差异,尤其是我国各地特殊教育资源不均衡,中西部地区有些地方的特殊教育学校还处于起步建设阶段,与东部省份相比有着较大的差距,这些导致全国各地资源中心建设存在一定的随意性。一项调查研究发现,仅成都市县级特殊教育资源中心的场地面积就从 200 平方米到 1 000 平方米不等,相差 5 倍,其服务能力和水平参差不齐[①]。不同地区资源中心师资的专业素质和能力方面也存在较大的差异,沿海发达省份的资源中心的教师专业水平总体较高,有特殊教育背景的从业人员较多,中西部部分地区资源中心的教师的特殊教育专业背景则相对较少,限制了资源中心指导区域融合教育发展的能力。

资源中心作为一个新生事物,在建设之初存在一定的随意性是正常的。为了更好地开展资源中心建设。2016 年初教育部出台了《普通学校特殊教育资源教室建设指南》,对于规范各地普通学校资源教室建设起到了重要的作用。同理,需要尽快从国家层面出台资源中心建设指南,对资源中心的性质、软硬件(场地、办公设施、康复设备等)配置要求、工作人员岗位及编制安排、经费来源和保障机制、服务和指导模式,以及评价标准等进行全方位的规定。同时,各地还需要结合资源中心发展的实际情况,尽快制定出台资源中心在运作和实施过程中的规范性文件,规范资源中心使用和运行的机制,加强资源中心建设和运行的制度化。

2. 资源中心建设应该提倡职能任务多样化

2017 年修订的《残疾人教育条例》对特殊教育资源中心的职能进行了详细的规定,指出:"特殊教育资源中心可以受教育行政部门的委托承担以下工作:(一) 指导、评价区域内的随班就读工作;(二) 为区域内承担随班就读教育教学任务的教师提供培训;(三) 派出教师和相关专业服务人员支持随班就读,为接受送教上门和远程教育的残疾儿童、少年提供辅导和支持;(四) 为残疾学生父母或者其他监护人提供咨询;(五) 其他特殊教育相关工作。"这一规定说明资源中心建设,需要承担多方面的职能,尤其是资源中心对外的开放性职能需要得到关注。

由于资源中心建设时间较短,很多问题还在摸索中,资源中心的职能在实践中存在一定的窄化现象。资源中心在区域中能够对普通学校中随班就读的特殊儿童发展进行指导和帮助,对于普通学校相关教师的培训也能够受到关注,但是资源中心作为区域融合教育咨询指导中心的作用不够彰显,资源中心作为区域融合教育行政管理中心的行政管理职能的发挥尚不够充分。同时,已有的关于特殊教育资源中心的实践研究也鲜

---

① 魏祥明. 成都市区县级特殊教育资源中心建设的问题与对策研究[D]. 成都:四川师范大学,2017:15.

有提及为残疾学生家长提供咨询服务、开展随班就读教育教学研究、指导普通学校教师开展重度残疾学生送教上门等其他特殊教育相关业务,说明当前我国县级特殊教育资源中心的职能还相对单一,未能根据当地特殊教育发展的需求进行拓展和延伸,这与相关政策的要求存在一定差距,在推动区县特殊教育整体发展方面力量不足[①]。因此,在资源中心建设的过程中,需要紧扣资源中心的多样化职能开展建设工作,充分发挥资源中心作为区域融合教育推进的重要基地的作用。

(二)资源中心建设的内容

1. 资源中心的行政赋权

融合教育作为一种新时期追求教育公平的思考,并非指向一个独立的学段或者指向一个独立的部门,融合教育是一种教育改革的思考,是融通普通学校和特殊学校的一种教育改革的举措。融合教育的推进不能完全靠教育的自发和自觉来完成,在现实中融合教育的推进还存在一定的阻力,说明融合教育的推进需要强有力的行政力量干预才行。从我国县级传统的教育行政部门职能划分看,并没有一个独立的职能机构负责融合教育这一新的改革任务。因此需要从行政机构设立的角度去思考这一新的问题。由于融合教育的专业性较强,在行政部门机构精简的时代背景下,在区域教育行政部门单设融合教育办公室这一行政机构可行性不高,这一机构与现行的区域教育行政部门的机构设置也难以融合。因此,充分发挥区域特殊教育学校的专业特长,在区域特殊教育学校自身面临的功能转型的过程中,将区域特殊教育学校设定为区域教育行政部门的派出机构,赋予其融合教育管理的行政职权,无论是对于区域的教育行政部门而言,还是对区域特殊教育学校发展而言,都是两全其美的事情。

可见,资源中心的行政赋权,是区域融合教育发展的必然要求。这里所谓的行政赋权,是指资源中心附设于特殊教育学校,并且依托特殊教育学校的专业资源开展工作。但是从行政管理的角度看,资源中心并非归属于特殊教育学校,而是隶属于当地的教育行政部门,具有教育行政管理权力。因此,从性质上看,资源中心不仅是一个特殊教育的专业机构,也是区域融合教育的管理机构,负责区域内融合教育工作的整体管理工作。这种行政赋权对于资源中心工作的开展十分必要。如前所述,资源中心承担着区域内融合教育的管理、指导、评价等工作。区域内各中小学校在开展融合教育推进工作的过程中,都需要接受资源中心的管理、指导和评价工作。如果地方教育行政部门没有对资源中心赋予行政权力,很显然这些工作的开展都是不可能进行的。因此,在我国教育行政管理的背景下,地方教育行政部门给资源中心赋予行政权力,是资源中心建设首先需要考虑的问题之一。

2. 资源中心的资源整合

资源中心的主要职责是负责区域内特殊儿童的教育工作,由于特殊儿童的特殊性,特殊儿童的教育工作的开展具有如下几个特征:首先,特殊儿童的教育是一项专业性很

---

① 冯雅静.我国县级特殊教育资源中心建设和运作:政策演进、现实困境与对策[J].中国特殊教育,2020 (7):19-25.

强的工作,需要从业人员具有特殊教育工作的专业背景,懂得特殊儿童发展的基本规律。其次,特殊儿童的教育工作是一项复杂性很高的工作,需要多学科的相互配合才能完成。特殊教育事业发展本身的综合性和复杂性决定了特殊教育资源中心工作的开展绝非是教育行政部门的职责,它需要县级人民政府统筹医疗、卫生、残联、人社、妇联等部门和社会团体的资源,建立多方共管机制,为特殊儿童教育发展工作提供多方面的指导和帮助。

在这个过程中,资源中心作为区域教育行政部门授权的融合教育管理部门,有必要主动作为,在各级行政部门和社会团体的配合下,主动加强并积极寻求地方医疗、卫生、残联、人社、妇联等部门的帮助。资源中心需要积极转变观念,扩大自己的职能范围,在融合教育推进的过程中主动担当,承担起区域融合教育资源中心资源整合的工作。资源中心需要拟定详细的资源整合计划,寻求区域内融合教育相关各职能部门的配合,充分调动区域内的相关职能部门参与融合教育工作的积极性。

3. 资源中心的队伍发展

在资源中心的建设过程中,人的因素无疑是最重要的。资源中心需要一支专业化的特殊教育专业教师团队,才能做好各项工作。由于资源中心是在传统的特殊教育机构的基础上功能转型而来,资源中心的工作人员多数是在传统特殊教育学校工作的人员。由于资源中心的功能在传统的特教学校的基础上有了较大的拓展和转变,因此对于传统的特殊教育学校的老师而言,如何适应新时期资源中心的工作是一项较大的挑战。这种挑战主要表现在数量和结构两个方面。

从数量上看,传统的特殊教育学校自身的师资总量本身就相对紧张,随着特殊教育学校转型为资源中心,功能扩增了很多,传统的师资力量难以满足转型后的资源中心发展的需要,需要在人员数量上进行大量的扩充,才能适应资源中心发展的需要。这意味着转型后的资源中心在人员数量上更为紧张,需要地方教育编制管理部门结合资源中心发展的实际情况进行人员扩编和管理。从结构上看,资源中心教师队伍需要负责区域内的普通学校的特殊儿童教育发展的工作,其主要的工作形式是组建巡回指导教师队伍来开展工作。由于特殊儿童教育发展的独特性和复杂性,资源中心组建的巡回指导教师队伍需要由多个学科性质的人员共同构成,人员涉及不同的管理部门,包括地方的卫生、残联、医院、心理健康中心等。资源中心一方面要充分发挥资源整合的功能,通过购买服务的方式将具有医学、康复学背景的专业人员聘为兼职巡回指导教师,以解决巡回指导教师专业团队结构单一的问题。另一方面,咨询中心要在人员编制允许的条件下,积极储备医学、康复学等学科的专业人才,从而更好地开展区域内特殊需要儿童的巡回指导服务。

思考探究

1. 资源中心建设应该遵循哪些基本的原则？
2. 资源中心建设的内容包括哪些方面，资源中心和教育行政部门是何关系？

教学短论

资源中心是在融合教育随班就读的实践探索过程中形成的，由特殊教育学校在功能转型的基础上发展而来的区域特殊教育支持和管理系统。资源中心一般是在当地的特殊教育学校功能转型的基础上，附设于特殊教育学校之中的机构。从性质上看，首先，资源中心是区域融合教育儿童发展中心，资源中心通过巡回指导，服务普通学校中的特殊需要儿童的发展，促进区域内特殊儿童更好地融入普通学校进行学习，这是资源中心建设的核心目的。其次，资源中心是区域融合教育行政管理中心，资源中心需要协助教育行政部门制定区域融合教育发展规划及相关政策，同时需要负责开展区域融合教育的督导与评价等工作。再次，资源中心是区域融合教育教师发展中心，承担着区域内融合教育师资培养的组织者、培训者、引领者等角色。最后，资源中心是区域融合教育咨询指导中心，对内要对普通学校特殊儿童的教育工作提供专业的指导，对外要面向社会发挥咨询、宣传、教育等功能。

资源中心在建设的过程中首先需要教育行政管理部门的行政赋权，从行政管理的角度看，资源中心隶属于当地的教育行政部门。其次，资源中心建设还需要重视其资源整合功能的挖掘，资源中心工作的开展需要县级人民政府统筹医疗、卫生、残联、人社、妇联等部门和社会团体的资源，建立多方共管机制，为特殊儿童教育发展工作提供多方面的指导和帮助。最后，资源中心建设需要关注师资队伍建设，需要在传统特殊教育学校师资基础上，从数量和结构两个方面进行升级改造，才能适应资源中心发展的需要。

案例学习

江苏省常熟市在推进融合教育改革过程中积累了丰富的经验。2012年，江苏省常熟市义务教育阶段的学校就开始自主进行资源教室建设，到2017年底，达到全市义务教育中小学校资源教室全覆盖。近两年来，根据相关政策要求，常熟市全力将原有的资源教室"提档升级"为融合教育资源中心。到目前为止，全市14个乡镇（街道）先后建立了58个融合教育资源中心，认真履行普通学校发展融合教育的主体责任，严格贯彻落实"普通学校和特殊教育学校责任共担、资源共享、相互支撑"的政策要求，融合教育资源中心的建设、运行与管理已成为普通学校实施适合的教育、促进每个学生全面而有个性发展的重要举措。

一、立足实际,启动新一轮融合教育资源中心建设

(一)建设依据

常熟市普通学校融合教育资源中心的建设工作根据各乡镇的实际情况,从两个方面开展。一是从上到下的要求。上级教育部门根据特殊教育事业发展需要,在乡镇内选定具有初步实施特殊教育能力、地理位置优越的中心校作为融合教育资源中心建设点,下拨建设经费。基层学校根据经费使用规定、本区域特殊学生教育需求进行规划设计、添置康复器材、落实建设任务、组织个别化教育等。二是从下到上的需求。基层学校根据所在地特殊教育学生的需要,组织特殊教育需要学生进行小班化教育和个别化辅导,逐步根据需求建设某个学段、某种类别的特殊教育班。然后向主管教育行政部门申请建设经费,添置康复器材,规划建设融合教育资源中心。

(二)建设要求

常熟市普通学校融合教育资源中心大多在普通学校资源教室的基础上发展而来。考虑到方便特殊教育需要学生的出行,融合教育资源中心一般选择在教学楼一楼,位置相对安静、进出方便,且附近有洗手间及无障碍设施。其面积在40～60平方米,由多个房间组成,有条件的普通学校可根据需要适当扩大。一般配备黑板、讲台、实物投影仪、彩电、电脑接入宽带、课桌、资料柜、档案柜、普通教学用书、特殊教育用书、教具、学具、辅导用具、康复器材等。常熟市新一轮融合教育资源中心建设过程中,各学校建立了由校长任融合教育资源中心主任的领导小组,分管副校长任副组长并配备一位分管融合教育的教导主任(也可称为特殊教育管理员),负责日常管理工作。在此基础上,将原资源教室的1～2名兼职教师,培养为特殊教育专业教师,并聘用多名学科教师为兼职资源教师,为融合教育资源中心提供坚强队伍保障。

二、明晰职责,扎实推进融合教育资源中心高效运行

(一)科学定位各学段融合教育资源中心职责

常熟市普通学校融合教育资源中心的功能包括:开展一对一康复训练,落实"一人一案";两类以上特殊学生开展复式教学;为每个特殊教育需要学生制订适合的课程表;记录区域内特殊教育对象服务情况;加强家校合作,充分调动家庭在残疾儿童少年教育和康复中的作用。各学段的融合教育资源中心既各司其职又相互融通,形成一个特殊教育需要学生幼小衔接、小初衔接、中职衔接、终身受益的学习基地,为随班就读教育教学提供全面专业资源支持。

(二)以服务对象为中心,全面启动融合教育资源中心运行

普通学校融合教育资源中心承担特殊教育咨询以及特殊教育需要学生筛查、评估、建档等工作。学校在认定有3～5名特殊教育需要学生后,一般还开设特殊教育班级,进行小班化教学辅导和心理辅导,帮助学生学有所得,增强家长与学生的信心。对于需要社会适应性训练的自闭症学生,则开展针对性的康复训练,并进行社会交往和生活技能辅导;对于学区内送教上门的重度残障学生,强调提供支持性教育环境,在学生身体允许的情况下,接纳有陪护能力的家庭定期将学生送到融合教育资源中心接受专业教师的康复训练。

各学段的融合教育资源中心还根据该中心服务范围,指导、评价区域内的随班就读工作,对区域内承担随班就读教育教学任务的教师开展培训,派出教师和相关专业服务人员为随班就读工作提供智力支持,并为接受送教上门和远程教育的特殊教育需要学生提供学业辅导和康复训练支持,为所有特殊需要学生父母或者其他监护人提供咨询和指导等。

三、汇聚力量,营造融合教育资源中心共建氛围

常熟市特殊教育指导中心加强对普通学校融合教育资源中心的教学管理,成立了各类融合教育教学研讨组,定期召开工作例会,结合普校和特校课程标准,组合选用国家和省审定的普通教材。或特教教材,并在此基础上进行适宜性改造,形成适合每个特殊教育需要学生的个别化课程。组织全市特殊需要学生家长培训,进一步增强家校协同教育、康复合力。同时,促进医教结合,建立多部门合作机制,加强专业人员的配备与合作,提高特殊教育需要学生评估鉴定、入学安置、教育教学、康复训练的有效性。

建有融合教育资源中心的学校主要领导、分管领导、班主任、资源教师、任课教师、家长共同参与,常态化研讨融合教育工作。学校积极、主动地组织非专职资源教师培训,提高每一位资源教师的专业水平和能力;所有资源教师在对特殊教育需要学生进行学科知识辅导的同时,进行生活辅导和社会适应性训练,以及基本的康复训练,充分发挥融合教育资源中心的教育、康复功能①。

思考:
1. 你认为常熟市在推进资源中心建设的过程中有哪些可以借鉴的经验?
2. 结合案例内容,谈谈你对常熟市资源中心建设的认识。
3. 结合本章内容以及案例情况,简单撰写一份区域资源中心建设方案。

资源拓展

我国特殊教育资源中心发展现状调查研究②

特殊教育资源中心作为推进融合教育发展的重要组织形式,正在快速发展。通过对全国23个省市176所特殊教育资源中心开展问卷调查,发现我国特殊教育资源中心的发展情况大概如下。

一、特殊教育资源中心基本情况

在行政级别上,区县级127所(72.2%)、市级41所(23.3%)、省级2所(1.2%)、乡镇级2所(1.2%),部分地区还建立了学区级、片区级特殊教育资源中心。在机构类型上,依托特殊教育学校建立特殊教育资源中心共157所(89.2%),独立设

---

① 张熠,陆振华.常熟市普通学校融合教育资源中心建设的实践探索[J].现代特殊教育,2020(5):23-26.
② 秦铭欢,赵斌.我国特殊教育资源中心发展现状调查研究[J].中国特殊教育,2022(4).

置的特殊教育资源中心13所(7.4%),还有少量依托普通学校或依托高等院校建立的特殊教育资源中心。在中心主任任职上,教育局(副)局长兼任中心主任的特殊教育资源中心有57所(32.4%),特殊教育学校(副)校长兼任的有57所(32.4%),教育局部门负责人兼任的有26所(14.8%),特殊教育学校部门负责人或教师兼任的有27所(15.3%),其他人员担任主任的有9所(5.1%)。在成立时长上,成立1~5年的特殊教育资源中心有90所(51.0%),成立1年以内的有33所(18.8%),成立6~10年的有30所(17.1%),成立11年及以上的有23所(13.1%)。在学生数量上,200人以上的特殊教育资源中心有64所(36.4%),50人以下的有39所(22.2%),50~100人的有34所(19.3%),101~150人的有22所(12.5%),151~200人的有17所(9.6%)。

二、特殊教育资源中心人力资源保障

通过调查,分别统计了拥有不同教师人数的特殊教育资源中心数量,以及拥有不同教师类型的特殊教育资源中心数量,具体见下表。

拥有不同教师人数的特殊教育资源中心数量

	选项	频数	占比(%)		选项	频数	占比(%)
教职工（含兼职）总数	10人以下	100	56.8	全职在编教职工数	5人以下	104	59.1
	10~20人	32	18.2		5~10人	31	17.6
	21~30人	22	12.5		11~15人	7	4.0
	31~40人	9	5.1		16~20人	12	6.8
	40人以上	13	7.4		20人以上	22	12.5

拥有不同教师类型的特殊教育资源中心数量

教师类型	频数	占比(%)
行政管理人员	91	51.7
特殊教育教师	167	94.9
普通学校教师	53	30.1
康复治疗师	41	23.3
医生	14	8.0
其他(社会工作者等)	8	4.5

从教师人数来看,有56.8%的特殊教育资源中心教职工(含兼职)人数不足10人,75%的特殊教育资源中心教职工(含兼职)人数不足20人。有76.7%的特殊教育资源中心全职教职工人数不足10人,87.5%的特殊教育资源中心全职教职工人数不足20人。从教师类型来看,拥有特殊教育教师特殊教育资源中心占比94.9%,拥有行政管理人员的资源中心占比51.7%,拥有普通学校教师、康复治疗师、医生等类型教师的资源中心分别占比30.1%、23.3%、8.0%。从统计结果来看,特殊教育资源中心教职工数量整体较少,教师类型主要为特殊教育学校教师。

三、特殊教育资源中心物质资源保障

必要的特殊教育设施是特殊儿童发展的关键，要办特殊儿童教育，必须有最低限度的特殊设备及教具。研究通过统计目前拥有和目前需要各项物质资源的特殊教育资源中心数量，得到特殊教育资源中心物质资源限制及需求现状数据如下：

特殊教育资源中心物质资源现状及需求现状

物质资源内容	现状 频数	现状 占比(%)	需求 频数	需求 占比(%)
常规设备	145	82.4	13	7.4
办公设备	152	86.4	20	11.4
多媒体设备	130	73.9	26	14.8
康复训练设备	145	82.4	52	29.5
教具	111	63.1	55	31.3
辅具	94	53.4	54	30.7
教材	127	72.2	48	27.3
教学案例	106	60.2	75	42.6
图书期刊	147	83.5	50	28.4
评估测量工具	110	62.5	109	61.9
干预训练资源包	71	40.3	117	66.5
其他	10	5.7	0	0

在物质资源现状上，目前拥有办公设备、图书期刊、常规设备和康复训练设备的特殊教育资源中心占比分别为86.4%、83.5%、82.4%和82.4%。在物质资源需求上，目前仍需要干预训练资源包、评估测量工具和教学案例的特殊教育资源中心占比分别66.5%、61.9%和42.6%。

第八章
融合教育的发展方略

学海导航

经过一定时期的实践与摸索,近年来我国的融合教育发展取得瞩目成绩的同时也暴露出了一些问题。我国未来的融合教育事业应该如何发展？如何因地制宜地解决融合教育发展过程中出现的棘手问题？这是本章探讨的主要内容,学习本章内容,能够为我们在融合教育实践过程中寻求符合我国国情的融合教育发展之路提供帮助。

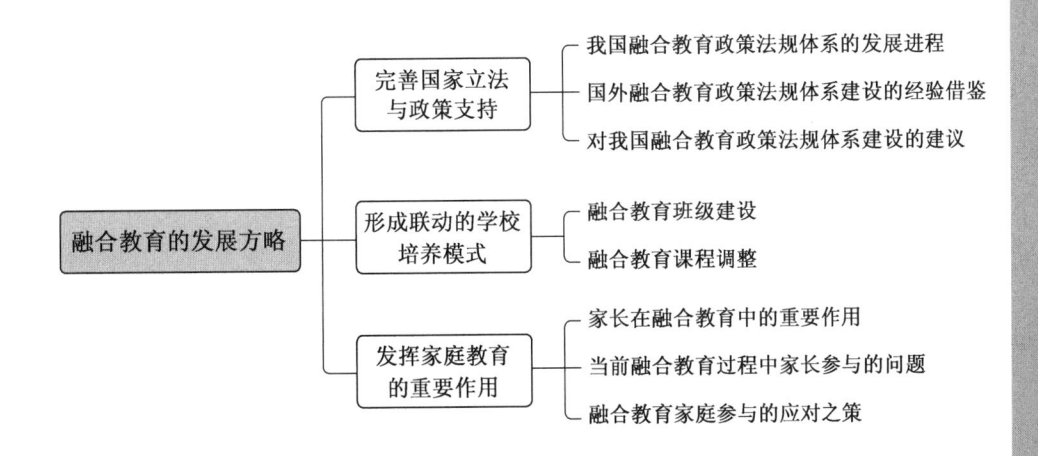

知识导图

融合教育的发展方略
- 完善国家立法与政策支持
  - 我国融合教育政策法规体系的发展进程
  - 国外融合教育政策法规体系建设的经验借鉴
  - 对我国融合教育政策法规体系建设的建议
- 形成联动的学校培养模式
  - 融合教育班级建设
  - 融合教育课程调整
- 发挥家庭教育的重要作用
  - 家长在融合教育中的重要作用
  - 当前融合教育过程中家长参与的问题
  - 融合教育家庭参与的应对之策

第一节　完善国家立法与政策支持

学习目标

1. 了解我国融合教育政策法规体系的发展进程与现状。
2. 知晓我国当下融合教育政策法规体系存在的漏洞。
3. 了解我国融合教育政策法规体系的发展方向。

知识导入

我国融合教育相关法律法规一览表

法律法规性质	法律法规名称	实施年份
根本法	《中华人民共和国宪法》	1982 年
基本法	《中华人民共和国义务教育法》	1986 年
	《中华人民共和国残疾人保障法》	1990 年
	《中华人民共和国未成年人保护法》	1991 年
	《中华人民共和国教育法》	1995 年
	《中华人民共和国职业教育法》	1996 年
	《中华人民共和国高等教育法》	1999 年
法规	《中华人民共和国残疾人教育条例》	2017 年
规章	《中共中央关于教育体系改革的决定》	1985 年
	《关于开展残疾人儿童少年随班就读工作的试行办法》	1994 年
	《特殊教育学校暂行规程》	1998 年
	《关于"十五"期间进一步推进特殊教育改革和发展的意见》	2001 年
	《关于促进残疾人事业发展的意见》	2008 年
	《关于进一步加快特殊教育事业发展的意见》	2009 年
	《关于加强残疾儿童少年义务教育阶段随班就读工作的指导意见》	2020 年

(续表)

法律法规性质	法律法规名称	实施年份
规划计划	《关于盲童学校、聋哑学校经费问题的通知》	1956 年
	《关于办好盲童学校、聋哑学校经费问题的通知》	1957 年
	《全日制六年制盲童学校教学计划（草稿）》	1962 年
	《全日制弱智学校（班）教学计划》	1987 年
	《中国残疾人事业五年工作纲要（1988—1992 年）》	1988 年
	《中国残疾人事业"十一五"发展纲要》	2006 年
	《国家中长期教育改革和发展规划纲要（2010—2020 年）》	2010 年
	《中国残疾人事业"十二五"发展纲要》	2011 年
	《儿童发展纲要》（2011—2020 年）	2011 年
	《特殊教育提升计划（2014—2016 年）》	2014 年
	《第二期特殊教育提升计划（2017—2020 年）》	2017 年
	《中国教育现代化 2035》	2019 年

特殊教育是中国特色社会主义教育事业的重要组成部分，其发展状况不仅代表着一个国家教育发展的水平，更是一个国家文明程度的重要标志，而相关政策法规的发展完善则是特殊教育事业发展的重要保障，系统梳理我国融合教育政策法规的发展进程，明确其发展现状，可以帮助发现我国当下特殊教育政策法规存在的问题与漏洞，再结合国外融合教育政策法规建设的先进经验，可以帮助完善我国融合教育的政策法规体系。

一、我国融合教育政策法规体系的发展历程

我国的融合教育是特殊教育发展到一定阶段的产物，尽管其正式冠以"融合教育"的历史比较短，但在早期特殊教育发展阶段实际上已经体现出"融合教育"的特点，在政策法规方面也是如此。比如，早在1986年颁布的《关于实施义务教育法若干问题的意见》中提出的"应该把那些虽有残疾，但不妨碍正常学习的儿童吸收到普通中小学上学"，其所体现的就是融合教育的精神实质。直到2014年《特殊教育提升计划（2014—2016年）》中明确指出"全面推进全纳教育，使每一个残疾孩子都能够接受合适的教育"，要"促进融合教育"的发展，"融合教育"才正式作为独立的专门的教育名词在相关政策法规中使用。我们可以大致将新中国成立以来融合教育政策法规的发展历程分为四个阶段：初期探索阶段、恢复建设阶段、深化发展阶段、提高完善阶段。

（一）初期探索阶段

新中国成立以来我国融合教育政策法规发展的第一阶段，我们可以将其视为初期探索阶段（1949—1977年）。在中华人民共和国成立初期，国家在全面改造旧教育，推进社会主义教育事业的时候，便从立法角度关照了特殊教育事业的发展。在1951年颁布的《关于改革学制的决定》中，就提出要对生理上有缺陷的儿童、青少年施加教育，同时规定由各级政府出面设立盲、聋、哑学校,并在随后相继出台了一系列政策法规来指导和规范特殊教育的实践和发展。1962年出台的《全日制六年制盲童学校教学计划草稿》提出要将盲童培养成为有社会主义觉悟的、有文化的劳动者,不仅保护了特殊儿童受教育的权利,也肯定了他们社会主义劳动者和建设者的地位,为日后融合教育的发展奠定了良好的基础。

(二) 恢复建设阶段

改革开放以来,我国融合教育政策法规建设进入第二阶段,即恢复建设阶段(1978—1996年)。随着社会主义各项事业的迅猛发展,教育成为改革事业的重中之重,这也为我国特殊教育事业的发展迎来了新契机。1982年,我国的根本大法《中华人民共和国宪法》中明确指出"国家和社会帮助安排盲、聋、哑和其他有残疾的公民的劳动、生活和教育",这也为后续融合教育各项政策法规的出台奠定了基础,提供了依据。1996年修订的《中华人民共和国义务教育法》规定"地方各级人民政府为盲、聋、哑和弱智儿童、少年举办特殊教学学校(班)",这是国家首次以立法的形式确定特殊教育办学的责任。在这两部重要法律颁布之后,特殊教育行政法规和其他规范性文件相继颁布和出台,也表明了此阶段融合教育政策法规在规模和数量方面齐头并进,有力维护了特殊儿童和少年的受教育权。

(三) 深化发展阶段

我国融合教育政策法规体系建设的第三阶段,也即深化发展阶段(1997—2013年)。党的十七大、十八大相继召开,且在会议中明确提出要关心特殊教育,支持特殊教育事业发展。在这样的背景下,特殊教育政策法规的制定更注重均衡和调整。如2001年发布的《中国残疾人事业"十五"计划纲要(2001—2005年)》便对残疾人康复、就学、就业、参加社会活动等内容做了详细部署。2006年国务院制定的《中国残疾人事业"十一五"发展纲要(2006—2010)》提出了将"三类儿童少年"的入学率提高到80%,要基本普及残疾儿童少年的义务教育,积极开展残疾儿童的学前教育,发展残疾人高级中等教育、高等教育和职业教育。随后相继出台的《关于进一步加快特殊教育事业发展意见》《国家中长期教育改革和发展规划纲要(2010—2020年)》更是进一步确立了完善我国特殊教育体系和保障机制的基本路径。这一阶段政策法规的制定和颁布标志着我国特殊教育和普通教育之间的联结更为密切,融合程度进一步加深。

(四) 提高完善阶段

自2014年起,我国融合教育政策法规建设进入提高完善阶段(2014年至今)。我国现代意义上的特殊教育经过了半个多世纪的发展,融合教育也经过了一定时期的实践探索,终于在这一阶段迎来了显著的、实质性的发展,一系列有关融合教育的政策法规和重大举措相继出台。如2014年《特殊教育提升计划(2014—2016年)》提出要"全面推进融合教育","使每一个孩子都能接受合适的教育";2016年国务院发布的《"十三五"加快残疾人小康进程规划纲要》中反复强调"大力推进融合教育","不断扩大融合教育规模","完善中高等融合教育政策措施";2020年教育部发布的《教育部关于加强残疾儿童少年义务教育阶段随班就读工作的指导意见》提出要"强化依法治教理念,更加重视关爱残疾学生,坚持科学评估、应随尽随,坚持尊重差异、因材施教,坚持普特融合、提升质量,实现特殊教育公平而有质量发展,促进残疾儿童少年更好融入社会生活"……这些政策法规的出台显示了新的历史发展时期我国融合教育的发展要求以及对教育公平、教育质量更高的标准与要求。

二、国外融合教育政策法规体系建设的经验借鉴

较之我国,一些西方国家融合教育起步较早,也较早完成了相关政策法规体系的建设,也有一些发展中国家在融合教育发展过程中找到了适合国情的道路,其在发展过程中积累的经验可供我们借鉴和参考。

(一)美国经验的借鉴

美国作为世界范围内最早倡导和兴起融合教育的国家,已经在发展的过程中建立了相对完备的融合教育法律保障体系。二战结束以后,联邦政府和州政府便开始制定出台一系列的政策法规保障特殊儿童教育,在融合教育立法实践中,进行了长期创新,颁布了一系列保护特殊儿童教育的法律法规,用理论指导实践,既深化了理论研究,又完善了理论,然后对实践进行补充,形成合理的立法循环[①]。纵观美国融合教育立法的过程,可以看到,其于1975年出台了第一部完整的融合教育法案《所有残疾儿童教育法案》(简称EHCA),规定了特殊儿童教育的基本原则,此后便开始以此为基础陆续制定系列法案,形成完整的立法体系,如1986年出台的《残疾婴儿法》、1990年颁布的《残疾人教育法修正案》、2002年出台的《不让一个学生掉队法案》、2004年颁布的《义务残疾人教育促进法》、2015年颁布的《每一个学生都成功法案》等。可以说每一部法律都具有较强的法律效力,且都有针对性地解决了融合教育实践发展过程中的具体问题,最终形成一个完善的、有针对性的融合教育立法体系。

(二)英国经验的借鉴

英国是欧洲地区最早开展融合教育实践的国家,也是目前世界范围内融合教育发展水平最高的国家之一,其教育政策法规的建设也走在世界的前列。英国在《1976教育法案》通过之前,所采用的都是"隔离式"的特殊教育发展模式,在法案通过之后,伴随着"福利国家"政策和正常化思潮的影响,英国在反思隔离式教育发展弊端的基础上开始推进融合教育的探索,也从此开始了教育政策法规建设的征程,其中最值得我们借鉴学习的就是其所建立的科学实用的认定与评估机制。1978年发布的《沃诺克报告》就提出了多元主体参与的"特殊教育需要"(SEN)评估机制;《1981教育法案》明确提出建立"特殊教育需要诊断报告"制度;1994年制定的《特殊教育需要鉴定与评估实施章程》明确了学校和各级教育部门在对特殊儿童进行认定和评估过程中需要遵循的原则与规范;《2001年特殊教育需要与残疾法案》进一步完善了认定评估体制;2004年《消除成功

---

① 刘纯君.美国特殊教育立法研究[D].昆明:云南大学硕士学位论文,2019:84.

的阻碍:特殊教育需要的政府战略》提出了特殊儿童早期干预及科学评估与认定的规范。总之,一系列政策法规的颁布使得英国有特殊教育需要的儿童及早完成了科学的评估与认定,使他们能够进入最适合的教育环境中接受最适宜的教育从而得到最大程度的发展。

(三) 印度尼西亚经验的借鉴

同为发展中国家的印度尼西亚,其特殊教育发展进程几乎与我国同步,立法层次也与我国相类似,因此在融合教育政策法规建设方面的经验对我国而言具有更大的借鉴价值,其中最值得我们学习的就是各项规定详细具体,具有极强的可操作性。如在1997年颁布的《印度尼西亚残疾人4号法案》就非常具有典型性,以立法的形式规定各省政府必须每年进行一次融合及教育模式的探索,要求各省政府对各融合学校的教师、职工和学生负责,为每一所学校的正常运行提供切实保障;各地市政府必须组织创办不少于一所融合学校;综合性大学和独立学院也都必须按照法律规定开展融合教育;政府要保证每个省至少有一所设施完善、符合融合教育条件、有高质量融合教育教师的大学,并重申融合教育是为各类残疾儿童和正常儿童共同提供的教育,即面向所有人的教育[①]。在该法案颁布实施之后的几十年里,印度尼西亚陆续出台了多部旨在推动融合教育法规的专门政策法规,且依然延续着规定具体、要求明确、操作性强的特点,如2003年发布的《印度尼西亚关于融合教育的通函》和2009年发布的《国民教育部长第70号条例》等皆是如此。

三、对我国融合教育政策法规体系建设的建议

相关政策法规的建设、完备与优化,是融合教育高质量发展的基本保障,基于我国当下融合教育政策法规体系建设的现实情况,结合国情与融合教育发展的实际需要,我们可以从其发展目标、发展原则以及发展对策几个方面提出针对性意见与建议。

(一) 发展目标

首先,要努力建成完备的融合教育政策法规框架体系。在横向结构上,要根据实施对象的不同划分不同的板块,以2017年颁布的《残疾人教育条例》为例,其将我国现行的融合教育法规分为学前教育、义务教育、普通高级中等以上教育、职业教育、继续教育、教师教育、条件保障、法律保障等几个板块。在纵向结构上,要根据融合教育不同的实施主体形成效力不同的层级,作为根本大法的《宪法》处于最高效力层级,对融合教育最根本性的问题进行规定;第二个层级,应当制定一部融合教育基本法律即"融合教育法",对融合教育的基本问题做好规定,如发展目标、基本原则、价值取向、实施模式等,以此来引领下位政策法规的制定;第三层级应当是整体保障融合教育体系顺利运转的全局性政策法规,对于融合教育的普遍、基本问题进行宏观把控;第四层级应该是具体到全国各个省市、地区具体执行高层级融合教育法律法规的政策,以保证融合教育的落

---

① 赵静.印度尼西亚融合教育的演进、模式与挑战[J].中国民族教育,2012:73-75.

地执行。建立起这样一个层级清晰又相辅相成的法规体系,才能够保障融合教育的高质量发展。

(二)发展原则

想要更快建立起一个体系完备的融合教育政策法规体系,应当在建设发展的过程中把握好以下几个原则:

第一,坚持政策法规建设的公平性原则。公平正义始终是中国特色社会主义法制建设的内在要求,是社会主义核心价值观的基本理念,也是我国教育发展的根本原则,在社会生活中残疾人平等地接受教育的权利是最容易受到侵害的,因此在融合教育政策法规建设的过程中要特别注意贯彻好公平性原则。

第二,坚持政策法规建设的统一性原则。融合教育政策法规,既是教育政策法规的重要组成部分,也是我国法制建设不可分割的一部分,因此在相关内容的制定上,要注意与《宪法》保持统一,不得与其他法律法规相抵触,也要与相关国际法、国际公约保持一致。这就要求相关部门制定与融合教育有关的政策法规时,既要基于本国国情,从现实需要出发,同时要与其他各类相关政策法规相适应,且做到积极与国际接轨,以避免与国际惯例发生冲突,与相关规定发生矛盾与重复。

第三,坚持政策法规建设的科学性原则。在融合教育政策法规制定的过程中要坚持唯物主义辩证法的指导,遵循融合教育发展的内在逻辑,且与我国当前政治、经济、文化等事业的发展相适应,切实避免一味追求发展速度而忽视社会和教育发展的基本规律。

第四,坚持政策法规建设的无歧视原则。从思想观念、教育实践、政策文本等各个方面消除歧视是融合教育发展的根本前提。表现在政策法规的制定上,就应当做到在文字表述上尽量避免使用"残疾""残障""缺陷"等带有偏见、轻视、贬低等意味的语汇,代之以"有特殊教育需要"的表达,以此从政策法规层面帮助摒除狭隘的残疾观念,做到尊重差异,满足不同类型儿童、青少年的个性化教育需要,以此来保障他们平等地受教育的权利。

除此之外,还要注意政策法规建设的优先发展原则。将融合教育政策法规的建设发展摆在教育政策法规体系的优先位置,从权利保障的角度向残疾人倾斜,使有特殊教育需要的儿童和青少年能够得到更多来自社会的关爱、补偿和救济;还有全面性原则,在政策法规的制定过程中要视野开阔,不能仅局限在教育系统内部,更要注意与其他社会系统的协调发展。

(三)发展对策

第一,尽快完善融合教育政策法规体系建设。制定出一套层级清晰、结构合理的政策法规体系是确保融合教育健康、快速发展的基本保障,上文分析我国现行的融合教育政策法规时也指出了其体系不完备的现实问题,为此我们可以参照国际上一些成功的先例,尽快制定出融合教育专门法,再在教育基本法中开辟融合教育独立章节,还要在相关政策法规中增加融合教育相关条款,做到融合教育实践过程中出现的各种问题都有法可依、有章可循。

第二,抓紧健全特殊儿童科学评估认定机制。科学的评估认定机制是确保特殊儿童接受个性化教育的根本前提,尽管在教育部2020年出台的《关于加强残疾儿童少年义务教育阶段随班就读工作的指导意见》中要求"由县一级的残疾人教育专家委员会负责对特殊儿童进行评估并判断其是否适合进行随班就读",但是无论是《意见》的规定还是实际操作的过程依然停留在"机体损伤"层面,而对诸如精神、情感、智力等层面的缺陷并未形成一套行之有效的科学评估机制。对此,相关部门应当尽快组织和培训出一支专业的评估队伍,设计出一套合理的评估程序,准备好过硬的评估设备和技术,让政府、教育管理部门、医疗机构、学校、社区以及家长,合理参与到评估过程中来,确保每一位有特殊教育需要的儿童通过科学全面的评估认定接受最适宜的教育。

第三,明确权责分配与法律援助程序。由于目前我国专门针对融合教育的法律条款数量极少又很分散,造成了在融合教育实践推进的过程中权责不明的情况时有发生,一旦在实践过程中出现问题,很难找出责任主体,使得诸多实际问题难以解决。为此,应当尽快通过实体法和程序法的建立落实融合教育的责任机制,法律需要扩大原告的主体资格,扩大行政诉讼的范围,处罚不履职、不尽职的部门及个人,在教育主管部门内也可以设立仲裁委员会,解决实施融合教育引起的各类问题,明确规定仲裁委员会的性质、组成和仲裁规则,以及相应的仲裁调整范围和行使仲裁权的程序,此外,法律应该明确规定教育仲裁与司法救济之间的联系,在完善行政救济、教育仲裁的同时,拓宽救济渠道,使残疾儿童的受教育权得到充分保障[1]。

第四,加强法律法规的可操作性。我国现行的融合教育政策法规具有宏观性、倡导性、建议性的特点,缺少强制性,因此导致可操作性不强,在实践的过程中执行性不够,一定程度上阻碍了融合教育发展的速度和效率。为此,在未来的政策法规建设和修订的过程中要注意对各项执行标准和内容进行细化,明确各项事宜的责任主体、实施主体等,有效提高政策法规的可操作性才能使其更好地发挥约束和指导的作用,为融合教育的发展保驾护航。

第五,优化监督管理机制。在政策法规不断发展完善的同时,也要加快管理体制的改革,使政策法规的效力得以最大程度的发挥。为此,在横向上应使各责任主体形成联动,如政府部门、教育部门、民政部门、医疗卫生部门、社会福利机构、残疾人组织等形成合力,协调管理,共同保障政策法规的落地执行;在纵向上,要厘清从中央到地方融合教育的管理层级,做到权责明确的同时相互协调。

---

[1] 吴亚东.我国残疾儿童受教育权保护的法理探析[D].西南大学硕士学位论文,2016:13-15.

思考探究

> 同为发展中大国的印度在《1986年国家教育政策》中与特殊教育相关的政策建议包括以下几条：
>
> 人们应该根据残障程度和类型，关注残疾人问题。
> 应该通过激励、对话、定期培训和评估来为每个有残疾儿童的家庭提供支持。
> 残疾人教育系统应该是有弹性的。
> 应该用不同方式为听觉障碍儿童提供一系列教育服务。
> 为使听障儿童经济独立，应为他们特别提供职业培训。
> 为满足视觉障碍儿童学习的需要，印度文的布莱尔盲文已开发出来。
> 应为中度智力障碍儿童开发专门课程。
> 在教师职前培训中，特殊教育应成为其必要的组成成分，应该包含有关特殊儿童教育教学技能的训练。
> 请结合上述政策材料，谈谈其对我国相关政策法规制定的启示。

教学短论

我国融合教育政策法规建设起步较晚，中华人民共和国成立之后才正式启动，在经历了初期探索、恢复建设、深化发展阶段之后，现已进入提高完善阶段。但在目前的发展建设过程中，仍面临着立法观念相对落后、立法层次相对较低、所制定的法律法规欠缺操作性、评估机制不够完善等问题。基于此种现实情况，继续结合我国国情完善法律法规体系的同时，也要注意学习借鉴来自西方融合教育发展程度较高国家的有益经验，关注同样处于发展中国家的融合教育法律法规体系建设发展的进程，以便更好地建设完善我国的融合教育政策法规体系。

第二节 形成联动的学校培养模式

学习目标

1. 掌握融合教育班级建设的基本方法。
2. 掌握融合教育课程调整的原则和策略。
3. 掌握融合教育教学安排的基本方式。

知识导入

欧洲"学前融合教育生态系统模式"结构介绍

科学有效的质量评估工具研发应具有明确的目标、清晰的原则以及切实可行的实施方向。在联合国2030年"确保融合与公平的优质教育,促进所有人的终身学习机会"总体发展目标的强力呼唤下,"欧洲特殊及融合教育发展署"牵头领导及欧洲各国教育部门的通力合作下,拟作为欧洲各国学前融合教育质量评估与改进框架的"学前融合教育生态系统模式"在一个核心理念、三大基本原则、五大关键行动领域的研发路径中逐渐显影(见图8-1)。它糅合欧洲各国专家意见、学者智慧及家长叙事,意图回答一个核心问题:欧洲国家的高质量学前融合教育应该由哪些结果性、过程性、结构性的质量要素构成?"学前融合教育生态系统模式"研发小组旨在通过对社会文化多样性与质量生成动态性的辨识,建构全欧洲适用的学前融合教育质量要素基本框架,为欧洲各国识别和消减学前教育不公平、监控和实现学前融合教育可持续发展提供强有力的质量评估与改进工具。

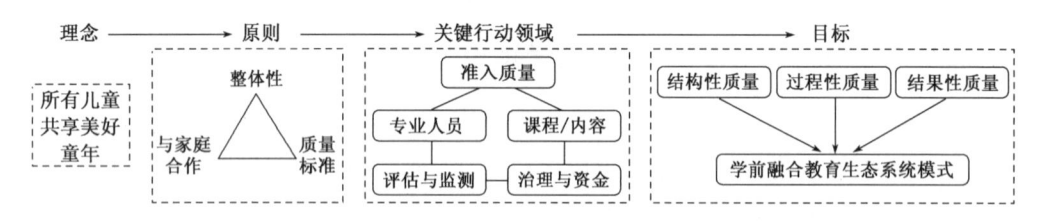

图8-1 学前融合教育生态系统模式

一、融合教育班级建设

(一) 理论依据

融合教育班级与普通班级不同,在组建融合班级时不仅需要参照教育学一般理论,还有要考虑融合班级的特殊性,一般认为融合班级的构建需要考虑:民主、支持学习、多元评估、多功能空间、伙伴关系、容纳所有人、社区参与,共计七个因素,处理好这七个因素之间的关系以创建一个支持所有学生共同学习的融合班级氛围。这七个因素的具体内涵如下:

第一,民主。每一位学生都是班级的主人,有权参与班级各项事务;班级事务由所有学生参与讨论并以表决的方式决定;班干部由民主投票产生,教师不在的时候有权管理班级、安排班级事务;教师注意引导学生参与民主事务的沟通、表达、合作时使用恰切方法。

第二,容纳所有人。班级所有成员拥有平等地参与所有班级活动、表达个人看法的权利;班级所有成员均要身体力行地为班级建设和发展贡献自己的力量;尊重、友爱、帮助每一位班级成员。

第三,支持学习。将班级所有同学以异质性分组为原则进行教学;由教师、专家、家长、学生共同设计每一位学生的适应性教学计划;教学强调每一位学生的需求不同,淡化特殊学生与普通学生的区别;学生成绩评定由个人成绩和小组成绩两部分组成。

第四,伙伴关系。所有班级活动要让所有班级成员最大程度地参与;小组成员、组间成员形成既相互帮助又相互竞争的良性同伴关系;学生与教师之间形成伙伴关系,共同参与课程、教学的设计;教师与家长形成互助关系,共同帮助、陪伴学生的学习和成长;学生、教师、家长与学校建立伙伴关系,以便获取必要的支持。

第五,多元评估。教师运用诊断性评估,评价学生的基础水平和能力;教师运用诊断性评估,进行课程和教学的调整;教师注意综合运用课堂评估、观察评估、口头评估等多种方式;重视同伴互评和小组评估。

第六,多功能空间。班级根据学生构成情况合理安排读书角、游戏角、手工角等;尽可能保证多功能空间的利用率,避免功能单一和空间闲置。

第七,社区参与。开展与学校课程教学相适应的社区活动;利用课余和假期时间带领学生熟悉、了解社区及周边的社会环境;有计划地定期开展与学生学习生活相关的主题活动;配合学校帮助所有特殊学生最大程度地适应和融入主流社会文化生活。

(二) 环境营造

班级环境会直接影响学生的学习效率及行为表现,因此融合班级的教室环境打造要特别注意,应当通过精心设计和安排为所有学生提供一个和谐舒适的学习氛围。

在教室环境的整体布置方面应当把握好一下几个原则:第一,空间布置应当为所有学生提供学习活动和技能提升的机会;第二,教室中的教材、教辅、教具等必须符合学生身心发展的需要;第三,提供有序的学习环境;第四,提供安静舒适的学习环境;第五,提供具有探索性的学习环境。

教室的座位安排应考虑到特殊学生的实际需要。融合班级的座位安排,通常可以三个或者四个座位连在一起,方便小组教学的开展,也有利于小组成员之间的互帮互助。除了座位以外,教室内部布置还应注意以下几点:第一,桌椅的大小和摆放应当满足不同学生的实际需要;第二,根据不同的课程需要安排不同的教学座位;第三,提供学生互动交流的空间;第四,安排合适的教师教学位置和个别指导空间;第五,设置不同的功能角;第六,设置布告栏;第七,提供放置学生个人物品的空间。

在融合班级中既有普通学生又有各种类型的特殊学生,因此必须提供一个能够满足所有学生学习需要的适宜的融合教育环境,这就要求融合班级的教室要安排成多功能的样式,既要有小组教学的座位排列方式,也要有普通教学的座位排列方式,还要满足不同类型课程教师教学的需要,这就更加要求做好教室的功能分区以满足各种类型的教学需要(见图 8-2)。

还要注意如果融合班级内有身体状况特殊的学生,教室的布置还要考虑到为他们提供安全、安心、无障碍、无压力的环境。例如,班级有需要使用轮椅的同学,就要提供轮椅的无障碍使用的空间,且要特别注意避免让有轮椅使用需要的学生专门使用一个

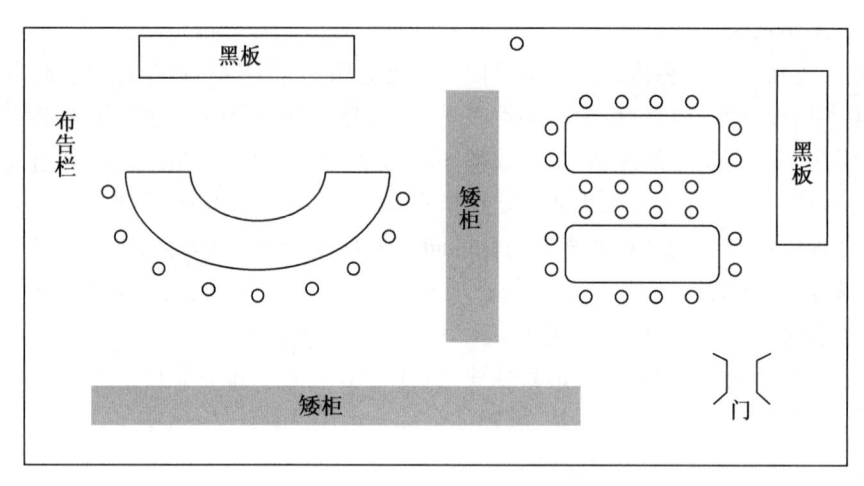

图 8-2 融合教室环境设计示例

空间,以免造成与其他同学的隔离。

下面我们以不同年级融合班级中"布告栏"的设计为例,供大家布置融合班级教室时参考借鉴(见表 8-1)。

表 8-1 不同年级融合班级布告栏展示内容示例

大黑板	一、二年级:爱心小天使(记录好人好事) 三、四年级:班级联络簿、班级小组分组等 五、六年级:主题板报、班规等
荣誉板	一、二年级:每位同学一个荣誉袋子 三、四年级:每位同学、每个小组一个荣誉格子 五、六年级:分别张贴全班和各小组的荣誉榜单
艺术板	一、二年级:儿童简笔画 三、四年级:水彩画、手工作品等 五、六年级:作品赏析等
语文板	一、二年级:课程相关的图文材料等 三、四年级:优秀个人作业、优秀小组作业 五、六年级:优秀作文
数学板	一、二年级:数学课程相关图文资料 三、四年级:数学故事分享 五、六年级:趣味数学题
自然板	一、二年级:植物标本 三、四年级:动植物介绍 五、六年级:趣味小知识

(三) 作息安排

对于融合班级而言,作息安排与环境营造同样重要,合理的作息安排对于提高教学效率有莫大的帮助。一般而言,学校的作息分为固定作息、不固定作息和时间空当。按照性质还可以分为学习性作息和非学习性作息,学习作息一般是学校统一安排的课程时间,非学习性作息一般包括班会、文体活动等。但无论是什么类型的作息,一旦制定,就要固定下来坚决执行,否则不仅不利于学生良好学习习惯的养成,还很容易使特殊学生产生情绪波动。这就要求教学管理者合理、慎重安排融合班级的作息时间,一般而言,合理作息的制定需要把握以下几个原则:

(1) 既要有静态时间,又要有动态时间。

(2) 既要有大动作时间,又要有精细动作时间。

(3) 既要有室内活动时间,又要有室外活动时间。

(4) 前后两段作息的安排应自然流畅,符合学生学习习惯。

(5) 每天课程开始和结束之前应当固定安排出一小段特别活动时间,如对一整天的学习活动进行提醒或总结等。

(6) 每天开学进校、进班和放学离班、离校要有彼此问好、再见的仪式感。

(7) 每日、每周的作息应该有科学的顺序,且是固定执行的。

(8) 作息安排要兼顾各类课程和活动之间的均衡。

(9) 作息安排要兼顾班级整体时间、小组活动时间和个别活动时间。

(10) 作息安排要与课程和教学的理念相适应。

(11) 同一作息时段尽量把不同程度和不同学习需要的同学混合安排。

(12) 减少甚至避免特殊学生独立作息时间。

(13) 安排足够的互动交流时间。

(14) 安排教师之间、教师与专家、教师与家长的固定交流时间。

下面我们以小学高年级融合班级的作息安排为例,供大家安排融合班级作息时间表时参考借鉴(见表8-2)。

表8-2 小学高年级融合班级作息安排表示例

	时间	星期一	星期二	星期三	星期四	星期五
上午	7:50—8:00	自由晨读时间					
	8:00—8:15	整理准备活动		晨会	整理准备活动	
	8:15—8:35	晨会			晨会	
	第一节 8:40—9:20	数学(大) 数学(小)	语文(大) 语文(小)	数学(大) 数学(小)	社会	数学(大) 数学(小)
	第二节 9:30—10:10	语文(大) 语文(小)	数学(大) 数学(小)	语文(大) 语文(小)	英语	语文(大) 语文(小)
	第三节 10:30—11:10	语文(大) 语文(小)	社会	美术	语文(大) 语文(小)	体育 (分组)
	第四节 11:20—12:00	社会	自然	美术	语文(大) 语文(小)	

(续表)

时间		星期一	星期二	星期三	星期四	星期五
中午	12:00—12:30	午餐时间				
	12:30—13:10	午休时间		放学	午休时间	
	第五节 13:20—14:00	英语	音乐	社区活动	数学(大) 数学(小)	自然
	第六节 14:10—14:50	健康	社团		信息技术	自然
	第七节 15:00—15:40	活动角	社团		活动角	音乐
	15:40—15:50	班会			班会	
	15:50	放学			放学	

(四) 班级管理

由于融合班级中同时存在普通学生和各种类型的特殊学生，这就给班级管理带来了更大的难度，学校管理者和融合班级的教师应当采用合理的方式进行班级管理，努力做到事半功倍。我们认为在融合班级管理过程中要注意把握以下几个方面：

第一，制定恰当的班规。教师应当根据班级学生的具体情况制定班级管理规则，明确各项奖惩措施并坚决执行，班级规则的制定需要注意以下几点：

（1）制定班级例行活动的管理规则。由于融合班级学生构成复杂，课堂上师生之间的互动交流更为频繁和复杂，若无有效规则进行约束很容易影响教学进度和学习效果。

（2）班规在教师的指导监督下由全体学生共同制定，定好后张贴在班级布告栏，提醒学生严格遵守。

（3）教师和班干部要严格按照班规对学生的行为进行奖惩，学生之间也要做到相互监督和提醒。

第二，构建和谐融洽的班级氛围。和谐融洽的班级氛围不仅有助于课程教学的顺利进行，而且有益于促进学生的身心健康发展，对融合班级而言尤其如此。和谐融洽的班级氛围是指学生在班级中可以充分感受到友好、温馨的氛围，不会因为班级中有特殊学生而影响教师教学活动和班级管理的公平性。为打造温馨融洽的班级氛围，我们建议做到如下几点：

（1）教师在学生到校之前做好各项教学准备工作。

（2）教师能够以温暖、亲切的语气叫出每位学生的名字，并以自然、微笑的姿态向学生问候。

（3）教学过程中避免使用命令和指示性的语言，尽量鼓励学生思考和表达。

（4）教师要做到言行一致、以身作则。

(5) 鼓励和认可每一位学生,让他们感受到自己是班级的一分子。

(6) 理解和尊重每位学生的选择和想法。

(7) 面对问题时准备多种解决问题的方案。

除了和谐融洽的班级氛围,融合班级的充分合作氛围同样重要。较之普通班级,融合班级学生的学习基础和能力差异更大,因此需要安排更多互助性的学习和活动内容,不仅学生之间需要互助,师生之间、教师之间、教师和家长之间都需要建立起良好的合作关系,这样才能够共同促进融合班级的高质量发展。

总之,融合班级应当形成合理努力营造出合作、多元、融洽、和谐的班级氛围,教师应当做到教育理念与言行一致,培养良好的师生关系与同伴关系,设计恰切丰富的教学内容,使用恰当的教学和管理方式,充分尊重和关心每一位学生。

第三,遵照一定的班级管理原则。在融合班级中要保证各项教学活动顺利进行,在班级管理过程中应当注意把握以下几点原则:

(1) 面对学生犯下的各类错误,不能责骂,要耐心教导。

(2) 当自己的教学、管理方法行不通或者效果较差时,要及时调整。

(3) 利用课间、午餐等非教学作息时间多与学生交谈、互动,以更好地了解学生,形成更为亲密的师生关系。

(4) 明确告知学生哪些行为是正确的,哪些行为是错误的,避免重复犯错。

(5) 尽量做到积极表扬,消极批评。

(6) 班级规则由所有教师和学生共同执行,使用同样的尺度。

二、融合教育课程调整

为使特殊儿童在融合班级里获得有效的普通教育,就必须对普通教育的课程进行调整,以满足融合班级内所有学生的受教育需要,提高教育质量的同时,加快促进教育公平从机会平等向实质平等发展。

(一) 课程调整的目标

自夸美纽斯《大教学论》提出班级授课制以来,"同质性"便成为学校教育的基本特征,学生身心上所反映出的一切偏离"同质"常模的差异,均被视作教育实施的障碍难以突破。即便是为了打破这一弊端而出现的分层教学、自主学习、差异教学等关照学生个性的教育教学模式,也是有着统一的教学目标和教学内容,未能动摇班级授课制的"同质性"特征。究其根源,是对受教育主体的抽象理解,忽视了学生作为具体"人"的存在。融合教育将身心发展具有显著差异的特殊儿童和"正常儿童"置于同一学习场域,使教育对象的"异质性"特征更为清晰,成为融合教育有效实施的逻辑起点。因此,课程调整的目的就是以残疾儿童的个体差异为基础,满足他们的特殊教育需要,提高残疾儿童接受教育的质量和水平,促进教育公平从机会平等向实质平等发展[①]。

---

① 胡少华.融合教育中的课程调整:目的、内容及路径[J].当代教育理论与实践,2020(1):42-47.

（二）课程调整的原则

为了使学生得到更好的发展，我们在进行融合班级课程调整时，应当注意把握一些基本原则，结合我国融合教育课程调整的现实情况与发展发行，我们认为应注意以下几点：

第一，整体性原则。融合教育的课程调整最终是为了满足班级所有学生的教育需要，但其从本质上讲是普通教育课程，是面向所有学生的，对普通课程所进行的一切调整，都不能影响课程的整体性，这是融合教育课程调整的基本要义所在。在真实的融合班级场域中，融合教育课程面对的是在不影响普通学生正常学习的基础上，满足特殊学生的学习差异，依据国家普通中小学课程方案、课程标准和统一教材的要求，适当地对课程进行调试，而非重新开发出一套课程模式和方案。也就是说，不能以牺牲普通学生的教育需求为代价来满足个性化教育需求，而是要努力找到一种平衡。对此，我们也可以参照英国、澳大利亚在此方面进行的尝试，他们在实践的过程中提出"合理调整"的原则，也就是在针对特殊儿童进行课程调整的时候，要充分考虑所有学生的学习需要以及参与课程各方之间的利益关系。总之，整体性原则是学校教学管理者和教师在进行融合教育课程调整的过程中所必须秉持的首要原则。

第二，个性化原则。与整体性原则相对，个性化原则强调的是课程调整过程中的差异性，即在课程调整的过程中要预先详细了解班级学生的具体情况，对他们的学习水平、学习能力等进行全面科学的评估，再在教师、专家、家长、学生的共同参与下制定出能够满足其学习需要的个性化课程调整方案。在实施过程中要以班级全体成员为关照对象，充分考虑特殊学生的教育需要与普通学生之间的差异以及不同特殊学生之间存在的差异。尤其需要注意的是，特殊学生的课程调整方法可以借鉴，但调整方案无法照搬照抄，只有基于群体差异和个体差异的调整才能充分满足特殊教育需要。总之，课程调整的方法原则可以形成规范，但却无法制定统一的课程调整模板，这既是融合教育课程调整的难点，又是必须面对的现实问题。

第三，必要性原则。我们要明确一点，所谓融合课程是根据融合班级学生情况，基于普通课程进行调整过后的课程，而"调整"也就成为普通课程与融合课程转变的关键一环，但并不是所有普通课程都要经过"调整"才能成为融合课程，一些能够被班级特殊儿童接受的普通课程，可以直接成为融合课程。也就是说，不能主观狭隘地认为所有普通课程都需要进行"调整"才能够被特殊学生接受，所谓必要性原则也就是在确保课程能够被所有学生接受的前提下，对普通课程进行最小程度的调整。

（三）课程调整的策略

明确了课程调整目标和课程调整原则之后，在其具体实施过程中也需要讲究一定的方法策略，我们认为最重要的几点如下：

第一，课程调整要有一定的制度保障，应将其写入个别化教育计划（IEP）当中。对学生的学业基础和学习能力进行科学评估是制定 IEP 的基础，也是课程调整的基础，通过 IEP 团队的评估，可获取学生参与课程的生理、心理、行为等方面的情况，便于明确每一位特殊学生的优势和劣势，进而设计出个别化课程。然后，还要评估特殊学生参与普通课程的能力,帮助教师了解学生可以在多大程度上参与普通课程,IEP团队可以据此甄别出需要调整的课程要素。另外,在融合课程实施的过程中,教师仍然需要时刻观察学生的状态变化,对融合课程进行及时的调整。

第二,课程调整要有充分的人力资源保障,只有借助团队合作的力量才能实现融合课程的调整。融合课程从计划,到调整,再到实施,既要保证课程的完整性和系统性,又要满足学生的个性化需要,既要完成班级整体的课程教学任务,又要兼顾每一位特殊学生的学习目标达成,这是一项复杂又艰巨的任务,根本无法依靠某一位教师独立完成,必须要成立一个专业过硬、分工明确的课程设计团队,起码应该包括学校管理者、教师、专家、心理咨询师和家长,吸纳不同角色参与,各自提供特殊学生的相关信息,再经过充分讨论,从而形成切实可行的课程调整方案。

第三,课程调整需要强大的技术支持。美国特殊技术应用中心根据建筑学中的通用设计理念开发出了一套课程设计新模式,将数字媒体技术渗透于课程目标、方法、材料和评估等各个要素设计之中,通过提供多样化的内容呈现、表达与参与方式,从教和学两个方面出发增强课程的灵活性与适应性,向学生提供适宜的、符合需要的支持[①]。这种做法是值得我们借鉴的,由于特殊学生在课程学习过程中遇到的问题、产生的变化既复杂又多样,我们可以利用便捷的计算机网络技术为特殊儿童提供更多样化、更人性化、更个性化、更经济实用的技术支持。

三、融合教育多层次教学安排

当越来越多的特殊学生进入普通班级之后,学生情况变得复杂了起来,融合班级的教师必须要针对同一个班级中各种不同情况的学生进行适应性教学,这就意味着教师不能再以普通班级的教学方式进行教学,对教师而言这是极大的挑战。目前,我们认为采用"多层次教学"是融合班级教学的最好方式。

(一) 多层次教学的内涵

面对学生个别差异大的融合班级,在制定出合理的融合课程之后,便需要教师采用多层次教学的方式来达成融合课程的目标。通俗来讲,在同一节课里,特殊学生采用普通学生调整过的教学目标,配合不同的教材教具,让教学可同时达到不同难度的教学目标,由于这些目标属于同一教学领域,但是难度不同,因而称为多层次教学。简而言之,多层次教学是将同一领域中不同层次的目标融合在同一教学活动中,教师使用同一套教具,也能够达成难度不同的教学目标。

多层次教学可应用在各种差异性大的班级和不同教学领域及科目上,可同时符合不同程度学生的需要,减少教学的时间。这种多层次、多难度,允许同一时间有不同学习目标、不同教具、不同教材、不同考试内容等的教学方式,不但不会影响普通学生的学习,反而能使他们学得更加扎实,从而获得适合其能力的教学,这也符合融合教育的

---

① 邓猛.融合教育理论反思与本土化探索[M].北京:北京大学出版社,2004:117.

宗旨。

我们认为,多层次教学的要素主要包括以下几点:

(1) 包含多种多样、不同学习基础和能力水平的学习者。

(2) 开展共同参与、共同分享的教学活动。

(3) 所有学生都拥有个别且适当的学习目标。

(4) 学生在同一课程领域中接受教学。

总之,多层次教学是依照学生的个别差异提供合适的教学手段,让每位学生都能够获得成就感的教学策略,因此在融合班级上课的教师必须做到给予不同程度的学生不同层次的课程,在教学过程中应让所有学生参与进来,而非机械简单地降低对特殊学生的学习要求。

下面以小学融合班级中语文教材动物单元的教学设计为例,供大家学习参考(见表8-3)。

表8-3 小学语文(动物单元)融合班级教学案例

| 多层次教学目标 | 【课文】
• 教学目标
第一层次:能读懂课文,能说明词语意思并举例。
第二层次:能读懂课文,听懂词语意思(需要教师提示、延长回答问题时间)。
第三层次:能大概听懂课文意思。
• 形成性评估
课堂表现、家庭作业。 |
|---|---|
| | 【生字词】
• 教学目标
第一层次:能正确书写汉字并组词、造句。
第二层次:能正确书写汉字,并进行组词、造句的模仿练习(需要教师提示、延长回答问题时间)。
第三层次:能借助多媒体照片、影像提示说出对应动物。
• 形成性评估
第一、二层次:课上表现、课上笔记、家庭作业。
第三层次:回家后借助照片、影像指认对应动物。 |
| | 【应用比喻句】
• 教学目标
第一层次:
① 能够正确使用比喻句写出他人觉得自己像什么动物,并主动举手发言。
② 课上可以主动询问同学觉得自己像什么动物,并举手发言。
第二层次:
① 能够正确使用比喻句写出他人觉得自己像什么动物,老师提问时能够应答。
② 课上能够在老师的鼓励和同学的帮助下与大家交流,询问大家觉得自己像什么动物。
• 形成性评估
第一、二层次:课堂表现、课堂笔记、家庭作业。
第三层次:上课表现、家庭练习。 |

(二) 多层次教学目标的制定

布鲁姆对教育目标进行的分类可为不同难度的课程与检测目标的设计提供参考，从而制定出不同层次的课程目标，按照布鲁姆的分类，学习内容可以划分为六个维度：

第一，知识维度，要求学生重复课堂教学的内容，重点在于记忆，做到将所学知识背出来。第二，理解维度，要求学生在背、记知识的基础上，理解知识内容，需要学生对知识进行转述。第三，应用维度，要求学生能够做到在新的情境中运用规则和公式，做到比较、分辨、应用已学知识解决新的问题。第四，分析维度，要求学生能够将概念进行分解，并了解其内在各因素之间的关联，可以做出解释、给出理由、进行预测。第五，综合维度，能够把零散的知识综合成完整知识，要求学生具备创新思维以及推理、类比和阐述的能力。第六，评价维度，能够对所做的事情做出评价，对所学的知识进行检验。

根据布鲁姆的分类，我们可以将课程目标按照认知发展的阶段细分成不同的层级，学校管理者和教师可以参考布鲁姆对教育目标进行的分类和学生的认知发展水平设计出不同层级的课程，以满足不同特殊学生的需要。

在设定教学目标层级时，我们应当注意以下几点：

（1）特殊学生不同方面的能力差别很大，在不同学科、不同活动中的表现存在较大差距，教师应当酌情为每一位特殊学生制定各个学科、各项活动的目标。

（2）综合运用各种方法激发学生的学习动机，让学生充分认识到学习的意义，从而产生真正高效的学习行为。

（3）向学生提供有针对性的支持与帮助，使其顺利从低层次学习进入高层次学习。

（4）在教学过程中有意识地加入高层次学习能力者的学习内容。

（5）在教学过程中合理使用提问的艺术，帮助学生进入高层次思考。

（6）通过合理的教学小组分配，使学习能力较强的同学自觉带动和帮助相对较差者。

（7）合理设计和组织非教学活动，使学生能够在活动中自觉运用所学知识。

（8）善于发现学生各方面的长处和优势，并以恰当的方式强调和鼓励。

（9）充分利用各种教学辅助措施，帮助学生进行课外延展和提高。

（10）在教学过程中善于利用好多层次教学的时机。

(三) 多层次教学目标的调整

多层次教学目标的制定并不是一蹴而就、一成不变的，因为相较于普通学生，特殊学生在学习过程中表现的变化大，且有时不符合学习发展的一般规律，因此担任融合班级教学任务的教师应当更加细心、敏锐地发现学生在教学活动中的变化，并根据需要及时调整多层次教学目标。

融合班级学生之间的差异性越大，教学所要做出的调整也就越多，教师在整体课程进度的压力下又要顾及每一位同学的学习需要，的确是一件困难的事，这就需要教师掌握更加娴熟的教学技能，积累丰富的教学经验，我们认为教师在实施多层次教学的过程中，可以预先设计好三种教学层次，以便于在教学进行的过程中及时调整。

教学的基础层次,要根据普通学生的程度,确定学生在教学过程中切实需要掌握的学习内容,作为教学的基础点。

教学的进阶层次,要为那些学习基础和能力超出一般水平的学生设计较高层次的教学目标。

教学的调整层次,要为那些学习基础和能力未达一般水平的学生设计较低层次的教学目标。

另外,需要注意的是,教师可以在每一层次设计两个调整层级,以满足班级内部不同学习需要的学生(见图8-3)。

调整层次		基础层次	进阶层次	
最低层次	低层次		高层次	最高层次
内容非常简浅,适合智力障碍的特殊学生	内容相对简浅,适合学习困难的特殊学生	难度适中,内容适合大多数学生	内容相对困难,适合基础和能力较强的学生	内容难度大,适合资优学生

图8-3 多层次教学目标

思考探究

> 结合本章所学与实习学校融合班级的实际情况,设计出一套班级建设方案,并根据所在融合班级学生的实际情况和部编版语文教材的课程要求,运用融合教育多层次教学的相关知识,为一年级上册第一单元识字课文《对韵歌》做出一套适切的课程调整方案和教学设计方案。

教学短论

在当下,学校仍然是融合教育开展的最主要场所,而对融合教育班级进行有针对性的班级建设、课程调整和多层次的教学安排则是保障融合教育有效开展的重要方面。因此,作为融合班级的教师,应当注意从环境营造、作息安排、班级管理三个方面做好融合班级的班级建设;结合融合班级特殊儿童的实际情况,制定切实可行的多层次教学目标。

第三节　发挥家庭教育的重要作用

学习目标

1. 明确家庭对特殊儿童成长与发展的重要作用。
2. 掌握与特殊儿童家长沟通的原则与方法。

知识导入

家庭是学生重要的自然支持系统,家庭支持是指家庭教育与学校教育相一致,对学生的个别化教育与教学发挥作用。学校拟订的个别化教育计划一定要进入家庭,在家庭环境中执行个别化教育计划。家庭既是个别化教育计划的参与者、实施者,同时也是该计划执行情况的评量者、督导者。同时,家庭支持也包括学校对家庭的支持与合作。

融合教育家庭支持的要素及其内容

家庭支持的要素	内容
家庭成长的内容	家庭的教育观,对孩子的教养态度,教养知识,教养方法,与学校的配合,对孩子的期望、要求,人际关系调整等诸多方面
家庭成长的渠道	可通过家长会、家长联络、家长咨询服务、沟通和上门家访等,还可有家长自我成长团体组织活动;社会应关心理解特殊学生家长,要有从心理到物质环境的帮助与支持
家长的权利与义务	每个家庭与家长均拥有自身的权利与义务,学生成长的关键在家庭的决策,及对自我权利、义务的了解、争取、维护与运用;尊重家庭的选择,满足家庭需求,是班级管理应考虑的
家长支持班级的工作	家长作为班级管理的支持者、监督者、推动者,从心理到物质,再到各类活动的开展均处于不可或缺的地位

近年来,国家越来越重视家庭教育在儿童、青少年成长过程中的重要作用,2015年出台的《教育部关于加强家庭教育工作的指导意见》指出,家庭是社会的基本细胞,是孩子的第一个课堂,家庭教育关系到孩子的终身发展,关系到国家和民族的未来。而在存在特殊儿童的家庭中,家庭教育、家长参与较之普通家庭则显得更加重要。

一、家长在融合教育中的重要作用

家长参与,是儿童成长过程中的重要一环,对于特殊儿童而言更是如此。事实上,从融合教育理论层面来看,"家长参与"是一个含义丰富、内涵宽泛的概念,不仅包括家长在家庭和日常生活中对子女实施的教育，还包括家长与儿童之间各种形式的亲子互动，以及参与融合教育的专门活动，如陪伴进行康复训练、心理咨询、学校活动等，这就意味着特殊儿童家长在日常生活和教育活动中需要扮演多种角色，而每一种角色都要承担相应的责任。我们认为在融合教育实施的过程中，家长需要扮演好的角色至少应当有以下几种：

第一，特殊儿童、少年的抚养者。作为孩子的监护人，承担着将孩子抚养成人的义务，并负责好孩子成长过程中的衣食住行，在这个过程中要比普通儿童的家长付出更多的耐心。

第二，特殊儿童、少年的教育者。作为孩子的第一任老师，应当在了解孩子的基础上灵活使用多样丰富、适宜有效的方式，自觉在日常生活的各种情境中对孩子进行教育。

第三，特殊儿童、少年的观察者。由于特殊儿童在言语和情绪的表达上都存在一定的障碍或者特殊性，这就要求家长在与孩子相处的过程中，特别注意观察和发现孩子的习惯、性格、能力和需要。

第四，融合教育的提倡者。受教育权是我国公民最基本的权利之一，目前国家正在集中力量积极推进融合教育事业，同等受教育权的获得离不开特殊儿童家长和相关福利组织的积极倡导和呼吁，要想推动融合教育的高质量发展，使特殊儿童接受到更优质的教育，仍然需要父母的积极倡导与争取。

第五，融合教育的推动者。全世界范围内的融合教育事业都处于快速发展的阶段，各项政策、法令、规章都在制定、完善、修订的过程中，其制定和实施都会对融合教育的发展产生很大影响，想在相关政策法规的制定中要全面考虑特殊儿童的权益和受教育需要，特殊儿童的家长无疑对此最有发言权。所以，作为家长应当积极参与融合教育各项决策的过程中，充分表达特殊儿童及其家庭的真正诉求，这样才有可能在决策的过程中妥善解决这些实际问题。

第六，融合教育的合作者。家长既是实现孩子各阶段人生目标的合作者，也是配合教师完成教育任务的合作者。为了使随班就读的有特殊教育需要的儿童、青少年更顺利地接受普通教育，就需要有专门的专家团队在对儿童进行正确评估的基础上设计出一套最为适宜的个别教育计划。在计划实施的过程中需要家长的深度参与和积极配合，以帮助教育者和专家进行准确评估，制定最合理的教育计划，并根据家长提供的有效信息及时进行调整。

第七，融合教育的学习者。一旦家庭中出现特殊儿童，家长就需要在心理上做好充分的准备，除了需要调节自己的心理落差和复杂情绪之外，还必须要努力掌握一定的特殊教育专业知识、方法和求助途径，以帮助孩子和家庭获得更好的生活。为此，家长应该主动了解相关政策法规，为孩子和家庭争取应有的权利、福利和帮助；积极学习特殊教育的相关知识、教育方法和康复训练技能，从而更好地在家庭中开展康复训练和教育活动；主动向教师和相关专家咨询、请教，及时解决家庭教育中出现的各种问题。

二、当前融合教育过程中家长参与的问题

目前，关于特殊儿童家长是否应当积极参与融合教育的过程，在学术界仍存在一定

争论,支持者大多认为,较之普通儿童青少年,特殊儿童青少年在家庭中生活的时间更长,与家长接触的时间更多,可以说家长是最了解他们的人,因此家长的参与有助于特殊儿童的筛选、评估和诊断工作,以便更好地解决他们教育安置的问题,为学校制定个性化的教育计划提供最为可靠的依据。同时作为特殊儿童的监护人,在深度参与融合教育的过程中,最能够观察和发现孩子在教育过程中的变化,可以及时帮助调整教育计划和方案,也可以根据孩子受教育的情况向有关部门提出有针对性的意见和建议。反对者主要认为,特殊儿童家长的受教育水平参差不齐,并非所有家长都具有相关的教育理论知识和法律常识,在专业知识和法律常识相对匮乏的情况下,过度参与融合教育实践,反而会对学校教育造成干扰,甚至影响儿童青少年的学习和成长。尽管当前学术界对融合教育的家长参与问题仍处于讨论的过程中,但从实践的角度而言,家长在特殊儿童青少年的学习、生活、成长过程中发挥着至关重要且无可替代的作用,尤其是在其认知发展、人格培养、能力提高方面。但是在融合教育实践过程中的家长参与还是存在诸多亟待解决的问题,有学者对58个特殊儿童家庭进行了追踪调查和深度访谈[1],对其调查数据进行相应整理(见表8-4至表8-8),可以更为直观地反映和说明我国当前融合教育实践过程中家长参与所暴露的问题。

表8-4 特殊儿童家长对特殊儿童受教育权利及相关政策法规的了解程度

内容	了解程度				
	SD	D	NS	A	SA
特殊儿童享有与其他正常儿童同等在普通学校接受教育的权利	/	6.90%	/	51.70%	41.40%
了解与特殊儿童相关的政策法规和福利待遇	/	10.30%	56.90%	25.90%	6.90%

(注:SD—完全不同意;D—不同意;NS—不清楚;A—同意;SA—非常同意。)

表8-5 特殊儿童家长参与相关儿童组织的情况

内容	选项	
	是	否
是否参与特殊儿童家长组织并与组织和成员保持一定联系	24.10%	75.90%

表8-6 特殊儿童家长参与学校融合教育决策的情况

内容	同意程度				
	N	O	NS	S	OF
孩子所在的学校支持特殊儿童家长参与融合教育的决策	25.90%	12.10%	43.10%	15.50%	3.40%

(注:N—从不;O—偶尔;NS—不清楚;S—有时;OF—经常。)

---

[1] 彭燕.特殊需要儿童家长在全纳教育中的角色[J].现代教育管理,2010(9):95-99.

表 8-7　特殊儿童家长与学校进行合作、互动的情况

内容	同意程度				
	N	O	NS	S	OF
经常与教师交流孩子在家庭和学校中的表现	/	13.80%	1.70%	25.90%	58.60%
积极参与孩子的家庭教育和康复训练	8.60%	15.50%	3.40%	22.40%	50.00%
参与孩子的个别教育计划制定	20.70%	20.70%	15.50%	20.70%	22.40%

（注：N—从不；O—偶尔；NS—不清楚；S—有时；OF—经常。）

表 8-8　特殊儿童家长参与相关教育培训的情况

内容	选项		
	从未	不定期	定期
主动参与有关特殊儿童教育的培训和指导活动	51.70%	34.50%	4.80%

结合相关文献资料和以上数据统计，我们认为我国当前融合教育实践过程中家长参与所暴露的问题主要可以归结为以下几个方面：

第一，权利意识和法律观念淡薄。绝大多数家长对现行的融合教育相关的法律法规、福利政策并不了解，这就造成当特殊儿童和青少年的合法权益受到侵害的时候，作为家长根本不清楚应当如何保护自己和孩子的合法权益，也不清楚应当向那些部门和组织寻求帮助，而在为孩子的合法权利、合理需求进行倡导和呼吁的时候也时常抓不住重点和要害，极大程度上阻碍了融合教育高质量发展的脚步。

第二，在融合教育实践过程中处于被动状态。尽管近年来国家出台了一系列政策法规保护特殊人群的合法权益，也在努力提高全社会对特殊人群的认识观念，但不可否认的是，特殊儿童、青少年以及他们的家庭在社会中仍属于弱势群体，他们真实的困境和诉求并没有得到应有的重视和充分的满足，在相关政策法规的制定过程中，时常忽视了他们的需要，而作为特殊儿童、青少年以及他们的家长，也因为一种"弱者"心态，鲜少主动表达自己的意愿和诉求，甚至极少主动寻求帮助，这既是融合教育实践过程中家长参与的重要问题，也是整个融合教育事业推进过程中的阻碍。

第三，在融合教育推进过程中采取消极合作的态度。事实上，家长具有能够很好地理解孩子特殊教育需要的知识和经验，而专家，尤其是在学校参与融合教育实践工作的老师，如果没有家长的帮助是很难获得这方面的知识和信息的。但在真实的教育情境中，家长并没有主动发挥这方面的优势，更是极少将相关经验和信息主动传达给教师，他们倾向于认为孩子的教育应当在学校中进行，由教师来承担全部的教育任务，这也成为阻碍融合教育家校互动顺利开展的主要因素。

第四，没有形成主动学习的意识。特殊儿童、青少年的家长是否了解融合教育相关的政策法规，是否掌握基本的教育理论，是否掌握基础的康复训练技能，对于特殊儿

的成长和发展而言至关重要,也是学校和社会融合教育开展的重要基础和辅助。有调查资料显示"92%的家长想要指导有关孩子成长发育方面的情况,想要知道如何教自己的孩子;90%的家长想知道如何和孩子一起玩,如何处理孩子的行为问题;67%的家长想了解孩子青春期的成长问题"①,但现实的情况是绝大多数家长并不了解自己的孩子,更不知道如何正确地陪伴孩子学习和成长,更遗憾的是在此种情形下,这些家长并没有主动寻求帮助和咨询或主动参与政府、社区、学校组织的培训活动。

总之,在融合教育推进的过程中所暴露出来的家庭参与、家长参与的问题是多种多样的,而造成问题的原因又是非常复杂的,为有效推进融合教育的高质量发展,让更多特殊儿童、青少年受到更优质的教育,相关政府部门、教育机构和专家团队应当尽快帮助解决以上问题。

三、融合教育家庭参与的应对之策

我们必须认识到,有效的家长参与对于融合教育的推进而言至关重要,甚至可以说没有特殊儿童家长的积极参与,根本无法真正实现融合教育的目标,所以为了使特殊儿童真正享受到平等且有质量的教育,应当尽快从以下几个方面解决融合教育家庭参与的棘手问题。

(一) 转变观念

观念的转变包含两个方面,一是社会观念的转变,一是家长自身观念的转变。就前者而言,尽管从 20 世纪 50 年代以来,在相关部门的倡导之下全社会对特殊人群的看法和态度有所变化,全社会逐渐达成一种共识,即特殊儿童、青少年以及他们的家庭不应被当作被怜悯和同情的对象,他们在生活和教育等方面的特殊需要是人的多样性体现和进化发展过程中的自然现象,社会应当给予他们与普通人同样的目光,同时提供给他们与其他社会成员等同的生存和发展机会以及适宜的生活和教育环境,以使他们最大限度地参与社会生活,为社会发展贡献力量。只有当全社会做到充分尊重人的多样性,帮助个体最大程度地实现价值和潜力的时候,才有可能全面满足每一个特殊儿童的教育需要,特殊儿童、青少年及其家庭的合理诉求和需要才能够被尊重和满足。就后者而言,在全社会文明程度大大提高,形成一种充分尊重特殊人群并形成对他们的正确认识之后,作为特殊儿童的家长更应当做到自我尊重,改变"弱者"心态,充分认识到家庭对于特殊儿童、青少年成长发展的重要作用,积极主动地表达自己的需要和诉求,并通过正确的途径和渠道寻求支持和帮助,这样才能让社会真正了解特殊儿童、青少年的需要,才有可能为他们提供最适宜的帮助。

(二) 增强意识

加速提高融合教育家庭参与的意识,一方面要充分意识到,家长参与特殊儿童教育的重要性和必要性,我国《残疾人教育条例》明确规定:"适龄残疾儿童、少年的父母或者

---

① 陈耀红.残障儿童家庭康复需求的调查报告[J].中国特殊教育,2007(9):15-19.

监护人,应当依法使其子女或被监护人接受义务教育",这是家长参与融合教育的法律依据。无论社会发展到何种阶段,教育改革进行到各种阶段,家长永远是融合教育实践过程中的重要一环。家长应该意识到融合教育的发展程度越高,对家长参与的要求也就越高,因为高质量的融合教育为特殊儿童提供了更多深度参与主流社会生活、接触主流文化活动的机会,而这些都需要在家长的陪伴和帮助下进行。另一方面也要意识到家校合作的重要性,家庭教育是学校教育的补充和延伸,对于特殊儿童而言尤其如此。家长不仅应当主动向教师提供孩子成长、发展的相关信息,还应当把在学校中进行的品德培养、知识学习、身体训练等内容自然延伸到家庭中来,这样才能更好地实现融合教育的目标。

(三) 给予支持

相关部门应当给予特殊儿童家长参与融合教育活动的必要支持,一方面是"赋权",即从立法层面保障特殊儿童家长参与融合教育的权利,在这方面我们也可以学习和参考西方国家的经验,如美国《所有障碍儿童教育法案》和英国《沃诺克报告》,都详细规定了各级地方政府在保障特殊儿童在普通学校中接受教育的义务和办法,同时也体现出对特殊儿童家长在融合教育中发挥作用的重视和家长所应承担责任、所享受权利的详细规定,因此,我们也要加快融合教育立法的步伐,明确家长应当承担的责任,保障他们应当享有的权利,这是充分发挥家长在融合教育实践过程中作用的基础和前提。另一方面是"赋能",即从根本上提升家长参与融合教育实践的能力。首先,应当促进和帮助各类特殊儿童家长组织的成立,为特殊儿童家长提供相互交流、学习和帮助的平台和机会,增强与其他融合教育相关组织的互助合作;其次,促进普通学校教育功能的转变,融合教育发展程度越高,学校的功能与角色应当更为多元,不仅要在学校中为特殊儿童提供最优的教育方案,也要注意与特殊家庭以及其所在社区加强联系,有效整合学校资源和社区资源为特殊儿童家长提供专业的帮助;最后,要利用一切资源,包括教育资源中心、特殊学校、相关机构为特殊儿童家长及其家庭提供支持服务,组织相关专家和老师帮助特殊儿童家长增强法律意识、学习教育理论、提高康复训练技能,以此加强家长教育子女的信心,减轻家庭的负担,使孩子在融合教育中得到最大程度的发展。

思考探究

> 结合本节介绍的融合教育实践中家校合作相关的内容,尝试以小组合作的方式,对所在辖区小学的融合教育班级中的特殊儿童进行分类统计研究,为不同类型的特殊儿童设计有针对性的家校合作方案。

教学短论

家庭教育是青少年教育和成长过程中最重要的一环,对特殊儿童而言更是如此,但由于特殊儿童的父母欠缺相关专业知识储备,对相关政策文件不了解等原因,使得特殊儿童的家庭教育暴露出诸多问题,因此亟须转变包括特殊儿童家长在内的全体社会成员对特殊儿童的刻板印象,了解他们的切实需要,营造有利于其发展的社会环境;也要通过社区宣传、家校合作等形式加速提高融合教育家庭参与的意识;相关部门应给予特殊儿童家长参与融合教育活动的必要支持与指导。

案例学习

《背影》分层次教学目标设计案例						
教学程序	教学目标	评估			
^	^	普	特1	特2	特3
一、准备活动 (一)激发动机 1. 指定学生讲述相关文章。 2. 预习检查(第一册《纸船印象》《母亲的教诲》《父亲的信》)。 (二)解释题目 指导学生从课文、课文插图以及注解探索题意。 (三)介绍作者 指导学生从作者介绍、题解中探索作者的生活背景。 二、发展活动 (一)讲述全文大意 1. 全班朗诵全文。 2. 指定学生讲述段落大意及全文意旨。 3. 教师归纳补充。 (二)介绍自己的父亲 1. 采访自己的父亲,共同回忆成长中的记忆。 2. 以"我心目中的爸爸"为题,向大家介绍自己的爸爸。 三、综合活动 指导学生写学习单。	一、准备活动 • 能说出学过的类似的文章(普、特) • 能借助字典掌握生字词并理解意思(普、特) • 能说出题意(普、特) • 能说出作者生平及作品创作背景(普)/能说出作者姓名及简要生平(特) 二、发展活动 • 能流利朗读课文并说出文章与段落大意(普)/能正确朗读课文(特) • 能理解教师的讲解并抓住重点记下笔记(普)/能认真听讲(特) • 能生动有逻辑地向大家介绍自己的父亲(普)/能简单向大家介绍自己的父亲(特) 三、综合活动 能正确书写学习单(普、特)				
评估标准:独立完成(★);协助完成(√);未能完成(×)						

思考：

1. 请对融合班级语文课文《背影》的分层次教学程序和教学目标设计进行评点，并进行进一步优化。

2. 请结合教材内容和《背影》的分层教学设计案例，在部编版六年级语文课文中任选一篇，根据实习学校融合教育班级中特殊学生的实际情况，设计一份可行的分层教学方案。

资源拓展

二年级融合班级课程调整方案

在课堂进行中随时观察特殊学生的学习状况，并给予适合的学习内容，搭配适合的学习单作为课后复习。例如，特殊学生握笔不稳，有书写上的困难，教师会将原本需要书写的作业改成用贴纸粘贴的方式完成；特殊学生有理解上的困难，当普通学生写需要创意的学习单时，教师会将作业改成填空或连连看的方式帮助理解。

特殊学生容易在上课的时候注意力不集中，因此教师会适时地在课堂中问问题，以提高课程的参与度。课堂进行的游戏会先请普通学生进行示范，让特殊学生先观察同伴进行游戏的方式，再让特殊学生上台参与游戏。低年级需要较多的视觉提示作为辅助，因此上课时除了搭配课程目标之外，有时也会播放和课程相关的影片与图片增进理解。根据特殊学生的能力程度，在小组讨论中给予适合的工作，让班上每个孩子都是有事情做的。课程的内容尽可能与学生的生活联结，让学生更能吸收课堂知识。特殊学生在学习上的表现没有问题，却容易因为考试或玩游戏时得失心过重导致情绪上有剧烈的反应，如开口骂人、生气、哭。这时候教师会让特殊学生先冷静下来，再告诉其行为让教师以及同学感到不舒服，希望他能够好好处理自己的情绪。

主要参考文献

1. 台湾特殊教育学会. 特殊教育课程与教学[M]. 台北:心理出版社,1987.
2. 张福娟等. 特殊教育史[M]. 上海:华东师范大学出版社,2000.
3. 刘全礼. 特殊教育导论[M]. 北京:教育科学出版社,2003.
4. 邓猛. 融合教育理论反思与本土化探索[M]. 北京:北京大学出版社,2004.
5. 方俊明. 特殊教育学[M]. 北京:人民教育出版社,2005.
6. 潘一. 特殊教育学基础[M]. 北京:高等教育出版社,2006.
7. 夏正江. 一个模子不适合所有的学生:差异教学的原理与实践[M]. 上海:华东师范大学出版社,2008.
8. 朱宗顺. 特殊教育史[M]. 北京:北京大学出版社,2011.
9. 雷江华. 融合教育导论[M]. 北京:北京大学出版社,2017.
10. 王国光. 孤独症儿童的幼儿园融合教育[M]. 北京:中国妇女出版社,2018.
11. 吴淑美. 融合教育理论与实践[M]. 北京:华夏出版社,2018.
12. 吴淑美. 融合教育教材教法[M]. 北京:华夏出版社,2018.
13. 邓猛. 融合教育课程与教学[M]. 北京:北京师范大学出版社,2021.
14. 昝飞. 融合教育:理想与实践[M]. 上海:华东师范大学出版社,2021.
15. 邓猛. 融合教育理论指南[M]. 北京:北京大学出版社,2022.
16. 李拉. 融合教育学[M]. 南京:南京大学出版社,2022.
17. 甘昭良等. 融合教育导论[M]. 厦门:厦门大学出版社,2022.
18. 乔慧芳等. 走向高质量融合教育:区域随班就读的系统建构和实践行动[M]. 上海:华东师范大学出版社,2022.
19. 甄岳来等. 孤独症社会融合教育(修订版)[M]. 北京:中国妇女出版社,2022.
20. 陆振华等. 融合教育常熟模式——县域"特教班"运行模式的构建与实施[M]. 成都:西南交通大学出版社,2022.